# Homo Ludens

Johan Huizinga

# HOMO LUDENS

## O JOGO COMO ELEMENTO DA CULTURA

EDIÇÃO REVISTA E ATUALIZADA

TRADUÇÃO João Paulo Monteiro
REVISÃO DE TRADUÇÃO Newton Cunha

PERSPECTIVA

Coleção Estudos
Dirigida por J. Guinsburg
(*in memoriam*)

*Imagem de abertura e encerramento* Hans Holbein, o Jovem, versão de *Cena de Batalha*, desenho sobre papel, século XVI.

*Coordenação de texto* Luiz Henrique Soares e Elen Durando
*Preparação* Iracema A. de Oliveira
*Revisão* Raquel F. Abranches
*Editoração* A Máquina de Ideias/Sergio Kon
*Capa* Sergio Kon
*Produção* Ricardo W. Neves e Sergio Kon.

Dados Internacionais de Catalogação na Publicação (CIP)
(Câmara Brasileira do Livro, SP, Brasil)

Huizinga, Johan, 1872-1945.
Homo ludens : o jogo como elemento da cultura / Johan Huizinga ; tradução João Paulo Monteiro, revisão de tradução Newton Cunha. -- 9. ed. rev. e atual. -- São Paulo : Perspectiva, 2019. -- (Coleção Estudos ; 4 / coordenação J. Guinsburg).

Título original: Homo ludens : a study of the play-element in culture.
ISBN 978-85-273-1157-1

1. Civilização - Filosofia 2. Civilização Ocidental - História 3. Jogos - Aspectos sociais 4. Jogos - Filosofia I. Cunha, Newton. II. Guinsburg, J. III. Título. IV. Série.

19-27605 CDD-909.09821

Índices para catálogo sistemático:
1. Civilização ocidental : História 909.09821
Maria Alice Ferreira - Bibliotecária - CRB-8/7964

EDIÇÃO REVISTA E ATUALIZADA
9ª edição – 4ª reimpressão



Praça Dom José Gaspar, 134, cj. 111
01047-912 São Paulo SP Brasil
Tel.: (55 11) 3885-8388
www.editoraperspectiva.com.br

2025

# Sumário

*Ilustração japonesa do século XVIII mostrando uma partida de kemari.*

Uxori carissimae
(*à minha caríssima esposa*)

## Nota do Tradutor da Edição em Inglês (1949)

Esta edição foi preparada a partir da edição alemã publicada na Suíça, em 1944, e também da tradução para o inglês pelo próprio autor, feita pouco antes de sua morte. A comparação dos dois textos mostra uma série de discrepâncias e uma diferença marcante de estilo; o tradutor espera que a versão que segue tenha logrado uma síntese razoável.

# Nota da Edição Brasileira (2019)

A tradução brasileira, de autoria do professor e filósofo luso--brasileiro João Paulo Monteiro, publicada em 1971, se baseou na edição alemã original. A presente edição, revista e atualizada ortograficamente, foi confrontada com a edição em língua inglesa. Muitas das diferenças entre uma edição e outra dizem respeito à bibliografia: a edição em inglês informa as tradução nesse idioma das obras citadas, em lugar de seus originais franceses, por exemplo. Outras têm a ver com o público-alvo, observações que fazem muito sentido para um holandês, mas que nada acrescentam para um americano, foram cortadas da edição de 1949. Outras ainda são correções e opiniões matizadas pelo autor. Nesse último caso, a edição em inglês foi incorporada a esta edição, também enriquecida com algumas de suas notas. Em todo o restante, prevaleceu a tradução já consagrada em nosso idioma.

# Prefácio

Uma época mais otimista que a atual atreveu-se a chamar nossa espécie pelo nome de *Homo sapiens*. Com o passar do tempo, acabamos por compreender que, afinal de contas, não somos tão racionais quanto a ingenuidade e o culto da razão do século XVIII nos fizeram supor; a moda dos tempos modernos inclinou-se então a designar nossa espécie como *Homo faber*. Embora *faber* não seja uma definição tão duvidosa quanto a de *sapiens*, ela é, contudo, ainda menos apropriada do que esta, visto poder servir para designar grande número de animais. Mas existe uma terceira função, que se verifica tanto na vida humana como na animal, e é tão importante como o raciocínio e o fabrico de objetos: o jogo. Creio que, depois de *Homo faber* e talvez ao mesmo nível de *Homo sapiens*, a expressão *Homo ludens* (homem lúdico) merece um lugar em nossa nomenclatura.

Faz parte de uma antiga sabedoria, mas é também um pouco fácil, considerar "jogo" toda e qualquer atividade humana. Aqueles que estiverem dispostos a se contentar com uma conclusão metafísica desse gênero farão melhor não lerem este livro. Não vejo, todavia, razão alguma para abandonar a noção de jogo como um fator distinto e fundamental, presente na vida e nas ações mundanas. Já há muitos anos que se desenvolveu em mim a convicção de que é no jogo e pelo jogo que a civilização surge e se desenvolve. É possível encontrar indícios dessa opinião em minhas obras desde 1903. Foi ela o tema de meu discurso anual como Reitor da Universidade de Leyden, em 1933, e posteriormente de conferências em Zurique, Viena e Londres, neste último caso sob o título "Das Spielelement der Kultur" (O Jogo Como Elemento da Cultura). Em todas as vezes, meus anfitriões pretenderam corrigir o título para "na" cultura, mas sempre protestei e insisti no uso do genitivo, pois minha intenção não era definir o lugar do jogo entre todas as outras manifestações culturais, e sim determinar até que ponto a própria cultura possui um caráter lúdico. O objetivo deste estudo mais desenvolvido é procurar integrar o conceito de jogo no de cultura.

Assim, jogo é aqui tomado como fenômeno cultural e não biológico, e é estudado em uma perspectiva histórica, não propriamente científica. O leitor notará que pouca ou nenhuma interpretação psicológica utilizei, por mais importante que fosse, e que só raras vezes recorri a conceitos e explicações antropológicas, mesmo nos casos em que me refiro a fatos etnológicos. Não se encontrará uma única vez o termo *mana*[1] e outros semelhantes, e dificilmente magia. Se eu fosse compelido a resumir meus argumentos sob a forma de teses, uma dessas seria que a antropologia e as ciências a ela ligadas têm, até hoje, prestado muito pouca atenção ao conceito de jogo e à importância fundamental do fator lúdico para a civilização.

O leitor destas páginas não deve ter esperança de encontrar uma justificação pormenorizada de todas as palavras usadas. No exame dos problemas gerais da cultura, somos constantemente obrigados a efetuar incursões predatórias em regiões nas quais o invasor ainda não explorou suficientemente. Estava fora de questão, para mim, preencher previamente todas as lacunas de meus conhecimentos. Tinha que escrever agora ou nunca mais; e optei por escrever.

*Leyden, 15 de junho de 1938.*

1 Um poder de foças naturais incorporado em objeto ou pessoa.

▸▸ *Detalhe de* A Dança de Casamento, *pintura sobre madeira de Pieter Breughel, o Velho, 1566.*

# 1. Natureza e Significado do Jogo Como Fenômeno Cultural

O jogo é mais antigo do que a cultura, pois mesmo em suas definições menos rigorosas o conceito de cultura sempre pressupõe a sociedade humana; mas, os animais não esperaram que os homens lhes ensinassem a atividade lúdica. É-nos possível afirmar com segurança que a civilização humana não acrescentou característica essencial alguma à ideia geral de jogo. Os animais brincam tal como os homens[1]. Bastará que observemos os cachorrinhos para constatar que, em suas alegres evoluções, encontram-se presentes todos os elementos essenciais do jogo humano. Convidam-se uns aos outros para brincar mediante um certo ritual de atitudes e gestos. Respeitam a regra que os proíbe morderem, pelo menos com violência, a orelha do próximo. Fingem ficar zangados e, o que é mais importante, em tudo isso experimentam evidentemente imenso prazer e divertimento. Essas brincadeiras dos cachorrinhos constituem apenas uma das formas mais simples de jogo entre os animais. Existem outras formas muito

1 A diferença entre outras línguas europeias - em que *spielen,play, jouer, jugar* significam tanto jogar como brincar – e a nossa nos obriga frequentemente a escolher um ou outro desses dois, sacrificando assim à exatidão da tradução uma unidade terminológica que só naqueles idiomas seria possível. (N. da T.)

mais complexas, verdadeiras competições, belas representações destinadas a um público.

Desde já, encontramos aqui um aspecto muito importante: mesmo em suas formas mais simples, ao nível animal, o jogo é mais do que um fenômeno fisiológico ou um reflexo psicológico. Ultrapassa os limites da atividade puramente física ou biológica. É uma função significante, isto é, encerra um determinado sentido. No jogo existe alguma coisa "em jogo" que transcende as necessidades imediatas da vida e confere um sentido à ação. Todo jogo significa alguma coisa. Se denominarmos o princípio ativo do jogo, aquilo que lhe confere essência, de "espírito" ou "vontade", diremos muito; se o denominarmos "instinto", nada expressaremos. Seja qual for a maneira como o considerem, o simples fato de o jogo encerrar um sentido implica a presença de um elemento não material em sua própria essência.

## INSUFICIÊNCIA DAS ANTIGAS DEFINIÇÕES DE JOGO

A psicologia e a fisiologia se ocupam em observar, descrever e explicar o jogo dos animais, de crianças e adultos. Procuram determinar a natureza e o significado do jogo, atribuindo-lhe um lugar no sistema vital. É que isso possui uma importância considerável e preenche uma função útil e necessária, constituindo o ponto de partida de todas as investigações ou considerações científicas do gênero. Há uma extraordinária divergência entre as numerosas tentativas de definição da função biológica do jogo. Umas definem as origens e o fundamento do jogo em termos de descarga da energia vital superabundante, outras como satisfação de um certo instinto de imitação, ou ainda simplesmente como uma necessidade de distensão. Segundo uma teoria, o jogo constitui uma preparação do jovem para as tarefas sérias que mais tarde a vida dele exigirá; segundo outra, trata-se de um exercício de autocontrole indispensável ao indivíduo. Outras veem o princípio do jogo como um impulso inato para exercer uma certa faculdade, ou como desejo de dominar ou competir. Teorias há, ainda, que o consideram uma "ab-reação", um escape para impulsos prejudiciais, um restaurador da energia dispendida por uma atividade unilateral, ou "realização do desejo", ou uma ficção destinada a preservar o sentimento do valor pessoal etc.[2]

Há um elemento comum a todas essas hipóteses: elas partem do pressuposto de que o jogo se acha ligado a alguma coisa que não seja o próprio jogo, que nele deve haver alguma espécie de finalidade biológica. Todas elas se interrogam sobre a razão e os objetivos do jogo. As diversas respostas tendem mais a completar-se do que a excluir-se mutuamente. Seria perfeitamente possível aceitar quase todas sem que isso resultasse numa grande confusão de pensamento, mas nem por isso nos aproximaríamos de uma verdadeira compreensão do conceito de jogo. Todas não passam de soluções parciais do problema. Se alguma delas fosse realmente decisiva, ou eliminaria as demais ou englobaria todas em uma unidade maior. A grande maioria, contudo, preocupa-se apenas superficialmente em saber o que o jogo é em si mesmo e o que ele significa para os jogadores. Abordam diretamente o jogo, utilizando-se dos métodos quantitativos das ciências experimentais, sem antes disso prestarem atenção ao seu caráter profundamente estético. Por via de regra, deixam praticamente de lado a característica fundamental do jogo. A todas as "explicações" acima referidas poder-se-ia perfeitamente objetar: "Está tudo muito bem, mas o que há de realmente divertido no jogo? Por que razão o bebê grita de prazer? Por que motivo o jogador se deixa absorver inteiramente por sua paixão? Por que uma multidão imensa pode ser levada até ao delírio por um jogo de futebol?" A intensidade do jogo e seu poder de fascinação não podem ser explicados por análises biológicas. E, contudo, é nessa intensidade, nessa absorção, nessa capacidade de excitar que reside a própria essência e a característica primordial do jogo. O mais simples raciocínio nos indica que a natureza poderia igualmente ter oferecido a suas criaturas todas essas úteis funções de descarga de energia excessiva, de distensão após um esforço, de preparação para as exigências da vida, de compensação de desejos insatisfeitos etc., sob a forma de exercícios e reações puramente mecânicos. Mas não, ela nos deu a tensão, a alegria e o divertimento do jogo.

2 Sobre estas teorias, consultar H. Zondervan, *Het Spei bij Dieren, Kinderen en Voiwassen Menschen*, Amsterdam, 1928; e Frederik Jacobus J. Buytendijk, *Het Spel van Mensch en Diet als openbaring van fevensdriften*, Amsterdam, 1932.

Pois bem, esse último elemento, o divertimento do jogo, resiste a toda análise e interpretação lógicas. Como conceito, não pode ser reduzido a qualquer outra categoria mental. Nenhuma outra língua moderna por mim conhecida possui uma equivalência exata com o inglês *fun*. A palavra holandesa para divertimento, *aardigheid*, talvez se aproxime disso (derivada de *aard* – natureza, ser, essência – em alemão, e mostra bem que a ideia não pode ser submetida a uma explicação mais prolongada. Podemos notar, de passagem, que em seu uso atual *fun* é de origem bastante recente. O francês, curiosamente, não tem nenhum termo correspondente. O alemão compensa com "Spass" e "Witz" juntos.[3] Encontramo-nos aqui perante uma categoria absolutamente primária da vida, que qualquer um é capaz de identificar desde o próprio nível animal. É legítimo considerar o jogo uma "totalidade", no moderno sentido da palavra, e é como totalidade que devemos procurar avaliá-lo e compreendê-lo.

Como a realidade do jogo ultrapassa a esfera da vida humana, é impossível que tenha seu fundamento em qualquer elemento racional, pois nesse caso, limitar-se-ia à humanidade. A existência do jogo não está ligada a qualquer grau determinado de civilização, ou a qualquer concepção do universo. Todo ser pensante é capaz de entender à primeira vista que o jogo possui uma realidade autônoma, mesmo que sua língua não possua um termo geral capaz de defini-lo. A existência do jogo é inegável. É possível negar, se se quiser, quase todas as abstrações: a justiça, a beleza, a verdade, o bem, espírito, Deus. É possível negar-se a seriedade, mas não o jogo.

Mas ao se reconhecer o jogo, se reconhece o espírito, pois o que quer que seja o jogo, ele não é algo material. Ultrapassa, mesmo no mundo animal, os limites da realidade física. Do ponto de vista da concepção determinista, de um mundo regido pela ação de forças cegas, o jogo seria inteiramente supérfluo. Só se torna possível, pensável e compreensível quando a presença do espírito destrói o determinismo absoluto do cosmos. A própria existência do jogo é uma confirmação permanente da natureza supralógica da situação humana. Se os animais são capazes de brincar, é porque são alguma coisa mais do que simples seres mecânicos. Se

3 Talvez se possa pensar, em português, num misto de "brincadeira", "folia", "distração" e "jocosidade". (N. da T.)

brincamos e jogamos, e temos consciência disso, é porque somos mais do que simples seres racionais, pois o jogo é irracional.

## O JOGO COMO FATOR CULTURAL

Ao se abordar a função do jogo como uma função real da cultura, e não como ele aparece na vida do animal ou da criança, começamos a partir do ponto em que as abordagens da biologia e da psicologia chegam ao seu termo. Encontramos o jogo na cultura como um elemento dado, existente antes da própria cultura, acompanhando-a e marcando-a desde as mais distantes origens até a fase atual. Em toda a parte encontramos presente o jogo, como uma qualidade de ação bem determinada e distinta da vida "comum". Podemos deixar de lado o problema de saber se até agora a ciência conseguiu reduzir esta qualidade a fatores quantitativos. Em minha opinião, não o conseguiu. De qualquer modo, o que importa é justamente aquela qualidade característica da forma de vida a que chamamos "jogo". O objeto de nosso estudo é o jogo como forma específica de atividade, como "forma significante", como função social. Não procuraremos analisar os impulsos e hábitos naturais que condicionam o jogo em geral, tomando-o em suas múltiplas formas concretas, enquanto estrutura propriamente social. Procuraremos considerar o jogo como o fazem os próprios jogadores, isto é, em sua significação primária. Se verificarmos que o jogo se baseia na manipulação de certas imagens, numa certa "imaginação" da realidade (ou seja, a transformação desta em imagens), nossa preocupação fundamental será, então, captar o valor e o significado dessas imagens e dessa "imaginação". Observaremos a ação destas no próprio jogo, procurando assim compreendê-lo como fator cultural da vida.

As grandes atividades arquetípicas da sociedade humana são, desde o início, inteiramente marcadas pelo jogo. Tome-se, por exemplo, o caso da linguagem, esse primeiro e supremo instrumento que o homem forjou a fim de poder comunicar, ensinar e comandar. É a linguagem que lhe permite distinguir as coisas, defini-las e constatá-Ias; em resumo, designá-las e com essa designação elevá-las ao domínio do espírito. Na criação da fala e da linguagem, jogando com essa maravilhosa faculdade de designar, é como se o espírito estivesse constantemente saltando entre a matéria e as coisas pensadas. Por detrás de toda expressão abstrata se oculta uma metáfora, e toda metáfora é jogo de palavras. Assim, ao dar expressão à vida, o homem cria um outro mundo, um mundo poético, ao lado do da natureza.

Outro exemplo é o mito, igualmente uma transformação ou uma "imaginação" do mundo exterior; só que aqui o processo é mais elaborado e complexo do que ocorre no caso das palavras isoladas. O homem primitivo procura, através do mito, dar conta do mundo dos fenômenos, atribuindo a esse um fundamento divino. Em todas as caprichosas invenções da mitologia, há um espírito fantasista que joga no extremo limite entre a brincadeira e a seriedade. Se, finalmente, observarmos o fenômeno do culto, verificaremos que as sociedades primitivas celebram seus ritos sagrados, seus sacrifícios, consagrações e mistérios, destinados a assegurarem a tranquilidade do mundo, dentro de um espírito de puro jogo, tomando-se aqui o verdadeiro sentido da palavra.

Ora, é no mito e no culto que têm origem as grandes forças instintivas da vida civilizada: o direito e a ordem, o comércio e o lucro, a indústria e a arte, a poesia, a sabedoria e a ciência. Todas elas têm suas raízes no solo primevo do jogo.

A finalidade deste estudo consiste em mostrar que o exame da cultura *sub specie ludi* é mais do que uma comparação retórica. Não se trata de modo algum de uma ideia nova. Houve uma época em que era geralmente aceita, embora num sentido limitado e muito diferente daquele que aqui se adotou: no início do século XVII, quando surgiu o grande teatro laico. Numa brilhante série de figuras, desde as de Shakespeare até as de Calderón e Racine, o teatro dominava a literatura ocidental. Era costume comparar o mundo a um palco, no qual cada homem desempenhava seu papel. Isso significava que o elemento lúdico da civilização fosse claramente reconhecido? Em absoluto. O costume de comparar a vida a um palco, bem analisada, revela-se como pouco mais do que um eco do neoplatonismo então dominante, com um tom moralista fortemente acentuado. Era uma variante do velho tema do caráter vão de todas as coisas. O jogo e a cultura estão realmente entretecidos, mas não era observada nem expressa essa analogia. Hoje, ao contrário, importa mostrar que o puro e simples jogo constitui uma das principais bases da civilização.

## O JOGO COMO CATEGORIA AUTÔNOMA

Em nossa maneira de pensar, o jogo é diretamente oposto à seriedade. À primeira vista, esta oposição parece tão irredutível a outras categorias como o próprio conceito de jogo. Todavia, caso o examinemos mais de perto, verificaremos que o contraste entre jogo e seriedade não é decisivo nem imutável. É lícito dizer que o jogo é a não seriedade, mas esta afirmação, além do fato de nada nos dizer quanto às características positivas do jogo, é extremamente fácil de refutar. Caso pretendamos passar de "o jogo não é a seriedade" para "o jogo não é sério", imediatamente o contraste tornar-se-á impossível, pois certas formas de jogo podem ser extraordinariamente sérias. Além disso, encontramos várias outras manifestações de vida que também são abrangidas pela "não seriedade" e não apresentam qualquer relação com o jogo. O riso, por exemplo, está de certo modo em oposição à seriedade, sem de maneira alguma estar diretamente ligado ao jogo. Os jogos infantis, o futebol e o xadrez são executados dentro da mais profunda seriedade, não se verificando nos jogadores a menor tendência para o riso. É curioso notar que o ato puramente fisiológico de rir é exclusivo dos homens, ao passo que a função significante do jogo é comum aos homens e animais. O *animal ridens* de Aristóteles caracteriza o homem, em oposição aos animais, de maneira quase tão absoluta quanto o *homo sapiens*.

O que vale para o riso vale igualmente para o cômico. O cômico é compreendido pela categoria da não seriedade e possui certas afinidades com o riso, na medida em que o provoca, mas sua relação com o jogo é perfeitamente secundária. Considerado em si mesmo, o jogo não é cômico nem para os jogadores nem para o público. Os animais muito jovens ou as crianças podem por vezes ser extremamente cômicos em suas brincadeiras, mas observar cães adultos perseguindo-se mutuamente dificilmente suscita em nós o riso. Quando chamamos "cômica" a uma farsa ou a uma comédia, fazemo-lo levando em conta não o jogo da representação propriamente dito, mas, sim, a situação e os pensamentos expressos. A arte mímica do palhaço, cômica e risível, a custo pode ser considerada um verdadeiro jogo.

A categoria do cômico está estreitamente ligada à da loucura, ao mesmo tempo no sentido mais elevado e no mais baixo do termo. Mas não há loucura no jogo, já que se situa para além da antítese entre a sabedoria e a loucura. Na baixa Idade Média, os dois modos fundamentais de vida, o jogo e a seriedade, eram expressos de maneira bastante imperfeita pela oposição entre *folie et sens* (loucura e senso), até Erasmo, em seu *Laus stultutiae*, ter mostrado a inadequação desse contraste.

Todos os termos aqui livremente reunidos num mesmo grupo – jogo, riso, loucura, piada, gracejo, cômico etc – têm em comum aquela mesma característica que devemos subscrever para o jogo, isto é, a de resistir a qualquer tentativa de redução a outros termos. Sem dúvida, sua *ratio* e sua mútua relação residem numa camada muito profunda de nosso ser espiritual.

Quanto mais nos esforçamos por estabelecer uma separação entre a forma a que chamamos "jogo" e outras que lhe são aparentemente relacionadas, mais se evidencia a absoluta independência do conceito de jogo. E a separação do jogo das grandes categorias antitéticas não para por aí. O jogo mantém-se fora da antítese entre sabedoria e loucura, ou das que opõem a verdade e a falsidade, ou o bem e o mal. Embora seja uma atividade não material, não desempenha uma função moral, sendo impossível aplicar-lhe as noções de vício e virtude.

Se, portanto, não for possível ao jogo referir-se diretamente às categorias do bem ou da verdade, não poderia ele talvez ser incluído no domínio da estética? Aqui o nosso julgamento hesita porque, embora a beleza não seja atributo do jogo enquanto tal, este tem tendência a assumir acentuados elementos de beleza. A vivacidade e a graça estão originalmente ligadas às formas mais primitivas do jogo. É nele que a beleza do corpo humano em movimento atinge seu apogeu. Em suas formas mais complexas o jogo está saturado de ritmo e de harmonia, que são os mais nobres dons de percepção estética de que o homem dispõe. São muitos, e bem íntimos, os laços que unem o jogo com a beleza.

## CARACTERÍSTICAS FORMAIS DOS JOGOS

Apesar disso, não podemos afirmar que a beleza seja inerente ao jogo enquanto tal. Devemos, portanto, limitar-nos ao seguinte: o jogo é uma função do ser vivo, mas não é passível de definição exata em termos lógicos, biológicos ou estéticos. O conceito de jogo deve permanecer distinto de todas as outras formas de pensamento através das quais exprimimos a estrutura da vida espiritual e social. Teremos, portanto, de limitar-nos a descrever suas principais características.

Dado que nosso tema são as relações entre o jogo e a cultura, não é indispensável fazer referência a todas as formas possíveis de jogo, sendo possível limitarmo-nos a suas manifestações sociais. Poderíamos considerar estas as formas mais elevadas de jogo. Geralmente são muito mais fáceis de descrever do que os jogos mais primitivos das crianças e dos animais jovens, por possuírem forma mais nítida e articulada e traços mais variados e visíveis, ao passo que na interpretação dos jogos primitivos nos deparamos imediatamente com aquela característica irredutível, puramente lúdica, que em nossa opinião não é mais verificável por análises posteriores. Faremos referência aos concursos e às corridas, às representações e aos espetáculos, à dança e à música, às mascaradas e aos torneios. Algumas das características que vamos indicar são próprias do jogo em geral, enquanto outras pertencem aos jogos sociais em particular.

Antes de mais nada, o jogo é uma atividade voluntária. Sujeito a ordens, deixa de ser jogo, podendo no máximo ser uma imitação forçada. Basta esta característica de liberdade para afastá-lo definitivamente do curso de um processo natural. É um elemento acrescentado, que a recobre como floração, ornamento ou roupagem. É evidente que, aqui, se entende liberdade em seu sentido mais lato, sem referência ao problema filosófico do determinismo. Poder-se-ia objetar que esta liberdade não existe para o animal e a criança, por serem eles levados ao jogo pela força de seu instinto e pela necessidade de desenvolverem suas faculdades físicas e seletivas. Todavia, o termo "instinto" introduz algo indeterminado e, além disso, pressupor a utilidade do jogo é responsabilizar-se por uma petição de princípio (*petitio principii*). As crianças e os animais brincam porque se divertem, e é precisamente em tal fato que reside sua liberdade.

Seja como for, para o indivíduo adulto e responsável o jogo é uma função que facilmente poderia ser dispensada, é algo supérfluo. Só se torna uma necessidade urgente na medida em que o prazer por ele provocado o transforma numa necessidade.

É possível, em qualquer momento, adiar ou suspender o jogo. Jamais é imposto pela necessidade física ou pelo dever moral, e nunca constitui uma tarefa, sendo sempre praticado no "tempo livre". Liga-se a noções de obrigação e dever apenas quando constitui uma função cultural reconhecida, como no culto e no ritual.

Chegamos, assim, à primeira das características fundamentais do jogo: o fato de ser livre, de ser ele próprio liberdade. Uma segunda característica, intimamente ligada à primeira, é que o jogo não é vida "corrente" nem vida "real". Pelo contrário, trata-se de uma evasão da vida "real" para uma esfera temporária de atividade com orientação própria. Toda criança sabe perfeitamente quando está "só fazendo de conta" ou quando está "só brincando". A seguinte história, que me foi contada pelo pai de um menino, constitui um excelente exemplo de como essa consciência está profundamente enraizada no espírito das crianças. O pai foi encontrar seu filhinho de quatro anos brincando "de trenzinho" na frente de uma fila de cadeiras. Quando foi beijá-lo, disse-lhe o menino: "Não dê beijo na máquina, Papai, senão os vagões não vão acreditar que é de verdade". Esta característica de "faz de conta" do jogo exprime um sentimento da inferioridade do jogo frente à "seriedade", a qual aparece como primária. Todavia, conforme já salientamos, esta consciência do fato de "só fazer de conta" no jogo não impede de modo algum que ele se processe com a maior seriedade, com um enlevo e um entusiasmo que chegam ao arrebatamento e, pelo menos temporariamente, tiram todo o significado da palavra "só" da frase acima. Todo jogo é capaz, a qualquer momento, de absorver inteiramente o jogador. O contraste entre jogo e seriedade é sempre fluido. A inferioridade do jogo é sempre compensada pela correspondente superioridade de sua seriedade. O jogo se torna seriedade e a seriedade, jogo. É possível ao jogo alcançar extremos de beleza e de perfeição que ultrapassam em muito a seriedade. Voltaremos a nos referir a problemas difíceis desse tipo quando analisarmos mais minuciosamente as relações entre o jogo e o culto.

No que diz respeito às características formais do jogo, todos os observadores dão grande ênfase ao fato de ser ele *desinteressado*. Visto não pertencer à vida "comum", ele se situa fora do processo de satisfação imediata das necessidades e dos desejos e, pelo contrário, interrompe esse processo. Ele se insinua como atividade temporária, que tem uma finalidade autônoma e se realiza tendo em vista uma satisfação que consiste nessa própria realização. É pelo menos assim que, em primeira instância, ele se nos apresenta: como um *intermezzo*, um interlúdio em nossa vida cotidiana. Todavia, em sua qualidade de distensão regularmente verificada, ele se torna um acompanhamento, um complemento e, em última análise, uma parte integrante da vida em geral. Ornamenta a vida, ampliando-a e, nessa medida, torna-se uma necessidade tanto para o indivíduo, como função vital, quanto para a sociedade, devido ao sentido que encerra, à sua significação, a seu valor expressivo, a suas associações espirituais e sociais, em resumo, como função cultural. Dá satisfação a todo o tipo de ideais comunitários. Nesta medida, situa-se numa esfera superior aos processos estritamente biológicos de alimentação, reprodução e autoconservação. Essa afirmação é aparentemente contraditada pelo fato de que os jogos ligados à atividade sexual se verificam justamente na época do cio. Mas seria assim tão absurdo atribuir ao canto, à dança e ao pavonear das aves um lugar exterior ao domínio puramente fisiológico, tal como no caso do jogo humano? Seja como for, este último pertence sempre, em todas as suas formas mais elevadas, ao domínio do ritual e do culto, ao domínio do sagrado.

Mas o fato de ser necessário, de ser culturalmente útil e, até, de se tornar cultura diminuirá em alguma coisa o caráter desinteressado do jogo? Não, porque a finalidade a que obedece é exterior aos interesses materiais imediatos e à satisfação individual das necessidades biológicas. Em sua qualidade de atividade sagrada, o jogo naturalmente contribui para a prosperidade do grupo social, mas de outro modo e através de meios totalmente diferentes dos da aquisição de elementos de subsistência.

O jogo distingue-se da vida "comum" tanto pelo lugar quanto pela duração que ocupa. É esta a terceira de suas características principais: seu isolamento, sua limitação. É "jogado até ao fim" dentro de certos limites de tempo e de espaço. Possui um encaminhamento e um sentido próprios.

O jogo começa e, num momento preciso, termina. Joga-se até que se chegue a um certo fim. Enquanto ocorre, tudo é movimento, mudança, alternância, sucessão, associação, separação. E há, diretamente ligada à sua limitação no tempo, uma outra característica interessante do jogo, a de se fixar imediatamente como fenômeno cultural. Mesmo após ter chegado ao fim, ele permanece como uma criação nova do espírito, um tesouro a ser conservado pela memória. É transmitido, torna-se tradição. Pode ser repetido a qualquer momento, quer seja "jogo infantil" ou jogo de xadrez, ou em períodos determinados, como um mistério. Uma de suas qualidades fundamentais reside nesta capacidade de repetição, que não se aplica apenas ao jogo em geral, mas também à sua estrutura interna. Em quase todas as formas mais elevadas de jogo, os elementos de repetição e de alternância, como no refrão, constituem como que o fio e a tessitura do objeto.

A limitação no espaço é ainda mais surpreendente do que a limitação no tempo. Todo jogo se processa e existe no interior de um campo previamente delimitado, de maneira material ou imaginária, deliberada ou espontânea. Tal como não há diferença formal entre o jogo e o culto, do mesmo modo o "lugar sagrado" não pode ser formalmente distinguido do terreno de jogo. A arena, a mesa de jogo, o círculo mágico, o templo, o palco, a tela, o campo de tênis, o tribunal etc. têm todos a forma e a função de terrenos de jogo, isto é, lugares proibidos, isolados, fechados, sagrados, em cujo interior se respeitam determinadas regras. Todos eles são mundos temporários dentro do mundo habitual, dedicados à prática de uma atividade especial.

Reina dentro do terreno de jogo uma ordem específica e absoluta. E aqui chegamos a uma outra característica sua, mais positiva ainda: ele cria ordem e é ordem. Introduz na confusão da vida e na imperfeição do mundo uma perfeição temporária e limitada, exige uma ordem suprema e absoluta: a menor desobediência a ela "estraga o jogo", privando-o de seu caráter próprio e de todo e qualquer valor. É talvez devido a esta afinidade profunda entre a ordem e o jogo que este, como assinalamos de passagem, parece estar em tão larga medida ligado ao domínio da estética. Há nele uma tendência para ser belo. Talvez este fator estético seja idêntico àquele impulso de criar formas ordenadas que anima o jogo em todas as suas configurações. As palavras que empregamos para designar seus elementos pertencem quase todas à estética. São as mesmas palavras com as quais procuramos descrever os efeitos da beleza: tensão, equilíbrio, compensação, contraste, variação, solução, união e desunião. O jogo vincula e desprende. Fascina. Ele conjura, quer dizer, cativa. Está investido das duas qualidades mais nobres que somos capazes de ver nas coisas: o ritmo e a harmonia.

O elemento de tensão a que acabamos de nos referir desempenha no jogo um papel especialmente importante. Tensão significa incerteza, acaso. Há um esforço para levar o jogo até ao desenlace, o jogador quer que alguma coisa "vá" ou "saia", pretende "ter sucesso" à custa de seu próprio esforço. Uma criança estendendo a mão para um brinquedo, um gatinho brincando com um novelo, uma garotinha jogando bola, todos procuram conseguir alguma coisa difícil, ganhar, acabar com uma tensão. O jogo é "tenso", como se costuma dizer. É esse elemento de tensão e solução que domina em todos os jogos solitários de destreza e aplicação, como os quebra-cabeças, as charadas, os jogos de armar, as paciências, o tiro ao alvo, e quanto mais estiver presente o elemento competitivo mais apaixonante se torna o jogo. Essa tensão chega ao extremo nos jogos de azar e nas competições esportivas. Embora o jogo enquanto tal esteja para além do domínio do bem e do mal, o elemento de tensão lhe confere um certo valor ético, na medida em que são postas à prova as qualidades do jogador: sua força e tenacidade, sua habilidade e coragem e, igualmente, suas capacidades espirituais, sua "lealdade". Porque, apesar de seu ardente desejo de ganhar, deve sempre obedecer às regras do jogo.

## AS REGRAS DO JOGO

Por sua vez, essas regras são fator de grande importância para o conceito de jogo. Todo jogo tem suas regras. São elas que determinam aquilo que "vale" dentro do mundo temporário por ele circunscrito. As regras de todos os jogos são absolutas e não permitem discussão. Uma vez, de passagem, Paul Valéry exprimiu uma ideia das mais importantes: "No que diz respeito às regras de um jogo, nenhum ceticismo é possível, pois o princípio no qual elas assentam é uma verdade apresentada como inabalável". Sem dúvida, tão logo as regras sejam quebradas, todo o mundo do jogo entra em colapso. O jogo acaba: o apito do árbitro quebra o feitiço e a vida "real" recomeça.

O jogador que desrespeita ou ignora as regras é um "desmancha-prazeres". Esse, porém, difere do jogador desonesto, do trapaceiro, já que o último finge jogar seriamente o jogo e aparenta reconhecer o círculo mágico. É curioso notar como os jogadores são muito mais indulgentes para com o trapaceiro do que com o desmancha-prazeres; o que se deve ao fato de este último abalar o próprio mundo do jogo. Retirando-se do jogo, denuncia o caráter relativo e frágil desse mundo no qual, temporariamente, se havia encerrado com os outros. Priva o jogo da ilusão – palavra cheia de sentido que significa literalmente "em jogo" (de *inlusio, illudere* ou *inludere*). Torna-se, portanto, necessário expulsá-lo; pois ele ameaça a existência da comunidade de jogadores. A figura do desmancha-prazeres desenha-se com mais nitidez nos jogos infantis. A pequena comunidade não procura averiguar se o desmancha-prazeres abandona o jogo por incapacidade ou por imposição alheia, ou melhor, não reconhece sua incapacidade e o acusa de falta de audácia. Para ela, o problema da obediência e da consciência é reduzido ao do medo ao castigo. O desmancha-prazeres destrói o mundo mágico, portanto, é um covarde e precisa ser expulso. Mesmo no universo da seriedade, os hipócritas e os batoteiros sempre tiveram mais sorte do que os desmancha-prazeres: os apóstatas, os hereges, os reformadores, os profetas e os objetores de consciência.

Pode acontecer, entretanto, que os desmancha-prazeres fundem, por sua vez, uma nova comunidade, dotada de regras próprias. Os fora da lei, os revolucionários, os membros das sociedades secretas, os hereges de todos os tipos têm tendências fortemente associativas, se não sociáveis, e todas as suas ações são marcadas por um certo elemento lúdico.

As comunidades de jogadores geralmente tendem a tornar-se permanentes, mesmo depois de acabado o jogo. É claro que nem todos os jogos de bola de gude ou de *bridge* levam à fundação de um clube. Mas a sensação de estar "separadamente juntos", numa situação excepcional, de partilhar algo importante, afastando-se do resto do mundo e recusando as normas habituais, conserva sua magia para além da duração de cada jogo. O clube pertence ao jogo tal como o chapéu pertence à cabeça. Seria demasiado simplista explicar todas as associações a que os antropólogos chamam fratrias (como, por exemplo, os clãs, as irmandades etc.) apenas como sociedades lúdicas. Porém, mais de uma vez se verificou como é difícil estabelecer uma separação nítida entre, de um lado, os agrupamentos sociais permanentes, sobretudo nas culturas arcaicas, com seus objetivos extremamente importantes, solenes e sagrados, e, de outro, a esfera lúdica.

## O MUNDO ESPECIAL DO JOGO

O caráter especial e excepcional do jogo é ilustrado de maneira flagrante pelo ar de mistério em que frequentemente se envolve. Desde a mais tenra infância, o encanto do jogo é reforçado por se fazer dele um segredo. Isso é para *nós* e não para os outros. O que os outros fazem lá fora não nos importa nesse momento. No interior do círculo do jogo, as leis e costumes da vida cotidiana perdem validade. Somos e fazemos coisas diferentes. Essa supressão temporária do mundo habitual é inteiramente manifesta no mundo infantil, mas não é menos evidente nos grandes jogos rituais dos povos primitivos. Na grande festa de iniciação em que os jovens são aceitos na comunidade dos homens, não são apenas os neófitos que ficam isentos das leis e regras da tribo; há uma trégua geral de todas as inimizades na tribo. Dessa suspensão temporária da vida social normal, durante a época dos jogos sagrados, existem também numerosos indícios em civilizações mais evoluídas. Todas as saturnais e costumes carnavalescos são exemplos disso. Ainda recentemente entre nós, em época de costumes locais mais rudes, privilégios de classe mais acentuados e uma polícia mais tolerante, aceitavam-se as orgias dos jovens de classe alta como "estudantadas". Essas ainda subsistem nas universidades inglesas, sob o nome de *ragging*, que o *Oxford English Dictionary* define como "uma intensa manifestação do comportamento barulhento e desordeiro, levada a cabo num espírito de desrespeito à autoridade e à disciplina".

O caráter diferencial e o secretismo do jogo manifestam-se de modo marcante no costume da mascarada. Aqui, a natureza "extraordinária" do jogo alcança sua perfeição. O indivíduo disfarçado ou mascarado desempenha um papel como se fosse outra pessoa, ou melhor, é outra pessoa. Os terrores da infância, a alegria esfusiante, a fantasia mística e os rituais sagrados encontram-se inextricavelmente misturados nesse estranho mundo do disfarce e da máscara.

Resumindo as características formais do jogo, poderíamos considerá-lo uma atividade livre, conscientemente tomada como "não séria" e exterior à vida habitual, mas ao mesmo tempo capaz de absorver o jogador de maneira intensa e total. É uma atividade desligada de todo e qualquer interesse material, com a qual não se pode obter qualquer lucro, praticada dentro de limites espaciais e temporais próprios, segundo uma certa ordem e certas regras. Promove a formação de grupos sociais com tendência a rodearem-se de segredo e a sublinharem sua diferença em relação ao resto do mundo por meio de disfarces ou outros meios semelhantes.

## O JOGO COMO LUTA E REPRESENTAÇÃO

A função do jogo nas formas mais elevadas que aqui nos interessam pode, de maneira geral, ser definida por dois aspectos fundamentais que nele estão presentes: uma luta *por* alguma coisa ou a representação *de* alguma coisa. Essas duas funções podem também por vezes confundir-se, de tal modo que o jogo passe a "representar" uma luta, ou, então, se torne uma luta para melhor representação de alguma coisa.

Representar significa mostrar, e isso pode consistir simplesmente na exibição, perante um público, de uma característica natural. O pavão e o peru limitam-se a mostrar às fêmeas o esplendor de sua plumagem, mas aqui o aspecto essencial é a exibição de um fenômeno invulgar destinado a provocar admiração. Se a ave acompanha essa exibição com alguns passos de dança passamos a ter um espetáculo, uma *fuga* à realidade vulgar para um plano mais elevado. Nada sabemos daquilo que o animal sente durante esses atos, mas sabemos que as exibições das crianças mostram, desde a mais tenra infância, um alto grau de imaginação. A criança *produz a imagem* de alguma coisa diferente, ou mais bela, ou mais nobre, ou mais perigosa do que habitualmente é. Finge ser um príncipe, um papai, uma bruxa malvada ou um tigre. A criança fica literalmente "transportada" de prazer, superando-se a si mesma a tal ponto que quase chega a acreditar que realmente é esta ou aquela coisa, sem, contudo, perder inteiramente o sentido da "realidade habitual". Mais do que uma realidade falsa, sua representação é a realização de uma aparência: "imaginação" no sentido original do termo.

Se passarmos agora das brincadeiras infantis para as representações sagradas das civilizações primitivas, veremos que nessas se encontra "em jogo" um elemento espiritual diferente, embora muito difícil de definir. A representação sagrada é mais do que a simples realização de uma aparência, uma realidade fingida; é mais do que uma realização simbólica: é uma realização mística. Algo de invisível e inefável adquire nela uma forma bela, real e sagrada. Os participantes do ritual estão certos de que o ato concretiza e efetua uma certa beatificação, faz surgir uma ordem de coisas mais elevada do que aquela em que habitualmente vivem. No entanto, isso não impede que essa "realização pela representação" conserve, sob todos os aspectos, as características formais do jogo. É executada no interior de um terreno de jogo, de um espaço, que é literalmente circunscrito sob a forma de festa, isto é, dentro de um espírito de alegria e liberdade. Em sua intenção circunscreve-se um universo próprio de valor temporário. Mas seus efeitos não cessam depois de acabado o jogo; seu esplendor continua sendo projetado sobre o mundo de todos os dias, influência benéfica que garante a segurança, a ordem e a prosperidade de todo o grupo até à próxima época dos rituais sagrados

Em todas as partes do mundo podem-se encontrar exemplos disso. Segundo uma velha crença chinesa, a música e a dança têm a finalidade de manter o mundo em seu devido curso e obrigar a natureza a proteger o homem. A prosperidade de cada ano depende da fiel execução de competições sagradas na época das festas. Caso essas reuniões não se realizem, as colheitas não poderão amadurecer[4].

O ritual é um *dromenon*, isto é, uma coisa que se faz, uma ação. A matéria dessa ação é um *drama*, isto é, uma vez mais, um ato, uma ação representada num palco. Essa ação pode revestir a forma de um espetáculo ou de uma competição. O rito, ou "ato ritual", representa um acontecimento cósmico, um evento dentro do processo natural. Contudo, a palavra "representa" não exprime o sentido exato da ação, pelo menos na conotação mais vaga que atualmente predomina; porque aqui "representação" é

4 Ver obras de Marcel Granet, *Festivals and Songs of Ancient China*; *Dances and Legends of Ancient China*; e *Chinese Civilization* (todos da Routledge).

realmente identificação, a repetição mística ou a *re-apresentação* do acontecimento. O culto produz um efeito que, mais do que figurativamente mostrado, é realmente reproduzido na ação. Portanto, a função do rito está longe de ser simplesmente imitativa, leva a uma verdadeira participação no próprio ato sagrado. Como diriam os gregos, "é *methectic* em vez de *mimetic*"[5]. É colaborar com a ação, ou auxiliá-la[6].

A antropologia não está particularmente interessada em saber como a psicologia julgará o processo que se exprime nesses fenômenos. A psicologia poderá resolver a questão definindo a realização do ritual como identificação compensadora, uma espécie de substituto, "um ato representativo devido à impossibilidade de levar a cabo uma ação real e intencional"[7]. Os participantes estão zombando ou são zombados? A função da antropologia é procurar compreender o significado dessas figurações no espírito dos povos que as praticam e nelas creem.

Tocamos aqui no próprio âmago da religião comparada: a natureza e a essência do ritual e do mistério. Todos os antigos sacrifícios rituais dos *Vedas* baseiam-se na ideia de que a cerimônia de culto – seja ela sacrifício, competição ou representação –, representando um certo acontecimento cósmico que se deseja, compele os deuses a provocar sua realização efetiva. Bem poderíamos dizer: jogando com eles. Deixaremos agora de lado os aspectos especificamente religiosos, concentrando-nos na análise dos elementos lúdicos dos rituais primitivos.

## JOGO E CULTO

O culto (ou ritual) é, portanto, um espetáculo, uma representação dramática, uma atualização imaginária de uma realidade vicária. Nas grandes festas sazonais, o grupo social celebra os acontecimentos principais da vida da natureza, levando a efeito representações sagradas que expressam a mudança das estações, o surgimento e o declínio dos astros, o crescimento e o

5 Jane E. Harrison, *Themis: A Study of the Social Origins of Greek Religion*, Cambridge, 1912, p. 125.

6 Robert Ranulph Marett, *The Threshold of Religion*, London, 1912, p. 48.

7 F.J.J. Buytendijk, op. cit., p. 70-71.

amadurecimento das colheitas, a vida e a morte dos homens e dos animais. Como escreve Leo Frobenius, a humanidade arcaica "joga", representa a ordem da natureza tal como ela está impressa em sua consciência[8]. Num passado remoto, segundo Frobenius, os homens começaram por tomar consciência dos fenômenos do mundo vegetal e animal e depois adquiriram as ideias de tempo e de espaço, dos meses e das estações, do percurso do Sol e da lua. E agora ele desempenha esta grande ordem processional de existência em uma cerimônia sagrada, na qual e através da qual ele atualiza de novo, ou "recria", os eventos representados, ajudando asim a manter a ordem cósmica. Frobenius tira conclusões ainda mais abrangentes desse "brincar com a natureza". As formas desse jogo litúrgico deram origem à ordem da própria comunidade, às instituições políticas primitivas. O rei é o Sol e seu reinado é a imagem do curso do Sol. Durante toda sua vida, o rei "encena" o papel do Sol e, no final, sofre o mesmo destino que o Sol: deve ser morto, de forma ritual, por seu próprio povo.

Podemos deixar de lado o problema de saber até que ponto essa explicação do regicídio ritual e toda a concepção subjacente podem ser consideradas "provadas". O problema que aqui nos interessa é o seguinte: que devemos pensar dessa projeção concreta da primitiva consciência da natureza? Como devemos encarar um processo mental que se inicia com uma experiência inexpressa dos fenômenos cósmicos e conduz à sua representação imaginária no jogo?

Frobenius tem razão ao rejeitar a fácil explicação que se contenta com a noção de um "instinto de jogo" inato. Alega ele que o termo "instinto"é "um expediente, uma confissão de impotência perante o problema da realidade"[9]. Com idêntica clareza, e com mais razão ainda, rejeita, como vestígio de uma maneira ultrapassada de pensar, a tendência para explicar todo progresso cultural em termos de uma "finalidade especial", de um "porquê" ou um "por que razão", como critério para julgar a capacidade criadora de cultura de uma comunidade. Qualifica esse ponto de vista como "tirania da causalidade", ou pior, como "utilitarismo antiquado"[10].

8 *Kulturgeschichte Afrikas: Prolegomena zu einer historischen Gestaltlehre*, Wien, 1933; *Schicksalskunde im Sinedes Kulturwerdens*, Leipzig, 1932.
9 *Kulturgeschichte Afrikas*, p. 23, 122.
10 Ibidem, p. 21.

A concepção desse processo espiritual defendida por Frobenius é mais ou menos a seguinte: a experiência, ainda inexpressa da natureza e da vida, manifesta-se no homem primitivo sob a forma de captura, sendo captura o "arrebatamento ou comoção". "A capacidade criadora, tanto nos povos quanto nas crianças ou em qualquer indivíduo criador, deriva desse estado de arrebatamento."[11] "Os homens são arrebatados pela revelação do destino. [...] A realidade do ritmo natural da gênese e da extinção arrebata sua consciência e esse fato o leva a representar sua emoção em um ato, inevitável e como que reflexo."[12] Assim, segundo ele, trata-se aqui de um processo mental de transformação que é absolutamente necessário. A captura, o arrebatamento perante os fenômenos da vida e da natureza é condensado pela ação reflexa e elevado à expressão poética e à arte. É difícil descrever-se o processo da imaginação criadora em palavras que sejam mais objetivas, e assim se está longe de uma verdadeira "explicação". Continua tão obscuro como antes o caminho que leva da percepção estética ou mística, ou pelo menos metalógica, da ordem cósmica até os rituais sagrados.

O grande estudioso da cultura emprega frequentemente o termo "jogo", sem contudo definir com exatidão que sentido lhe atribui. Parece até por vezes aceitar subrepticiamente aquilo mesmo que tão energicamente repudia e que, de maneira alguma, corresponde à característica essencial do jogo: o conceito de finalidade. Porque na descrição proposta por Frobenius, o jogo *serve* explicitamente para *representar* um acontecimento cósmico, de certo modo tornando-o presente. Há um elemento quase racionalista que irresistivelmente se impõe. Afinal de contas, o jogo e a representação têm para Frobenius sua razão de ser na expressão de qualquer coisa de diferente, que é o "arrebatamento" por um acontecimento cósmico. Mas o próprio fato de a dramatização ser *lúdica, representada,* parece ter para ele importância secundária. Pelo menos teoricamente, a emoção poderia ser transmitida de maneira diferente. Do nosso ponto de vista, pelo contrário, o que é importante é o próprio *jogo.* O ritual não difere de maneira essencial das formas superiores dos jogos infantis ou animais, e dificilmente poderia afirmar-se que essas duas últimas formas

11 Ibidem,p. 122.

12 *Schicksalskunde im Sinedes Kulturwerdens,* p. 142.

tenham sua origem numa tentativa de expressão de qualquer emoção cósmica. Os jogos infantis possuem a qualidade lúdica em sua própria essência, e na forma mais pura dessa qualidade.

Talvez pudéssemos descrever o processo que conduz do "arrebatamento" pela natureza até à realização do ritual em termos que evitassem a mencionada inadequação, sem, no entanto, pretender revelar o inescrutável. Diríamos então que, na sociedade primitiva, verifica-se a presença do jogo, tal como nas crianças e nos animais, e que, desde a origem, nele se verificam todas as características lúdicas: ordem, tensão, movimento, mudança, solenidade, ritmo, entusiasmo. Só numa fase posterior da sociedade, e de modo sério, o jogo se encontrará associado à expressão de alguma coisa, nomeadamente aquilo a que podemos chamar "vida" ou "natureza". O que era jogo desprovido de expressão verbal adquire agora uma forma poética. Na forma e na função do jogo, que em si mesmo é uma entidade independente, desprovida de sentido e de racionalidade, a consciência que o homem tem de estar integrado a uma ordem cósmica encontra sua primeira expressão, a mais alta e mais sagrada. Pouco a pouco, o jogo vai adquirindo a significação de ato sagrado. O ritual enxerta-se no jogo; mas o evento primário é e permanece o jogo.

## SERIEDADE SAGRADA NO JOGO

Movimentamo-nos aqui em esferas de difícil acesso tanto à psicologia quanto à filosofia. São questões que tocam o que há de mais profundo em nossa consciência. O ritual é a forma mais alta e mais sagrada da seriedade. Pode ele, apesar disso, ser jogo? Começamos por dizer que todo jogo, tanto das crianças como dos adultos, pode efetuar-se dentro do mais completo espírito de seriedade. Mas irá isso a ponto de implicar que o jogo continua sempre ligado à emoção sagrada do ato sacramental? Quanto a isso, nossas conclusões são de certa maneira obstruídas pela rigidez de nossas ideias habituais. Estamos habituados a considerar o jogo e a seriedade como constituindo uma antítese absoluta. Contudo, parece que isso não permite chegar ao coração de nossa matéria.

Consideremos por um momento o seguinte argumento. A criança joga ou brinca dentro da mais perfeita seriedade, que a justo título podemos considerar sagrada. Mas brinca e sabe que brinca. Também o esportista joga com o mais fervoroso entusiasmo e, ao mesmo tempo, sabe que joga. O ator, no palco, se deixa absorver inteiramente pelo jogo da representação teatral, ao mesmo tempo que tem consciência de sua natureza. O mesmo vale para o violinista, embora ele possa elevar-se a reinos além deste mundo. O personagem do jogo, portanto, pode se ligar às formas de ação mais sublimes. Podemos agora estender a linha ao ritual e dizer ser também meramente lúdica a atividade do sacerdote que executa os ritos do sacrifício? À primeira vista isso parece absurdo, pois, aceitá-lo para uma religião nos obrigaria a aceitá-lo para todas. Assim, nossas ideias de culto, magia, liturgia, sacramento e mistério seriam todas abrangidas pelo conceito de jogo. Ora, quando lidamos com abstrações devemos sempre evitar o exagero de sua importância, e estender demasiadamente o conceito de jogo resultaria em mero jogo de palavras. Mas, levando em conta todos os aspectos do problema, não creio que seja um erro definirmos o ritual em termos lúdicos. O ato ritualístico possui todas as características formais e essenciais do jogo, que anteriormente enumeramos, sobretudo na medida em que transfere os participantes para um mundo diferente. Essa identidade do ritual e do jogo era reconhecida sem reservas por Platão, que não hesitava em incluir o sagrado na categoria de jogo. "É preciso tratar com seriedade aquilo que é sério", diz ele[13].

> Só Deus é digno da suprema seriedade, e o homem não passa de um joguete de Deus, e é esse o melhor aspecto de sua natureza. Portanto, todo homem e mulher deve viver a vida de acordo com essa natureza, jogando os jogos mais nobres, contrariando suas inclinações atuais [...] Pois eles consideram a guerra uma coisa séria, embora não haja na guerra jogo ou cultura dignos desse nome, justamente as coisas que nós consideramos mais sérias. Portanto, todos devem esforçar-se ao máximo por viver em paz. Qual é, então, a maneira mais certa de viver? A vida deve ser vivida como jogo, jogando certos jogos, fazendo sacrifícios, cantando e dançando, e assim o homem poderá conquistar o favor dos deuses e defender-se de seus inimigos, triunfando no combate.[14]

As estreitas conexões entre o mistério e o jogo foram mencionadas de modo mais revelador por Romano Guardini em seu

13 *Leis*, VII, 803c-d.
14 *Leis*, VII, 796b, em que Platão fala das danças sagradas dos curetas de Creta.

livro *O Espírito da Liturgia*[15], particularmente no capítulo intitulado "Die Liturgie als Spiel". Ele, na verdade, não cita Platão, mas chega tão perto da citação acima quanto possa ser. Ele atribui à liturgia mais de um dos aspectos que consideramos característica do brincar, entre outras o fato de que, em seus exemplos mais elevados, a liturgia é "zwecklos aber doch sinnvoll" - "sem finalidade, mas cheio de significado".

A identificação platônica entre jogo e sagrado não desqualifica este último, reduzindo-o ao jogo, mas, pelo contrário, equivale a exaltar o primeiro, elevando-o às mais altas regiões do espírito. Dissemos no início que o jogo é anterior à cultura; e, em certo sentido, é também superior, ou pelo menos autônomo em relação a ela. Podemos situar-nos, no jogo, abaixo do nível da seriedade, como faz a criança; mas podemos também situar-nos acima desse nível, quando no reino do belo e do sagrado.

Adotando esse ponto de vista, podemos agora definir de maneira mais rigorosa as relações entre o ritual e o jogo. A extrema semelhança das duas formas não nos deixa mais perplexos, e a questão é saber até que ponto todos os atos de culto são abrangidos pela categoria do jogo.

Verificamos que uma das características mais importantes do jogo é sua separação espacial em relação à vida cotidiana. É-lhe reservado, quer material ou idealmente, um espaço fechado, isolado do ambiente cotidiano, e é dentro desse espaço que o jogo se processa e que suas regras têm validade. Ora, a delimitação de um lugar sagrado é também a característica primordial de todo ato de culto. Essa exigência de isolamento para o ritual, incluindo a magia e a vida jurídica, tem um alcance superior ao meramente espacial e temporal. Quase todos os rituais de consagração e iniciação implicam um certo isolamento artifical tanto dos ministros como dos neófitos. Sempre que se trata de proferir um voto, de ser recebido numa Ordem ou numa confraria, de fazer um juramento ou de entrar para uma sociedade secreta, de uma maneira ou de outra há sempre essa delimitação de um lugar do jogo. O mágico, o áugure e o sacrificador começam sempre por circunscrever seu espaço sagrado. O sacramento e o mistério pressupõem sempre um lugar santificado.

15 *Vom Geist des Liturgie*, Freiburg: Herder, 1922 (Ecclesia Orans 1, herausgegeben von Ildefons Herwegen).

De um ponto de vista formal, não existe diferença alguma entre a delimitação de um espaço para fins sagrados e a mesma operação para fins de simples jogo. A pista de corridas, o campo de tênis, o tabuleiro de xadrez ou o terreno da amarelinha não se distinguem, formalmente, do templo ou do círculo mágico. A extrema semelhança que se verifica entre os rituais dos sacrifícios de todo o mundo mostra que esses costumes devem ter suas raízes em alguma característica fundamental e essencial do espírito humano. É costume reduzir-se essa analogia geral das formas de cultura a qualquer causa "racional" ou "lógica", explicando a necessidade de isolamento e separação pela ânsia de protegermos indivíduos consagrados de influências maléficas, pois eles, em seu estado de consagração, são particularmente vulneráveis às práticas dos espíritos malignos, além de constituírem eles mesmos um perigo para os que os rodeiam. Tal explicação põe na origem do processo cultural em causa uma reflexão de ordem racional e uma intenção utilitária, precisamente aquilo que Frobenius recomendava evitar. Mesmo que não voltemos aqui a cair na antiquada teoria da invenção da religião pela classe sacerdotal, continuamos, mesmo assim, a introduzir um elemento racionalista que deveria ser evitado. Se, por outro lado, aceitarmos a identidade essencial e original do jogo e do ritual, limitamo-nos a reconhecer o lugar santificado como um campo de jogo, sem chegar a colocar a ilusória questão do "por que e para que".

Se o ritual prova ser formalmente indistinguível do jogo, uma questão permanece: se essa semelhança vai além do puramente formal. É surpreendente que a antropologia e religião comparada tenham prestado tão pouca atenção ao problema de saber até que ponto as práticas rituais, desenrolando-se dentro do quadro formal do jogo, são marcadas também pela atitude e pela atmosfera lúdicas. Mesmo Frobenius, que eu saiba, não fez esse pergunta.

Escusado seria dizer que a atitude espiritual de um grupo social, ao efetuar e experimentar seus ritos sagrados, é da mais extrema e sagrada gravidade. Mas que se enfatize uma vez mais: o jogo autêntico e espontâneo também pode ser profundamente sério. O jogador pode entregar-se de corpo e alma ao jogo, e a consciência de tratar-se "apenas" de um jogo pode passar para segundo plano. A alegria que está indissoluvelmente ligada ao jogo pode transformar-se não só em tensão, mas também em arrebatamento. A frivolidade e o êxtase são os dois pólos entre os quais o jogo se movimenta.

A disposição do jogo é a de ser *lábil* por natureza. A qualquer momento, é possível à "vida cotidiana" reafirmar seus direitos, seja devido a um impacto exterior, que venha interromper o jogo, ou devido a uma quebra das regras, seja então do interior, devido ao afrouxamento do espírito do jogo, a uma desilusão, a um desencanto.

## NATUREZA DAS FESTIVIDADES

Quais são, então, a atitude e o ambiente predominantes nas celebrações sagradas? A palavra celebrar quase diz tudo: o ato sagrado é "celebrado" num "dia sacro", isto é, participa da festa geral de um dia sagrado. A caminho dos santuários, o povo prepara-se para uma manifestação de alegria coletiva. As consagrações, os sacrifícios, as danças e competições sagradas, as representações, os mistérios, tudo isso vai constituir parte integrante de uma festa. Pode acontecer que os ritos sejam sangrentos, que as provas a que é submetido o iniciado sejam cruéis, que as máscaras sejam atemorizantes, mas tudo isso não impede que o ambiente dominante seja de festividade, implicando a interrupção da vida cotidiana. A festa é acompanhada, em toda a sua duração, por banquetes, festins e toda a espécie de extravagâncias. Tanto nas festividades da Grécia antiga como nas das religiões da África atual, seria difícil traçar um limite preciso entre o ambiente da festa em geral e a emoção sagrada suscitada pelo mistério central.

Quase ao mesmo tempo que a primeira edição deste livro, o sábio húngaro Karl Kerényi publicou um estudo sobre a natureza da festa[16], cuja ligação com nosso tema é das mais estreitas. Segundo Kerényi, também as festas possuem aquele caráter de independência primária e absoluta que atribuímos ao jogo. "Entre as realidades psíquicas", diz ele, "a festa é uma entidade autônoma, impossível de ser assimilada a qualquer outra coisa que exista no mundo"[17]. Tal como nós, em relação ao conceito de jogo, também

16 Vom Wesen des Festes, *Paideuma, Mitteilungen zur Kulturkunde*, band 1, Heft 2 dez. 1938, p. 59-74.

17 Ibidem, p. 63.

Kerényi considera que a festa foi tratada de maneira insuficiente pelos estudiosos da cultura. "O fenômeno da festa parece ter sido inteiramente ignorado pelos etnólogos"[18]. O fato real da festa é ignorado, "como se não existisse para a ciência"[19]. Exatamente da mesma maneira que o jogo, poderíamos acrescentar.

Entre a festa e o jogo existem, naturalmente, as mais estreitas relações. Ambos implicam uma eliminação da vida cotidiana. Em ambos predomina a alegria, embora não necessariamente, pois também a festa pode ser séria. Ambos são limitados no tempo e no espaço. Em ambos encontramos uma combinação de regras estritas com a mais autêntica liberdade. Em resumo, a festa e o jogo têm em comuns suas características principais. O modo mais íntimo de união de ambos parece encontrar-se na dança. Segundo Kerényi, os índios Cora, da costa oriental do México, chamam a suas festas religiosas, realizadas por ocasião da trituração e da torrefação do milho, o "jogo" de seu deus supremo[20].

As ideias de Kerényi sobre a festa como conceito cultural autônomo consolidam e ampliam as ideias que servem de base a este livro. Não se pense, todavia, que o estabelecimento de uma estreita relação entre o espírito do jogo e o ritual possa servir para explicar tudo. O jogo autêntico possui, além de suas características formais e de seu ambiente de alegria, pelo menos um outro traço dos mais fundamentais, a saber, a consciência, mesmo que seja latente, de estar "apenas fazendo de conta". Permanece de pé a questão de saber até que ponto essa consciência é compatível com os atos rituais efetuados dentro de um espírito de devoção.

## CRENÇA E JOGOS

Se nos limitarmos aos ritos sagrados das culturas primitivas, não será impossível prenunciar o grau de seriedade com que são efetuados. Tanto quanto me consta, os etnólogos e antropólogos concordam todos com a ideia de que o estado de espírito que preside às festas religiosas dos povos selvagens não é de ilusão total. Existe uma consciência subjacente de que as coisas "não são

18 Ibidem, p. 65.
19 Ibidem, p. 63.
20 Ibidem, p. 60.

reais". Podemos encontrar uma viva descrição desta atitude no livro de Adolf Ellegard Jensen sobre as cerimônias de circuncisão e puberdade nas sociedades primitivas[21]. Os indivíduos parecem não sentir terror algum em relação aos espíritos que circulam por toda a parte no decorrer da festa e aparecem perante os olhos de todos em seu ponto culminante. Não é de se admirar, pois os homens encarregados da direção do conjunto das cerimônias são sempre os mesmos; foram eles mesmos que confeccionaram as máscaras que usam e que, depois de tudo terminado, ocultam-se dos olhos das mulheres. São eles que emitem os ruídos que anunciam o aparecimento dos espíritos, que desenham as pegadas desses na areia, que tocam as flautas que representam as vozes dos antepassados, que giram os zunidores. Em resumo, conclui Jensen, sua situação assemelha-se em tudo à dos pais que brincam de Papai Noel com seus filhos: conhecem a máscara, mas escondem-na deles[22]. Os homens contam às mulheres histórias fictícias acerca do que se passa nos bosques sagrados[23]. A atitude dos neófitos oscila entre o êxtase, a loucura fingida, o frêmito de horror e a afetação dos garotos[24]. Além disso, nem as mulheres, em última análise, são inteiramente iludidas. Elas sabem exatamente quem se esconde por trás desta ou daquela máscara. Apesar disso, quando uma máscara se aproxima em atitude ameaçadora apoderam-se delas uma extrema agitação e terror, e fogem gritando para todas as direções. Segundo Jensen, essas manifestações de terror são, em parte, inteiramente autênticas e espontâneas, e, apenas em parte, um papel imposto pela tradição. É assim que "se costuma fazer". As mulheres desempenham o papel do coro da peça, e sabem que não podem comportar-se como "desmancha-prazeres"[25].

É impossível determinar de maneira acurada qual é o limite mínimo a partir do qual a gravidade religiosa se reduz a mero divertimento. Entre nós, um pai que seja um tanto ou quanto pueril poderá ficar seriamente zangado se seus filhos o surpreenderem no exato momento em que estiver preparando os presentes de

21 Cf. *Beschneidung und Reifezeremonien bei Naturvölkern*, Stuttgart, 1933.
22 Ibidem, p. 151.
23 Ibidem, p. 156.
24 Ibidem, p. 158.
25 Ibidem, p. 150.

Natal. Na Colômbia Britânica, um pai Kwakiutl matou a filha por esta o ter surpreendido no momento em que talhava os objetos para uma cerimônia tribal[26]. A natureza instável do sentimento religioso entre os negros Loango é descrita por Eduard Pechuel-Loesche em termos muito semelhantes aos de Jensen. A crença desses selvagens nos espetáculos e nas cerimônias sagradas é uma espécie de semicrença, sempre acompanhada por uma atitude de troça e de indiferença. O essencial, conclui esse autor, reside na atmosfera ou na disposição criada[27]. No capítulo intitulado "Primitive Credulity", de *The Threshold of Religion* (O Limiar da Religião), R.R. Marett expõe a ideia de que em todas as religiões primitivas se encontra um certo elemento de "faz de conta". Tanto o feiticeiro como o enfeitiçado são ao mesmo tempo conscientes e iludidos. Mas um deles escolhe o papel do iludido: "O selvagem é um bom ator, capaz de se deixar absorver inteiramente por seu papel, tal como a criança quando brinca; e também tal como a criança, é um bom espectador, capaz de ficar mortalmente assustado com o rugido de uma coisa que sabe perfeitamente não ser um 'verdadeiro leão'"[28]. O indígena, diz Bronislaw Malinowski, sente e teme sua crença, mais do que a formula de maneira clara para si mesmo[29]. Emprega certos termos e expressões, que devemos recolher como documentos da crença, tais como são, sem procurar integrá-los numa consistente teoria. O comportamento dos indivíduos aos quais a sociedade primitiva atribui poderes sobrenaturais pode frequentemente ser definido como um agindo conforme o papel[30].

Apesar dessa consciência parcial do caráter fictício das coisas na magia e nos fenômenos sobrenaturais em geral, os mesmos observadores insistem que daí não se deve concluir que todo o sistema de crenças e práticas seja apenas uma fraude inventada por um grupo de "incrédulos", tendo em vista dominar os "crédulos". É certo que essa interpretação não só é defendida por muitos viajantes, mas aparece até nas tradições dos próprios indígenas, mas, mesmo assim, não é possível que ela seja correta. "A

26 Franz Boas, *The Social Organisation and the Secret Societies of the Kwakiutl Indians*, Washington, 1897, p. 435.

27 *Volkskunde von Loango*, Stuttgart, 1907, p. 345.

28 E. Pechuel-Loesche, op. cit., p. 41-45.

29 *The Argonauts of the Western Pacific*, London, 1922, p. 239.

30 Ibidem, p. 240.

origem de qualquer ato sagrado só pode assentar na credulidade de todos, e sua manutenção espúria em defesa dos interesses de um grupo só pode ser o produto final de uma longa evolução."[31] Em minha opinião, também a psicanálise tende a recair nesta antiquada interpretação das cerimônias de circunscisão e da puberdade que Jensen rejeita com tanta razão.

De tudo isso decorre claramente, pelo menos para mim, uma consequência: que é impossível perder de vista, por um momento só que seja, o conceito de jogo, em tudo quanto diz respeito à vida religiosa dos povos primitivos. Somos forçados constantemente, para descrever numerosos fenômenos, a empregar a palavra "jogo". Mais ainda: a unidade e a indivisibilidade da crença e da incredulidade, a indissolúvel ligação entre a gravidade do sagrado e o "faz de conta" e o divertimento, são melhor compreendidas no interior do próprio conceito de jogo. Embora admita a semelhança entre o mundo da criança e o do selvagem, Jensen pretende estabelecer uma distinção de princípio entre a mentalidade de ambos. Quando colocada em presença da figura de Papai Noel, a criança, segundo Jensen, encontra-se perante um "conceito acabado", no qual "se encontra imediatamente" graças a seu próprio talento e lucidez. Mas "a atitude criadora do selvagem em relação às cerimônias aqui em questão é algo inteiramente diferente. Ele não se encontra perante conceitos acabados, e sim perante seu meio ambiente natural, o qual exige uma interpretação; ele capta o misterioso demonismo desse meio ambiente e procura dar-lhe uma forma representativa"[32]. Reconhecemos aqui os pontos de vista de Frobenius, que foi professor de Jensen. Há, contudo, duas objeções. Em primeiro lugar, quando afirma que o processo mental do selvagem é "algo inteiramente diferente" do da criança, Jensen está se referindo, de um lado, aos criadores do ritual, e, de outro, à criança de hoje. Mas nada sabemos desses criadores. Tudo aquilo que podemos estudar é uma comunidade religiosa que recebe as imagens de seu culto sob a forma de um material tradicional, tão "acabado" quanto o material no caso de criança, e que reage a essas imagens de maneira semelhante. Em segundo lugar, e mesmo que desprezemos esse primeiro aspecto, continua inteiramente fora do alcance de nossa

31 A.E. Jensen, op. cit., p. 152.
32 Ibidem, p. 149s.

observação o processo de "análise" do meio natural, assim como o de sua "captação" e "representação" numa imagem ritual. Só através de metáforas fantásticas Frobenius e Jensen se aproximam de uma abordagem do problema. Sobre a função que opera no processo de construção de imagens, ou imaginação, o máximo que podemos afirmar é que se trata de uma função poética; e a melhor maneira de defini-la será chamar-lhe função de jogo ou, de fato, função *lúdica*.

Assim, o problema aparentemente simples de saber o que é na realidade o jogo, nos faz penetrar profundamente no problema da natureza e da origem dos conceitos religiosos. Como se sabe, essa é uma das ideias básicas mais importantes para todo estudioso de religião comparada. Quando uma certa forma de religião aceita uma identidade sagrada entre duas coisas de natureza diferente, como por exemplo um ser humano e um animal, não podemos definir corretamente essa relação como uma "ligação simbólica", no sentido em que a entendemos. A identidade e unidade essencial de ambos é muito mais profunda do que a relação entre uma substância e sua imagem simbólica. É uma identidade mística. Um se tornou o outro. Em sua dança mágica, o selvagem é um canguru. Devemos sempre ter o máximo cuidado com as deficiências e as diferenças de nossos meios de expressão. Para formularmos uma ideia mínima dos hábitos mentais do selvagem, somos obrigados a traduzi-los em nossa terminologia. Quer queiramos ou não, sempre transpomos as concepções religiosas do selvagem para o plano de exatidão rigorosamente lógica de nosso tipo de pensamento. Exprimimos a relação entre ele e o animal com o qual se identifica como sendo uma "realidade" para ele, e um "jogo" para nós. O selvagem diz que se apoderou da "essência" do canguru, e nós dizemos que ele "brinca" de canguru. Mas o selvagem nada sabe das distinções conceituais entre ser e jogo, nada sabe sobre identidade, imagem ou símbolo. Portanto, continua em aberto a questão de saber se a melhor maneira de apreender o estado de espírito do selvagem no momento em que celebra seus rituais não será o recurso à noção primária e universalmente compreensível de "jogo". Em nossa concepção do jogo, desaparece a distinção entre a crença e o "faz de conta". A noção de jogo associa-se naturalmente à de sagrado. Qualquer prelúdio de Bach, um verso de qualquer tragédia é prova disso. Decidindo considerar toda a esfera da chamada cultura primitiva como um domínio lúdico, abrimos caminho para uma compreensão mais direta e mais geral de sua natureza, de maneira mais eficaz do que nos permitiria uma meticulosa análise psicológica ou sociológica.

O ritual primitivo ou arcaico é um jogo sagrado, indispensável ao bem-estar da comunidade, uma fecunda intuição cósmica e forma de desenvolvimento social, sempre, porém, no sentido que lhe deu Platão: uma ação que se processa fora e acima das necessidades da vida cotidiana e da seriedade que se requer. Nessa esfera de jogo sagrado é que a criança e o poeta se encontram num lar em comum com o selvagem. O homem moderno, graças à sua sensibilidade estética, conseguiu aproximar-se desses domínios muito mais do que o homem "esclarecido" do século XVIII. Pensamos aqui no encanto especial da máscara, como *objet d'art* (objeto artístico), para o espírito moderno. Há hoje um esforço para sentir a essência da vida primitiva. Essa forma de exotismo é por vezes acompanhada de uma certa afetação, mas mesmo assim é muito mais profunda do que a moda dos turcos, dos indianos e dos chineses no século XVIII. O homem moderno tem uma aguda sensibilidade para tudo quanto é longínquo e estranho. Nada o ajuda melhor a compreender as sociedades primitivas do que seu gosto pelas máscaras e disfarces. A etnologia demonstrou a imensa importância social desse fato, e por seu lado todo indivíduo culto sente perante a máscara uma emoção estética imediata, composta de beleza, de temor e de mistério. Mesmo para o adulto civilizado de hoje, a máscara conserva algo de seu poder misterioso, mesmo quando a ela não está ligada emoção religiosa alguma. A visão de uma figura mascarada, como pura experiência estética, nos transporta para além da vida cotidiana, para um mundo onde reina algo diferente da claridade do dia: o mundo do selvagem, da criança e do poeta, que é o mundo do jogo.

## JOGO E MISTÉRIO

Mesmo se pudermos legitimamente resumir nossa concepção do significado dos ritos primitivos a um irredutível conceito de jogo, continuará de pé uma questão embaraçosa. Poderemos passar das formas religiosas inferiores para as mais elevadas? Dos estranhos e bárbaros rituais dos indígenas da África, da América e da Austrália o olhar passa naturalmente para os sacrifícios rituais dos *Vedas*, os quais contêm já, nos hinos do *Rig-Veda*, toda a sabedoria dos Upanishades, para as homologias profundamente místicas entre deus, homem e animal na religião dos egípcios, para os mistérios de Orfeu ou de Elêusis. Tanto no que se refere à forma como à prática, todos eles estão intimamente ligados às chamadas religiões primitivas, mesmo quanto aos pormenores mais cruéis e bizarros. Mas o elevado grau de sabedoria e de verdade que neles vemos, ou julgamos ver, nos impede de a eles nos referirmos com aquele ar de superioridade que, afinal de contas, era igualmente despropositado no caso das culturas "primitivas". É preciso determinar se esta semelhança formal nos autoriza a aplicar a noção de jogo à consciência do sagrado, à crença que essas formas superiores contêm. Se aceitarmos a definição platônica do jogo, nada haverá de incorreto ou irreverente em que o façamos. Segundo a concepção de Platão, a religião é essencialmente um jogo consagrado à deidade, o mais elevado esforço humano. Seguir essa concepção não implica de maneira alguma que se abandone o mistério sagrado, ou que se deixe de considera-lo a mais alta expressão possível daquilo que escapa às regras da lógica. Os atos de culto, pelo menos sob uma parte importante de seus aspectos, permanecerão dentro da categoria de jogo, mas o reconhecimento de sua sacralidade não se perde com essa aparente subordinação.

▸▸ *Painel representando um ídolo Indra em cena de ritual Veda, encontrado nas grutas de Ajanta, em Maharashtra.*

# 2. A Noção de Jogo e Sua Expressão na Linguagem

## DIFERENTES ATRIBUIÇÕES AO CONCEITO DE "JOGO" NA HISTÓRIA DA LÍNGUA E NA LINGUAGEM

Ao falarmos do jogo como algo que todos conhecem e ao procurarmos analisar ou definir a ideia que a palavra exprime, precisamos ter sempre presente que essa noção é definida e talvez até limitada pela palavra que usamos para exprimi-la. Nem a palavra nem a noção tiveram origem num pensamento lógico ou científico, e sim na linguagem criadora, isto é, em inúmeras línguas, pois esse ato de concepção foi efetuado mais de uma vez. Não seria lícito esperar que cada uma das diferentes línguas encontrasse a mesma ideia e a mesma palavra ao tentar dar expressão à noção de jogo, à semelhança do que se passa com as noções de "pé" ou "mão", para as quais cada língua tem uma palavra bem definida. O problema não é tão simples quanto parece.

Só podemos partir do conceito de jogo que nos é comum, isto é, por aquele que é recoberto, com pequenas variações, por palavras correspondentes ao inglês *play* na maioria das línguas europeias. Parece-nos que essa noção poderá ser razoavelmente bem definida nos seguintes termos: o jogo é uma atividade ou ocupação voluntária, exercida dentro de certos e determinados limites de tempo e de espaço, segundo regras livremente consentidas, mas absolutamente obrigatórias, dotado de um fim em si mesmo, acompanhado de um sentimento de tensão e de alegria e de uma consciência de ser diferente da "vida cotidiana". Assim definida, a noção parece capaz de abranger tudo aquilo a que chamamos "jogo" entre os animais, as crianças e os adultos: jogos de força e de destreza, jogos de sorte, de adivinhação, exibições de todo o gênero. Aventuramo-nos a dizer que a categoria jogo é uma das mais fundamentais da vida.

Mas acontece que a categoria geral de jogo não foi distinguida com idêntico rigor por todas as línguas, nem sempre sendo sintetizada em uma única palavra. Em todos os povos encontramos o jogo, e sob formas extremamente semelhantes, mas as línguas desses povos diferem muitíssimo em sua concepção do jogo, sem o conceber de maneira tão distinta e tão ampla como a maior parte das línguas europeias modernas. Poderíamos, adotando uma perspectiva nominalista, negar a validade de um conceito geral, afirmando que em cada grupo humano o conceito "jogo" encerra apenas o que é expresso na palavra, ou antes, nas palavras que o designam. É possível que alguma língua tenha conseguido melhor do que outras sintetizar os diversos aspectos do jogo em uma só palavra, e parece ser esse o caso. A abstração de um conceito geral de jogo penetrou uma cultura muito mais cedo e de maneira mais completa do que outra, com o curioso resultado de haver línguas extremamente desenvolvidas que conservaram o uso de palavras inteiramente diferentes para as diferentes formas de jogo, tendo essa multiplicidade de termos entravado a agregação de todas as formas em um termo único. Lembramos aqui o fato bem conhecido de que algumas línguas primitivas terem palavras para para designar as diferentes espécies de uma categoria, como por exemplo "enguia" e "lúcio", mas não para peixe.

Há diversos indícios que mostram que a abstração de um conceito geral de jogo foi, em algumas culturas, tão tardia e secundária como foi primária e fundamental a função do jogo. Quanto a esse aspecto, parece-me extremamente significativo que em nenhuma das mitologias que conheço o jogo tenha sido encarnado numa figura divina ou demoníaca[1], ao passo que

1 Escusado seria dizer que Luso, filho ou companheiro de Baco, e progenitor da raça lusitana, foi uma invenção livresca extremamente tardia.

frequentemente representam-se os deuses entregues a um jogo. A ausência de uma palavra indo-europeia comum para o jogo é outro elemento indicador do caráter tardio do surgimento de um conceito geral de jogo. Mesmo o grupo das línguas germânicas difere muito em sua designação, dividindo-o em três termos distintos.

Provavelmente, não é por acaso que nos mesmos povos que possuem um instinto de jogo bem pronunciado encontramos diversas expressões distintas para designar a atividade lúdica. Creio poder afirmar que o fato se verifica de maneira mais ou menos acentuada no grego, no sânscrito, no chinês e no inglês.

## DESIGNAÇÃO PARA JOGO EM GREGO

O grego tem na desinência *inda* uma designação extremamente curiosa e específica para os jogos infantis. Em si mesmas, essas sílabas nada significam, limitando-se a dar a qualquer palavra a conotação de "jogar" alguma coisa. O sufixo *inda* é indeclinável e linguisticamente irredutível[2]. As crianças gregas jogavam *sfairinda* (bola), *helkustinda* (cabo-de-guerra), *streptinda* (jogo de arremesso) ou *basilinda* (rei do castelo). A completa independência gramatical desse sufixo é como se fosse um símbolo da natureza inderivável do conceito de jogo. Contrastando com essa designação única dos jogos infantis, a língua grega possui nada menos do que três palavras diferentes para designar o jogo em geral. Antes de mais nada, temos *paidia*, a mais conhecida de todas. Sua etimologia é evidente: designa aquilo que é próprio da criança, mas é imediatamente diferenciada de *paidiá* (infantilidade) pelo acento. Todavia, o uso de *paidiá* de modo algum está limitado aos jogos infantis. Com seus derivados *paidzein* (brincar), *paígma* e *paígnion* (brinquedo), serve para indicar toda espécie de formas lúdicas, incluindo as mais elevadas e sagradas, conforme vimos no trecho citado das Leis de Platão. Todo esse

2 Quando muito, podemos imaginar alguma afinidade com -ινθος concluindo daí que a desinência -ινδα é de origem egeia ou pré-indo-germânica. A terminação aparece como sufixo verbal em ἀλίνδω e κυλίνδω significando em ambos os casos "gabar-se", variantes de ἀλίω e κυλίω. Nesse caso a noção de "jogo" está muito enfraquecida.

grupo de palavras parece estar associado às ideias de despreocupação e alegria. Comparado com *paidia*, o outro termo que designa o jogo – *athyro*, *athirma* – fica numa posição de segundo plano. Está mais ligado às ideias de frivolidade e futilidade.

Resta ainda, contudo, um domínio muito amplo e importante que em nossa terminologia também faz parte do jogo, e ao qual não correspondem as palavras gregas *paidiá* e *athirma*: destreza, competições e torneios. Todo esse domínio, de tão grande importância para a vida dos gregos, é designado pela palavra ágon. Pode-se bem dizer que no terreno do ágon está ausente uma parte essencial do conceito de jogo. Ao mesmo tempo, devemos admitir que os gregos podiam ter muita razão em estabelecer uma distinção linguística entre a competição e o jogo. É certo que, regra geral, o elemento de "não seriedade", o fator lúdico propriamente dito, não é claramente expresso pela palavra ágon. Além do mais, as competições de todo o gênero desempenhavam um papel de tal modo importante na cultura grega e na vida cotidiana de todos os gregos que pode parecer excessiva ousadia a pretensão de classificar como "jogo" uma parte tão grande da civilização grega. É esse o ponto de vista adotado pelo professor Bolkestein, em sua crítica a minhas opiniões em sentido contrário[3]. Censura-me ele por ter "ilegitimamente incluído as competições dos gregos, as quais vão desde as mais impregnadas de religiosidade até às mais triviais, na categoria de jogo". E continua: "Quando falamos dos Jogos Olímpicos, inadvertidamente fazemos uso de um termo latino, o qual exprime a apreciação dos romanos sobre as competições assim designadas, que é totalmente diferente da interpretação dos gregos". Depois de enumerar uma longa série de atividades agonísticas que mostram até que ponto toda a vida dos gregos era dominada pelo impulso competitivo, conclui ele: "Tudo isso nada tem a ver com o jogo – a menos que se pretenda que para os gregos tudo na vida era jogo!"

Em certo sentido, é mesmo essa a tendência deste livro. Apesar de minha admiração pela sólida e lúcida interpretação da cultura grega apresentada pelo professor Bolkestein, e apesar do fato de a língua grega não ser a única a estabelecer uma distinção

3 De cultuurhistoricus en zijn stof, nas *Handelingen van het Zeventiende Nederlandsche Philogen-Congres*, Leyden, 1937, onde se refere à minha conferência sobre os limites entre o jogo e a seriedade na cultura".

entre a competição e o jogo, estou firmemente convencido da existência de uma identidade profunda entre ambos. Dado que teremos que voltar repetidas vezes a essa distinção conceitual, limitar-me-ei aqui a apenas um argumento. O ágon na vida dos gregos, ou a competição em qualquer outra parte do mundo, possui todas as características formais do jogo e, quanto à sua função, pertence quase inteiramente ao domínio da festa, isto é, ao domínio lúdico. É totalmente impossível separar a competição, como função cultural, do complexo "jogo-festa-ritual". As razões devido às quais a língua grega estabelece essa nítida distinção terminológica entre o jogo e a competição podem, em minha opinião, ser explicadas da seguinte maneira. A concepção de uma noção geral de jogo, universal e logicamente homogênea, é, como vimos, uma invenção linguística bastante tardia. Todavia, desde muito cedo as competições sagradas e profanas haviam tomado um lugar tão importante na vida dos gregos, adquirido um valor tão excepcional, que as pessoas deixaram de ter consciência de seu caráter lúdico. Sob todos os seus aspectos e em todas as ocasiões, a competição tornara-se uma função cultural tão intensa que os gregos a consideravam perfeitamente habitual, como algo que existia naturalmente. Foi por esse motivo que os gregos, possuindo duas palavras distintas para jogo e competição, falharam em perceber o elemento lúdico essencial na segunda, daí resultando que a união conceitual e, portanto, linguística, jamais ocorreu.

## DESIGNAÇÃO PARA JOGO EM SÂNSCRITO

Conforme veremos, a língua grega de maneira alguma é um caso único quanto a esse aspecto. No sânscrito, podemos encontrar pelo menos quatro raízes verbais correspondentes ao conceito de jogo. O termo mais geral é *kridati*, que designa o jogo entre os animais, as crianças e os adultos. Do mesmo modo que a palavra *Spiel* nas línguas germânicas. também serve para designar o movimento do vento ou das ondas. Pode ter o significado de "saltar" ou "dançar", em geral, sem referência expressa à noção de jogo. Nesse último caso, aproxima-se da raiz *nrt*, que abrange todo o domínio da dança e da representação dramática. Em seguida, temos *divyati*, que fundamentalmente designa os jogos de azar, mas corresponde também a outros aspectos da esfera lúdica, como brincar, contar piadas, fazer troça. O sentido original parece ser jogar, no sentido de "lançar", "atirar", mas há também uma ligação com a ideia de brilho, de irradiação.[4] Depois, temos a raiz *Ias*, da qual deriva *vilasa*, que designa ao mesmo tempo brilho, aparecimento súbito, ruído súbito, subir, ir e vir, brincar e "ocupar-se" de uma maneira geral, o que corresponde ao alemão *etwas treiben*.[5] Finalmente, temos o nome *lila*, com seu verbo denominativo *lilayati*, que provavelmente tem o sentido originário de "balançar", que exprime todos os aspectos mais ligeiros, frívolos, descuidados e insignificantes do jogo. Mas, o sentido principal de *lila* é o de "como se", designando "parecer", "imitar", a "aparência" das coisas,. Assim, *gajalilaya* (à letra: "com elefante jogar") significa "como um elefante", e *gajendralila* (literalmente: elefante-homem-jogo) significa um homem que representa um elefante ou que brinca de elefante. Em todas essas designações do jogo, o ponto de partida semântico parece ser a ideia de movimento rápido, relação essa que se verifica em muitas outras línguas. Evidentemente, não pretendo afirmar que no início essas palavras denotassem exclusivamente o movimento rápido, vindo, só mais tarde, a ser aplicadas ao jogo. Que eu saiba, nenhuma das palavras que em sânscrito exprimem jogo serve para designar a competição enquanto tal. É um fato singular que não exista uma palavra específica correspondente a essa última noção, apesar de se encontrarem na vida social da Índia antiga as mais diversas formas de competição.

## DESIGNAÇÃO PARA JOGO EM CHINÊS

A amável contribuição do professor Duyvendak permite-me fazer algumas observações sobre a maneira de exprimir a função do jogo em chinês. Também nesse caso, não se pode encontrar uma síntese única de todas as atividades que julgamos poder classificar como jogo. A palavra mais importante é *wan*, na qual predomina a ideia de jogo infantil, mas cujo âmbito semântico compreende os

4 Deixamos à parte, aqui, o problema de uma possível relação com *dyu* – céu aberto.
5 Andar fazendo alguma coisa. (N. da T.)

significados específicos seguintes: estar ocupado, ter prazer com alguma coisa, entreter-se, recalcitrar, dizer piadas, fazer troça. Serve também para designar a ideia de manejar, examinar, "farejar", dispor pequenos ornamentos e, finalmente, apreciar o luar. Portanto, o ponto de partida semântico parece ser a ideia de lidar com alguma coisa com uma atenção divertida, de se entregar despreocupadamente a uma atividade. A palavra não se aplica a jogos de destreza ou de azar, competições ou representações teatrais. Para essa última categoria, o jogo dramático organizado, o chinês possui palavras que pertencem ao terreno conceitual da "disposição", do "arranjo", da "situação". Tudo aquilo que se relaciona com as competições é expresso pela palavra especial *tcheng*, que é o exato equivalente do grego ágon. Além dessa, a palavra *sai* corresponde à ideia de competição organizada em vista de um prêmio.

## DESIGNAÇÃO PARA JOGO ENTRE INDÍGENAS

Devo ao professor Uhlenbeck, meu antigo colega em Leyden, alguns exemplos de como o conceito de jogo é expresso em uma das chamadas línguas primitivas, o *blackfoot*, que pertence ao grupo algonquin. A raiz verbal *koani* indica os jogos infantis, sem estar ligada ao nome de qualquer jogo especial: designa os jogos infantis em geral. Contudo, quando se trata dos jogos dos adultos, ou mesmo dos adolescentes, o termo *koani* não é mais usado, embora se trate dos mesmos jogos. Por outro lado, é curioso que *koani* volte a aparecer com um significado erótico, especialmente para indicar as relações ilícitas. O jogo organizado segundo regras é chamado *kaxtsi*, palavra que também se aplica aos jogos de azar, assim como aos jogos de destreza e de força. Aqui o elemento semântico é "ganhar" e "competir". A relação entre *koani* e *kaxtsi* é, portanto, semelhante àquela que existe entre *paidiá* e ágon em grego, com a exceção de que os termos em *blackfoot* são verbos e não substantivos, e que os jogos de azar, que em grego são abrangidos pela categoria do *paidzo*, são em *blackfoot* abrangidos pela do agonístico. Tudo quanto pertence ao domínio da magia e da religião, como por exemplo as danças e as cerimônias, não é indicado nem por koani nem por kaxtsi. O *blackfoot* tem duas palavras diferentes para "ganhar": *amots* designa a vitória numa competição, corrida ou jogo, e também numa batalha, tendo nesse último caso o sentido de "carnificina"; *skets*, ou *skits*, designa exclusivamente a vitória em jogos ou esportes. Segundo parece, há nessa última palavra uma fusão completa entre a esfera propriamente lúdica e a esfera agonística. Além disso, existe uma palavra especial para apostar: *apska*. E um aspecto muito curioso é a possibilidade de dar a qualquer verbo o significado secundário de "brincadeira", de "não ser a sério", acrescentando o prefixo *kip*, que literalmente significa "simplesmente" ou "apenas". Assim, por exemplo, *aniu* significa "ele diz", e *kipaniu* significa "ele diz de brincadeira" ou "ele apenas diz".

Numa visão global, tudo parece indicar que a concepção e expressão do jogo em *blackfoot* é aparentada à do grego, embora não perfeitamente idêntica.

Já vimos, portanto, três línguas em que as palavras que designam competição são diferentes das que designam jogo, nomeadamente o grego, o sânscrito e o chinês, ao passo que o *blackfoot* estabelece a separação de maneira ligeiramente diferente. Quererá isso dizer que, afinal de contas, devemos aceitar a opinião do professor Bolkestein de que essa divisão linguística corresponde a uma diferença sociológica, psicológica e biológica profundamente arraigada entre o jogo e a competição? Não apenas todo o material antropológico que adiante será exposto milita contra essa conclusão, mas também se lhe opõe um argumento de ordem linguística. Ao lado das línguas acima referidas, podemos estabelecer toda uma série de outras, igualmente variadas, que apresentam uma concepção mais ampla do jogo. Essa série compreende, além da maior parte das línguas europeias modernas, o latim, o japonês e pelo menos uma das línguas semíticas.

## DESIGNAÇÃO PARA JOGO EM JAPONÊS

O amável auxílio do professor Rahder permite-me apresentar aqui algumas observações a respeito da língua japonesa. Ao contrário do chinês, e de maneira muito semelhante às línguas ocidentais modernas, o japonês designa a função lúdica com uma palavra única e bem definida, e possui ainda, paralelamente, um antônimo que designa a seriedade. O substantivo *asobi* e o verbo *asobu* significam: jogo em geral, recreação, relaxamento, divertimento, passatempo, excursão ou passeio, distração, deboche, preguiçar, ócio, disponibilidade, jogo de azar, estar desempregado. Significam, igualmente, jogar alguma coisa, representar, imitar. É de notar o uso de "jogo" no sentido da mobilidade limitada de uma roda, um instrumento ou qualquer outra estrutura, do mesmo modo que em holandês, alemão e inglês[6]. *Asobu* significa ainda o estudo sob a direção de um professor ou numa universidade, o que faz lembrar o uso da palavra latina *ludus* no sentido de escola. Pode também significar um combate simulado, mas não a competição enquanto tal; temos aqui outra distinção, embora ligeira, entre a competição e o jogo. E por último, *asobu*, de maneira semelhante ao chinês *wan*, é a palavra usada para designar aquelas estéticas japonesas das cerimônias do chá, em que se passam de mão em mão objetos de cerâmica, por entre exclamações de admiração. Parece não se verificar nesse caso qualquer associação com as ideias de movimento rápido, de brilho ou de piada.

Uma análise mais cuidadosa da concepção japonesa do jogo levar-nos-ia a um estudo da cultura japonesa mais profundo do que o espaço nos permite. Limitemo-nos aos aspectos seguintes: a extraordinária seriedade e profunda gravidade do ideal japonês de vida é mascarada pela ficção elegante de que tudo não passa de jogo. Tal como a *chevalerie* da Idade Média cristã, o *bushido* japonês formou-se quase inteiramente no interior da esfera do jogo e foi consignado em formas lúdicas. A língua conserva ainda essa concepção no *asobase-kotoba* (à letra: "língua-jogo") ou linguagem cortês, aquela que é empregada por quem se dirige a uma pessoa de estirpe mais elevada. A ideia convencional é que as classes mais altas apenas "brincam" ou "jogam" em tudo quanto fazem. A forma cortês equivalente a "você chega a Tóquio" é, literalmente, "você brinca de chegar a Tóquio". Do mesmo modo, "soube que seu pai morreu" diz-se "soube que seu pai brincou de morrer". Se não me engano, essa expressão aproxima-se muito do holandês *U gelieve* (se lhe apraz) ou do alemão *Seine Majestat haben geruht* (Sua Majestade dignou-se). As pessoas de alta estirpe são imaginadas como se vivessem num mundo mais elevado, onde só o prazer ou a condescendência levassem à ação.

6 Não tive a possibilidade de determinar se nesse caso houve qualquer influência do termo técnico inglês.

Frente a esse disfarce da vida aristocrática por trás do jogo, existe em japonês uma noção muito acentuada da seriedade, do não jogo. A palavra *majime* corresponde a seriedade, sobriedade, gravidade, honestidade, solenidade, e também a tranquilidade, decência, retidão. Está relacionada com a palavra que traduzimos por "face" na conhecida expressão chinesa "perder a face"[7]. Como questão, permanece a dúvida sobre até que ponto tal consciência é compatível com o ato ritual da devoção.

## DESIGNAÇÃO PARA JOGO EM LÍNGUAS SEMÍTICAS

Nas línguas semíticas, segundo me informou o falecido amigo professor Wensinck, o terreno semântico do jogo é dominado pela raiz *la'ab*, que é evidentemente da mesma família de *la'at*. Nesse caso, contudo, além de significar jogo em sentido próprio, a palavra designa também o riso e a troça. O árabe *la'iba* abrange o jogo em geral, assim como "fazer troça", "meter-se com alguém". Em aramaico, *la'ab* significa rir e troçar. Além disso, em árabe e em sírio a mesma raiz significa "babar-se" (talvez devido ao hábito que têm as crianças de formar bolas com a saliva, o que pode muito bem ser interpretado como um jogo). O hebreu *sahaq* também associa o riso e o jogo. Por último, é curioso notar que, em árabe, *la'iba* serve para indicar o "jogo" de um instrumento musical, tal como em algumas línguas europeias modernas. Portanto, nas línguas semíticas o conceito de jogo parece possuir um caráter um tanto ou quanto mais vago e fluido do que nas outras línguas que até aqui analisamos. Conforme veremos mais adiante, o hebreu apresenta pormenores interessantes da identidade entre o agonístico e o lúdico.

## DESIGNAÇÃO PARA JOGO EM LÍNGUA ROMÂNICA

Contrastando fortemente com a heterogeneidade e a instabilidade das designações da função lúdica em grego, o latim cobre todo o terreno do jogo com uma única palavra: *ludus*, de ludere, de onde

7 Expressão originada do antigo costume chinês de cobrir o rosto com um leque, e assim, "perder a face", como sinal de vergonha. ( N. da T. )

deriva diretamente *lusus*. Convém salientar que *jocus*, *jocari*, no sentido especial de fazer humor, de dizer piadas, não significa exatamente jogo em latim clássico. Embora *ludere* possa ser usado para designar os saltos dos peixes, o esvoaçar dos pássaros e o borbulhar das águas, sua etimologia não parece residir na esfera do movimento rápido, e sim na ausência de seriedade, e particularmente na da ilusão, simulação e derrisão. *Ludus* abrange os jogos infantis, a recreação, as competições, as representações litúrgicas e teatrais e os jogos de azar. Na expressão *lares ludentes*, significa "dançar". Parece estar no primeiro plano a ideia de "simular" ou de "tomar o aspecto de". Os compostos *alludo*, *colludo*, *iludo* apontam todos na direção do irreal, do ilusório. Essa base semântica está oculta em *ludi*, no sentido dos grandes jogos públicos que desempenhavam um papel tão importante na vida romana, ou então no sentido de "escolas". No primeiro caso, o ponto de partida semântico é a competição; no segundo, é provavelmente a "prática".

É interessante notar que *ludus*, *ludere*, como termo equivalente a jogo em geral, não apenas deixa de aparecer nas línguas românicas, mas igualmente, tanto quanto sei, quase não deixou nelas qualquer vestígio. Em todas essas línguas, desde muito cedo, *ludus* foi suplantado por um derivado de *jocus*, cujo sentido específico (gracejar, troçar) foi ampliado para o de jogo em geral. É o caso do francês *jeu*, *jouer*, do italiano *gioco*, *giocare*, do espanhol *juego*, *jugar*, do português *jogo*, *jogar*, e do romeno *joc*, *juta*; o mesmo se aplica às palavras em catalão, provençal e reto-romanico. Deixamos aqui de lado o problema de saber se o desaparecimento de *ludus* e *ludere* se deve a causas fonéticas ou semânticas.

Nas línguas europeia modernas, a palavra "jogo" abrange um terreno extremamente vasto. Como vimos, tanto nas línguas românicas como nas germânicas encontrâmo-la distribuída por diversos grupos de conceitos relacionados com o movimento ou com a ação, os quais nada têm a ver com o sentido estrito ou formal do termo. Assim, por exemplo, a aplicação de "jogo" à mobilidade limitada das peças de um mecanismo é comum ao francês, ao italiano, ao inglês, ao espanhol, ao alemão e ao holandês[8]; e, como vimos, também é comum ao japonês. Tudo parece indicar que o conceito de jogo abrange um terreno muito mais

8 Esse uso também se encontra em português, embora com menos frequência do que, por exemplo, em francês ou inglês. (N. da T.)

amplo do que *paidzo* ou mesmo *ludere*, terreno esse em que a ideia específica de jogo se dissolve inteiramente na de atividade e movimento ligeiro. Isso é especialmente evidente nas línguas germânicas.

## DESIGNAÇÃO PARA JOGO EM LÍNGUA GERMÂNICA

Conforme mencionamos acima, o grupo de línguas germânicas não possui uma palavra comum para designar o jogo. Devemos, portanto, concluir que no período hipotético do germânico primitivo o jogo não havia ainda sido concebido como ideia geral. Mas logo que cada um dos ramos em que o germânico se dividiu criou uma palavra para designar o jogo, todas essas palavras evoluíram, quanto à semântica, de maneira rigorosamente idêntica, ou melhor, o mesmo grupo de ideias, extremamente amplo e aparentemente heterogêneo, foi concebido como "jogo".

Nos textos de gótico antigo que chegaram até nós, extremamente fragmentários, e que se reduzem a pouco mais do que uma parte do *Novo Testamento*, não há nenhuma palavra equivalente a jogo; mas, a tradução de *Marcos* 10,34, *kai empaiksousin áuto* ("e eles troçarão dele") pelas palavras *jah bilaikand ina* faz parecer mais ou menos certo que o gótico exprimia a ideia do jogo com o mesmo *laikan* que está na origem da palavra que designa o jogo nas línguas escandinavas e que também aparece, com o mesmo sentido, no inglês antigo e no alto e baixo alemães. Nos textos góticos, *laikan* só aparece no sentido de "saltar". Conforme já vimos, o movimento rápido deve ser considerado o ponto de partida concreto de muitos dos vocábulos que designam o jogo, o que faz lembrar a hipótese de Platão segundo a qual o jogo teve erigem na necessidade de saltar que se verifica em todas as criaturas jovens, tanto animais como humanas[9]. .Assim, no dicionário de alemão de Grimm, o sentido original do substantivo *leich*, em alto alemão, é dado como significando "um vivo movimento rítmico", estando todos os seus outros sentidos situados no interior da esfera lúdica; ao passo que o anglo-saxão *lacan* serve para dar a ideia de balançar, oscilar, como um barco

9 *Leis*, II, 653d.

sobre as ondas, a do esvoaçar dos pássaros ou a do tremular de uma chama. Além disso, *lac* e *lacan*, tal como os velhos nórdicos *leikr*, *leika*, designam todo o gênero de jogos, danças e exercícios físicos. Nas línguas escandinavas mais recentes, *lege*, *leka* estão quase exclusivamente restringidos ao sentido de "jogar".

O grande número de palavras derivadas da raiz *spil*, *spel* nas línguas germânicas é revelada de modo extremamente minucioso nos verbetes *Spiel* e *spielen* do *Deutsches* Wörter*buch*[10], da autoria de M. Heyne e outros. Os aspectos que aqui nos interessam são os seguintes. Em primeiro lugar, a ligação entre o verbo e seu predicado. Pode-se dizer *ein Spiel treiben* em alemão, ou *eens-pelletje doen* em holandês, assim como *pursue a game* em inglês, mas o verbo próprio é "jogar". Diz-se *play a game*, ou *spielen ein Spiel*[11]. Em certa medida esse aspecto se perdeu em inglês, com a duplicação em *play* e *game*. Permanece, não obstante o fato de ser necessário, a fim de exprimir a natureza da atividade em questão, que a ideia contida no substantivo seja repetida no verbo. Não quererá isso dizer que o ato de jogar possua uma natureza tão peculiar e independente que se exclui das categorias usuais da ação? Jogar não é "fazer", no sentido habitual; não se "faz" um jogo da mesma maneira que se "faz" ou se "vai" pescar, ou caçar, ou dançar; um jogo muito simplesmente "se joga".

Outro ponto significativo é este: seja qual for a língua que tomemos como exemplo, sempre encontramos uma tendência constante para enfraquecer a ideia do jogo, transformando-o em uma simples atividade geral que está ligada ao jogo propriamente dito apenas através de um de seus diversos atributos, tais como a ligeireza, a tensão e a incerteza quanto ao resultado, a alternância segundo uma certa ordem, a livre escolha etc. Um exemplo muito antigo dessa tendência é o do velho nórdico *leika*, que possui uma amplitude de significado extraordinariamente grande, incluindo "mover-se livremente", "causar" ou "provocar", "segurar", "distrair-se", "passar o tempo", "praticar". Já tratamos do uso de "jogo" no sentido de mobilidade limitada ou liberdade de movimento. A esse respeito, disse o presidente do Banco da Holanda, por ocasião da desvalorização do florim, sem qualquer intenção de

10 x, 1, 1905. (N. da T.: iniciado pelos irmãoes Grimm, o *Deutsches Wörterbuch* é o maior e mais completo dicionário do idioma alemão.)

11 Todas as cinco expressões se traduzem por *jogar um jogo*. (N. da T.)

fazer espírito ou poesia, que "no reduzido campo de ação que ora lhe restava, o padrão-ouro não podia mais jogar"[12]. Expressões do tipo de "livre jogo", "alguma coisa está em jogo" etc. são testemunho dessa atenuação do conceito. Tal fato deve-se menos a uma transferência metafórica da ideia, para conceitos diferentes do da atividade lúdica propriamente dita, do que a uma dissolução espontânea da ideia numa ironia inconsciente. Provavelmente não foi por acaso que no médio alto alemão a palavra jogo (*spil*) e seus compostos gozaram de grande favor na linguagem dos místicos. Certos tipos de pensamento parecem ter uma inclinação especial para essas palavras. Compare-se com a evidente predileção de Kant por expressões como "o jogo da imaginação", "o jogo das ideias" ou "todo o jogo dialético das ideias cosmológicas".

Antes de passar à terceira raiz do conceito de jogo nas línguas germânicas, isto é, a do próprio jogo, lembremos de passagem que o inglês arcaico ou anglo-saxão, além dos termos *lâc* e *plega*, possuía também *spelian*, mas exclusivamente no sentido específico de "representar o papel de alguém" ou de "tomar o lugar de outrem", *vicem gerere*. É aplicado, por exemplo, ao carneiro que foi oferecido em sacrifício no lugar de Isaac. Essa significação pode também caber ao holandês *spelen* ou ao inglês *playing* (*playing a part*, "desempenhar um papel"), mas não a título essencial. Deixaremos aqui de lado o problema de saber até que ponto *spelian* está gramaticalmente ligado ao alemão *spielen*, e nos abstemos de discutir a relação entre *Spiel* e o inglês *spell*, *gospel*. A terminação *-spiel*, como no alemão *Bespiel* ou *Kirchspiel* e no holandês *kerspei* ou *dingspiel* (um antigo distrito judiciário) é geralmente derivada da mesma raiz que as palavras inglesas, e não de *Spiel* (*spel*).

Merece especial interesse, do ponto de vista semântico, o caso do inglês *play*, *to play*. Etimologicamente, a palavra deriva do anglo-saxão *plega*, *plegan*, significando originariamente "jogo" ou "jogar", mas indica também um movimento rápido, um gesto, um aperto de mãos, bater palmas, tocar instrumentos musicais e todos os tipos de exercício físico. O inglês atual conserva, ainda em grande parte, essa significação mais ampla, como por exemplo na segunda cena do quarto ato de *Ricardo III*, de Shakespeare:

12 O termo *jogar* não seria o naturalmente usado em português, nesse caso, onde seria substituído por expressões como "desempenhar um papel" ou "ter livre curso". (N. da T.)

Ah, Buckingham, now do I play the touch
To try if thou be current gold indeed.[13]

Do ponto de vista formal, há uma correspondência total e indubitável entre o inglês arcaico *plegan* e o saxão antigo (continental) *plegan*, o alto alemão arcaico *pflegan* e o frísio antigo *plega*. Todas essas palavras, das quais derivam diretamente, em alemão, *pflegen* e, em holandês, *plegen*, possuem, todavia, um sentido abstrato que não é o do jogo. Os significados mais antigos são: "dar garantia de, correr um risco, expor-se a um perigo por alguém ou alguma coisa"[14]. Seguem-se "comprometer-se ou vincular-se (*sich verpflichten*), assistir a, tomar conta de (*verpflegen*)". O uso do alemão *pflegen* está ligado à ideia da realização de um ato sagrado, assim como à de dar conselhos e à da administração da justiça (*Rechtspflege*), e em outras línguas germânicas é possível *pflegen* homenagens, agradecimentos, juramentos, pranto, trabalho, amor, feitiçaria e até, mas só raramente, o "jogo".[15] Portanto, os domínios próprios dessa palavra são principalmente o da religião, o do direito e o da ética. Devido à evidente diferença de sentido, tem sido até hoje comumente aceite que o termo inglês *to play*, o alemão *pflegen* e seus outros equivalentes germânicos sejam etimologicamente homônimos, derivados de raízes de som semelhante, mas de diferentes origens. As observações que até aqui fizemos nos permitem sustentar a opinião contrária. A diferença reside mais no fato de *to play* evoluir mais no sentido do concreto, ao passo que *pflegen* tender mais para o lado do abstrato, estando, todavia, ambos semanticamente ligados a um domínio muito próximo ao do jogo, ao qual podemos chamar a esfera do cerimonial. Entre as mais antigas significações de pflegen encontram-se as de "celebração de festas" e de "exibição de riqueza". Pertence a essa ordem de ideias o holandês *plechtig*

13 Literalmente "Ah, Buckingham, eu faço agora as vezes de pedra de toque / Para provar se és de verdade ouro de lei". (N. da T.)

14 Cf. J. Franck, *Etymologisch Woordenboek der Nederlandsche taal*, publicado por N. van Wijk (Haia, 1912); *Woordenboek der Nederlandsche taal*, XII I, publicado por G.J. Boekenoogen e J.H. van Lesen, Haia-Leyden, 1931,

15 Em uma das canções de Hadewijch de Antuérpia, monja de Brabante (século XIII), encontram-se os seguintes versos: "Der minnen ghebruken, dat es een spel, / Dar niemand wel ghetoenen en mach, / Ende aí mocht dies pleget ler toenen wel, / Hine const verstaen, dies noijt en plach." *Liedeven van Hadewijch*, ed. Johanna Snellen, Amsterdam, 1907. Aqui, *plegen* pode indubitavelmente ser traduzido por "jogar".

(solene, cerimonioso). Formalmente, a palavra alemã *Pflicht* e a holandesa *Plicht* correspondem em anglo-saxão a *pliht* (de onde deriva em inglês *plight*)[16]. Enquanto as palavras do holandês e do alemão significam "dever", e quase nada mais do que isso, *pliht* significa, fundamentalmente, "perigo", e, secundariamente, "ofensa", "falta", "censura" e, finalmente, "compromisso" (*pledge*). O verbo *plihtan* tem o sentido de "expor-se ao perigo", "comprometer-se", "empenhar-se". Quanto a *pledge*, o latim medieval formou a palavra *plegium* a partir do germano *plegan*, e por sua vez *plegium* se transformou no francês antigo *pleige*, de onde deriva o termo inglês *pledge*. Os significados mais antigos dessa palavra são "segurança", "caução", "refém", significando ainda o *gage of battle*, ou seja, aposta, no sentido de "desafio" e, por último, a cerimônia mediante a qual se assume um compromisso, o brinde (*pledge*) à saúde de alguém, além de "promessa" e "compromisso"[17].

Quem poderia negar que todos esses conceitos - desafio, perigo, competição etc. - estão muito próximos do domínio lúdico? Jogo e perigo, risco, sorte, temeridade - em todos esses casos trata-se do mesmo campo de ação, em que alguma coisa está "em jogo". Somos tentados a concluir que as palavras *play* e *pflegen*, juntamente com seus derivados, são, além de formal, semanticamente idênticas.

## JOGO E LUTA

Isso nos leva de volta às relações entre jogo e competição, sendo a competição e a luta tomadas em sentido mais amplo. Em todas as línguas germânicas, assim como em muitas outras, os termos tipicamente lúdicos são normalmente aplicados também às dissensões ou conflitos armados. A poesia anglo-saxã, para nos limitarmos a um único exemplo, está cheia de tais termos e frases. O combate armado, ou batalha, é chamado *heado-lac* ou *beadu-lac*, o que significa literalmente "jogo da batalha"; ou *asc-plega*, "jogo da larça". Não há dúvida de que, no caso desses compostos, nos encontramos perante metáforas poéticas, uma

16 Ao lado de *pleoh*, em frísio antigo *plê* (perigo).

17 Compare-se com esses sentidos de *pledge* o anglo-saxão *beadoweg, baedeweg* – *poculum certaminis, certamen*.

transferência plenamente consciente do conceito de jogo para o conceito de batalha. O mesmo se aplica, embora de maneira menos evidente, ao "Spilodun ther Vrankon" ("Lá jogaram os francos") da canção em alto alemão antigo chamada *Ludwigslied*, que celebra a vitória de Ludovico III, rei dos francos ocidentais, sobre os normandos, em Sancourt, em 881. Apesar disso, seria temerário concluir que todos os usos de termos lúdicos ligados ao combate a sério não passam de liberdades poéticas. É aqui necessário que nos coloquemos no interior da esfera do pensamento primitivo, na qual o combate armado e toda a espécie de competições, desde os jogos mais triviais até os torneios mais mortíferos, eram incluídos, juntamente com o jogo propriamente dito, numa única ideia fundamental, a de uma luta com a sorte limitada por certas regras. Desse ponto de vista, a aplicação da palavra "jogo" ao combate dificilmente pode ser considerada uma metáfora consciente. O jogo é um combate e o combate é um jogo.

Nenhum exemplo da identidade essencial entre o jogo e o combate nas culturas primitivas pode ser mais decisivo do que aquele que aparece no *Antigo Testamento*. Em *II Samuel* 2, 14, Abner diz a Joab: "Que agora os jovens se ergam e joguem perante nós. [Vulgata: "Surgant pueri et ludant coram nobis."] E vieram doze de cada lado, e agarrou cada um deles seu companheiro pela cabeça, e cada um deles enterrou sua espada no flanco de seu companheiro, de modo que caíam juntos. E o lugar onde caíram se chamou desde então o Campo dos Fortes." Para nosso ponto de vista, não importa saber se essa história tem algum fundamento histórico ou se é apenas uma lenda etimológica inventada para explicar o nome de uma determinada localidade. Importa-nos unicamente o fato de essa ação ser chamada jogo, e de não haver referência alguma ao fato de não se tratar de um simples jogo. A tradução da Vulgata, *ludant*, é impecável: "que joguem". O texto hebraico emprega aqui uma forma do verbo *sahaq*, que significa fundamentalmente "rir", assim como "fazer algo jocosamente", e também "dançar". Na Septuaginta, as palavras são: *anastetosan de ta paidaria kai paidzatosan enopion emon* (αναστητωσυ δη τα παιδαρια και παιξατωσαν ενωπιο ημων). Evidentemente, é impossível que aqui se trate de liberdade poética; o fato é que é possível um jogo ser mortal sem por isso deixar de ser um jogo, o que constitui mais uma razão para não se estabelecer separação entre os conceitos de jogo e de competição[18]. Isso nos conduz a uma outra conclusão: dada a indivisibilidade entre o jogo e o combate, no espírito primitivo, segue-se naturalmente a assimilação entre a caça e o jogo. Esta se encontra em numerosos aspectos da língua e da literatura, e não há necessidade de nela insistirmos.

Referindo-nos à raiz da palavra *play* (*pflegen*), descobrimos que a palavra "jogo" pode aparecer no interior do domínio do cerimonial. É o que se passa, de modo muito especial, com a palavra mais comumente usada em holandês para designar o casamento (*huwelijk*), a qual reflete ainda em médio baixo holandês *huweleec* ou *huweleic* (à letra: "jogo do casamento"). Compare-se também com *feestelfc* (festa, festival) e *vechtelic* (luta; em frísio antigo, *fyuchtleek*). Todas essas palavras são compostos da raiz *laik*, já referida, que forneceu às línguas escandinavas o termo geral para designar o jogo. Em sua forma anglo-saxã, *lâc*, *la-can*, significa, além de jogo, salto e movimento rítmico, e também sacrifício, oferta, dádiva, favor, e mesmo generosidade, munificência. O ponto de partida dessa curiosa evolução semântica reside provavelmente em palavras como *ecgalâc* e *sveorda-lâc*, dança do sabre; de onde provém, segundo Jacob Grimm, o conceito de uma dança ritual, propiciatória[19].

## JOGO NA ACEPÇÃO MUSICAL

Antes de concluir o exame linguístico da noção de jogo, é necessário fazer ainda referência a algumas aplicações especiais da palavra "jogo", sobretudo em relação à designação do manejo dos instrumentos musicais. Observamos acima que o árabe *la'iba* tem esse sentido em comum com certo número de línguas europeias, nomeadamente as línguas germânicas (e algumas das eslavas), as quais, já em sua fase medieval, designam a mestria instrumental pela palavra "jogo"[20]. Entre as línguas românicas, ao que parece,

18 Observe-se ainda de passagem que os combates singulares entre Thor e Loki, no *Gylfaginning*, v. 95, recebem a designação de *leika*.

19 E.H. Meyer (Hrsg.), *Deutsche Mythologie*, Göttingen, 1875, v. 4, p. 32.

20 O frísio moderno estabelece uma distinção entre *boartsje* (jogos infantis) e *spylje* (tocar instrumentos musicais), sendo este último termo provavelmente uma contribuição holandesa.

apenas o francês possui *jeu* e *jouer* nesse sentido, o que poderia ser tomado como sinal de influência germânica. Nem em grego nem em latim existe essa acepção. O italiano utiliza *suonare*, e o espanhol *tocar*. O fato de o alemão *Spielmann* (em holandês, *Speelman*) haver adquirido a conotação "músico" não significa necessariamente que haja aqui uma ligação direta com a noção de "tocar instrumentos"; *Spielmann* corresponde de maneira exata a *joculator*, *jongleur*, cujo sentido amplo original (um artista ou intérprete de qualquer tipo) foi reduzido, por um lado, ao de poeta-cantor e, por outro, ao de músico, e finalmente ao de alguém que faz truques com facas ou bolas.

É perfeitamente natural que tenhamos tendência a conceber a música como pertencente ao domínio do jogo, mesmo sem levar em conta esses aspectos especificamente linguísticos. A interpretação musical possui, desde o início, todas as características formais do jogo propriamente dito. É uma atividade que se inicia e termina dentro de estreitos limites de tempo e de lugar, é passível de repetição, consiste essencialmente em ordem, ritmo e alternância, transporta tanto o público como os intérpretes para fora da vida cotidiana, para uma região de alegria e serenidade, conferindo mesmo à música triste o caráter de um sublime prazer. Por outras palavras, tem o poder de "encantar" e de "arrebatar" tanto uns como outros. Seria em si mesmo perfeitamente compreensível, portanto, englobar no jogo toda espécie de música. Todavia, sabemos que o jogo é algo diferente, dotado de uma perfeita autonomia. Além disso, se se tiver em mente que o termo "jogo" nunca é aplicado ao canto, e só em algumas línguas é aplicado à música instrumental, considerar-se-á provável que o elo de ligação entre o jogo e a habilidade instrumental deva ser procurado no movimento ágil e ordenado dos dedos.

## JOGO NA ACEPÇÃO ERÓTICA

Há ainda um outro uso da palavra "jogo" que de modo algum é menos fundamental ou menos amplo do que a identificação entre o jogo e o combate a sério, a saber, o jogo tomado em sentido erótico. Nas línguas germânicas são extremamente abundantes as aplicações eróticas da palavra, e pouco necessário se torna citar grande número de exemplos. Em alemão, usa-se *Spielkind* (em holandês *speelkind*) para designar a criança nascida fora do casamento; compare-se também com o holandês *aanspelen*, o acasalamento dos cães, e *minnespel*, o ato de copular (ova e ovar dos peixes). Nas palavras alemãs *Laich* e *laichen*, no sueco *leka*, o acasalamento das aves, e no inglês *lechery*[21] a velha raiz germânica *laik, laikan* persiste ainda. Em sânscrito, existem idênticas acepções da palavra, como por exemplo o uso frequente de *kridati* (jogo) em sentido erótico em termos como *kridaratnam* (literalmente, "a joia dos jogos"), que significa copulação. De acordo com isso, o professor Buytendijk considera o jogo do amor o exemplo mais perfeito do jogo em geral, pois apresenta da forma mais clara possível todos os caracteres essenciais do jogo[22]. Mas é necessário que sejamos mais específicos. Se nos apegarmos às características formais e funcionais do jogo, tais como acima foram resumidas, é evidente que poucas podem efetivamente servir como exemplos do ato sexual. Aquilo que o espírito da linguagem tende a conceber como jogo não é propriamente o ato sexual enquanto tal; trata-se principalmente do caminho que a ele conduz, o prelúdio e preparação do amor, que frequentemente revela numerosas características lúdicas. Isso é particularmente verdadeiro nos casos em que um dos sexos necessita conquistar o outro antes da cópula. Os elementos dinâmicos do jogo referidos por Buytendijk, tais como a criação deliberada de obstáculos, o adorno, a surpresa, o fingimento, a tensão etc. pertencem todos eles ao processo do flerte e da corte, do namoro. Todavia, nenhuma dessas funções pode ser considerada jogo em sentido estrito. O elemento lúdico só se exprime de maneira inequívoca nos passos de dança, no embelezar-se e pavonear-se entre as aves. As carícias enquanto tais não possuem um caráter lúdico, embora ocasionalmente possam revestir-se desse aspecto: seria inteiramente errôneo, contudo, incluir o próprio ato sexual, como jogo de amor, na categoria de jogo. O processo biológico da cópula não corresponde às características formais do jogo, tais como as enunciamos. Também a linguagem normalmente estabelece uma distinção entre o jogo do amor e a cópula. A palavra "jogo" é especialmente, ou mesmo exclusivamente, reservada

21 Luxúria, lascívia, lubricidade. (N. da T.)
22 Op.cit., p. 95.

para as relações eróticas que escapam à norma social. Como vimos no caso do *blackfoot*, a mesma palavra *koani* designa os jogos infantis em geral e as relações sexuais ilícitas. Em resumo, portanto, e contrastando com a profundamente arraigada afinidade entre o jogo e a luta, vemo-nos obrigados a considerar o uso erótico do termo lúdico, por mais universalmente aceite e mais evidente que possa ser, como uma metáfora perfeitamente típica e consciente.

## O JOGO E O CONCEITO DE SERIEDADE

O valor conceitual de uma palavra é sempre condicionado pela palavra que designa seu oposto. Para nós, a antítese do jogo é a seriedade e, também num sentido muito especial, o de trabalho, ao passo que à seriedade podem também opor-se a piada e a brincadeira. Todavia, a mais importante é a parelha complementar de opostos jogo-seriedade. Nem todas as línguas exprimem esse contraste de maneira tão simples e completa como as do grupo germânico, com o termo *ernst* (para o alemão e o holandês), que corresponde exatamente ao *alvara* das línguas escandinavas. Igualmente definido é, em grego, o contraste entre *spoude* e *paidiá*. Outras línguas designam o contrário do jogo mediante um adjetivo, como, por exemplo, em latim, em que não existe nenhum substantivo correspondente a *serius*. Tal fato parece indicar que a abstração do antônimo de jogo é conceitualmente incompleta. *Gravitas*, *gravis* podem por vezes designar a seriedade, mas não correspondem especificamente a essa acepção. As línguas românicas também precisam resolver o problema com um derivado do adjetivo, como a *serietà* do italiano ou a *seriedad* do espanhol. O francês só muito relutantemente substantiva o conceito – *sériosité* – é um termo que possui uma existência extremamente débil[23], do mesmo modo que o inglês *seriousness*.

O ponto de partida semântico do grego *spoude* é "zelo" ou "rapidez", e o latim *serius* tem, provavelmente, a ideia de "pesado". A palavra germânica apresenta maiores dificuldades. O sentido

23 O autor parece esquecer aqui o uso generalizado de *sérieux* como substantivo (*le sérieux* opõe-se bastante rigorosamente a *jeu*), que não possui equivalente em português, espanhol ou italiano. (N. da T.)

original de *ernest*, *ernust*, *eornost* é geralmente considerado como sendo "combate", "luta". E efetivamente, em muitos casos, significa luta. A dificuldade surge porque no caso do inglês *earnest* parece ter havido coincidência entre duas formas diferentes, uma correspondendo ao inglês antigo (*e*)*ornest*, e a outra ao nórdico antigo *orrusta*, que significa "batalha, combate individual, prélio ou desafio". A identidade etimológica dessas duas palavras constitui uma questão em aberto; portanto, deixaremos a matéria inconclusa e passaremos à nossa conclusão geral.

Podemos talvez afirmar que na linguagem o conceito de jogo parece ser muito mais fundamental do que seu oposto. A necessidade de um termo amplo, capaz de exprimir o "não jogo", deve ter sido bem pouco intensa, e as diversas expressões da "seriedade" não passam de uma tentativa secundária da linguagem para inventar o oposto conceitual de "jogo". Todas elas se agrupam em redor das ideias de "zelo", de "esforço", de "aplicação", apesar do fato de que, em si mesmas, todas essas qualidades podem também ser encontradas associadas ao jogo. O surgimento de uma palavra para designar a "seriedade" significa que os homens tomaram consciência do conceito de jogo como entidade independente – processo que, como anteriormente salientamos, é bastante tardio. Não é, portanto, de se admirar que as línguas germânicas, com seu conceito de jogo tão amplo e pronunciado, tenham também acentuado mais fortemente o seu oposto.

Deixando de lado o problema linguístico, e analisando um pouco mais atentamente a antítese jogo-seriedade, verificamos que os dois termos não possuem valor idêntico: jogo é positivo, seriedade é negativa. O significado de "seriedade" é definido de maneira exaustiva pela negação de jogo – seriedade significando ausência de jogo ou brincadeira e nada mais. Por outro lado, o significado de jogo de modo algum se define ou se esgota se considerado simplesmente como ausência de seriedade. O jogo é uma entidade autônoma. O conceito de jogo, enquanto tal, é de ordem mais elevada do que o de seriedade. Porque a seriedade procura excluir o jogo, ao passo que o jogo pode muito bem incluir a seriedade.

▸▸ *Theodoor Rombouts,* Briga em Jogo de Cartas, *óleo sobre tela, c.1620.*

# 3. O Jogo e a Competição Como Fatores de Criações Culturais

## CULTURA COMO JOGO: A AUSÊNCIA DE CULTURA NO JOGO

Ao se falar do elemento lúdico na cultura não se quer dizer seja atribuído aos jogos um lugar de primeiro plano entre as diversas atividades da vida civilizada, nem se pretende afirmar que a civilização teve origem no jogo através de um processo evolutivo qualquer, no sentido de ter havido algo que inicialmente era jogo e depois se transformou em algo que não era mais jogo, porém sendo considerado cultura. A concepção que apresentamos nas páginas que se seguem é que a cultura surge sob a forma de jogo, que ela é, desde seus primeiros passos, como que "jogada". Mesmo as atividades que visam à satisfação imediata das necessidades vitais, como, por exemplo, a caça, tendem a assumir nas sociedades primitivas uma forma lúdica. A vida social reveste-se de formas suprabiológicas, que lhe conferem uma dignidade superior sob a forma de jogo, e é através deste último que a sociedade exprime sua interpretação da vida e do mundo. Não queremos com isso dizer que o jogo se transforma em cultura, e sim que em suas fases mais primitivas a cultura possui um caráter lúdico, que ela se processa segundo as formas e o ambiente do jogo. Na dupla unidade do jogo e da cultura, é ao jogo que cabe a primazia. Este é objetivamente observável, passível de definição concreta, ao passo que a cultura é apenas um termo que nossa consciência histórica atribui a determinados aspectos. Essa concepção está próxima da de Frobenius, que se refere à gênese da cultura "als eines aus dem natürlichen 'Sein' aufgestiegenen 'Spieles'" ("como um 'jogo' que emerge do 'ser' natural")[1]. Em minha opinião, contudo, Frobenius concebe as relações entre o jogo e a cultura de maneira demasiado mística, descrevendo-as de modo excessivamente vago. Não consegue indicar o ponto no qual a cultura emerge do jogo.

No decurso da evolução de uma cultura, quer progredindo quer regredindo, a relação original por nós definida entre o jogo e o não jogo não permanece imutável. Regra geral, o elemento lúdico vai gradualmente passando para segundo plano, sendo sua maior parte absorvida pela esfera do sagrado. O restante cristaliza-se sob a forma de saber: folclore, poesia, filosofia e as diversas formas da vida jurídica e política. Fica assim completamente oculto por detrás dos fenômenos culturais o elemento lúdico original. Mas é sempre possível que a qualquer momento, mesmo nas civilizações mais desenvolvidas, o impulso lúdico se reafirme em sua plenitude, mergulhando o indivíduo e a massa na intoxicação de um jogo gigantesco.

Como é natural, a relação entre cultura e jogo torna-se especialmente evidente nas formas mais elevadas dos jogos sociais, que consistem na atividade ordenada de um grupo ou de dois grupos opostos. O jogo solitário só dentro de estreitos limites possui uma capacidade criadora de cultura. Conforme acima assinalamos, todos os fatores básicos do jogo, tanto individuais quanto comunitários, encontram-se já presentes na vida animal – a saber, nas competições, exibições, representações, desafios, nos ornamentos e pavoneios, nos fingimentos e nas regras limitativas. É duplamente notável que os pássaros, filogeneticamente tão distantes dos seres humanos, possuam tantos elementos em comum com esses. Os faisões silvestres executam danças, os corvos realizam competições de voo, as aves do paraíso e outras ornamentam os ninhos, as aves canoras emitem

1 *Kulturgeschichte Afrikas*, p. 25.

suas melodias. Assim, as competições e exibições, enquanto divertimentos, não procedem da cultura, mas, pelo contrário, precedem-na.

## O CARÁTER ANTITÉTICO DO JOGO

Os jogos em grupo possuem um caráter fundamentalmente antitético. Em geral, são jogados entre duas equipes. Todavia, as danças, cortejos e espetáculos podem ser inteiramente destituídos de antítese. Além disso, "antitético" não é necessariamente sinônimo de combativo ou de agonístico. Um canto alternado, as duas metades de um coro, um minueto, as vozes de um conjunto musical, o jogo da "cama de gato" – deveras interessante para o antropólogo, pois em alguns povos primitivos implica complicados sistemas de magia –, são exemplos de jogo antitético que nem sempre são agonísticos, embora, por vezes, neles seja possível verificar uma certa emulação. É frequente uma atividade possuidora de um caráter autônomo, como, por exemplo, a apresentação de uma peça de teatro ou de uma composição musical passar ocasionalmente para a categoria agonística, por tornar-se pretexto para uma competição, sendo o prêmio conferido em função da composição ou da execução, como no caso do teatro grego.

Entre as características gerais do jogo, consideramos a tensão e a incerteza. Está sempre presente a pergunta: "dará certo"? Essa condição verifica-se mesmo quando jogamos paciência ou fazemos quebra-cabeças, acrósticos, palavras cruzadas, diabolô etc. A tensão e a incerteza quanto ao resultado aumentam enormemente quando o elemento antitético se torna efetivamente agonístico nos jogos entre grupos. A paixão de ganhar ameaça, por vezes, destruir a ligeireza própria do jogo. E aqui surge uma distinção importante. Nos jogos de pura sorte, a tensão sentida pelo jogador só muito fracamente é comunicada a qualquer observador. Os jogos de azar constituem um curiosíssimo objeto de pesquisa cultural, mas devemos considerá-los inúteis para o estudo da evolução da cultura. São estéreis, nada acrescentam à vida do espírito. Mas essa situação muda tão logo o jogo exija aplicação, conhecimentos, habilidade, coragem e força. Quanto mais "difícil" for o jogo, maior a tensão entre os que a ele assistem. É possível um jogo de xadrez fascinar os assistentes, embora, apesar disso, ele seja estéril para a cultura e destituído de qualquer encanto visível. E a partir do momento em que um jogo é um espectáculo belo, seu valor cultural torna-se evidente. Mas esse valor estético não é indispensável para a cultura: os valores físicos, intelectuais, morais ou espirituais também são capazes de elevar o jogo até o nível cultural. Quanto maior é sua capacidade de elevar o tom, a intensidade da vida do indivíduo ou do grupo, mais rapidamente passará a fazer parte da civilização. A representação sagrada e a competição solene são duas formas que surgem constantemente na civilização, permitindo-lhe desenvolver-se como jogo e no jogo.

## COMPETIÇÃO É JOGO

Aqui a questão abordada em nosso primeiro capítulo surge mais uma vez. Será legítimo fazer o conceito de jogo abranger toda espécie de competições? Vimos como os gregos estabeleciam uma distinção entre *ágon* e *paidiá*. Aliás, tal fato poderia ser explicado em termos etimológicos, pois a palavra *paidiá* evocava o aspecto infantil de maneira tão intensa que dificilmente poderia ter sido aplicada às competições sérias que constituíam o núcleo central da vida social helênica. Por outro lado, a palavra *ágon* definia a competição de um ponto de vista inteiramente diferente. Seu sentido original parece ter sido o de "reunião" (compare-se com *agorá*, a praça do mercado, palavra relacionada com ágon); como termo, portanto, nada tem a ver com o jogo propriamente dito. Mas a identidade essencial do jogo e da competição nem por isso deixa de ser entrevista quando, conforme vimos, Platão emprega *paígnion* para designar as danças rituais armadas dos curetas (*τά των* κουρήτων ἔνόπλια παίγνια) e *paidiá* para os ritos em geral. O fato de a maior parte das competições dos gregos serem realizadas com uma seriedade mortal não é razão para separar o ágon do jogo, ou para negar o caráter lúdico do primeiro. A competição possui todas as características formais e a maior parte das características funcionais do jogo. Tanto o holandês quanto o alemão possuem uma palavra que exprime essa unidade de maneira extremamente clara: respectivamente, *wedkamp* e *Wettkampf*. Essa palavra contém a ideia de campo de jogo (*campus*, em latim) e a da aposta (*Wette*). Além do mais, é a palavra normalmente usada nessas línguas para designar as competições. Cabe aqui uma nova referência ao notável testemunho de *II Samuel*, no qual uma luta de morte entre dois grupos era, apesar disso, chamada "jogo", sendo a palavra extraída da esfera do riso. Em grande número de vasos gregos podemos verificar competições entre homens armados caracterizadas como ágon pela presença dos tocadores de flauta que as acompanham. Nos Jogos Olímpicos havia duelos que só terminavam com a morte de um dos contendores[2]. As tremendas proezas de Thor e seus companheiros na luta contra Útgarðа-Loki (ou Utgarda-Loki) são chamadas *leika* (jogo). Por todas essas razões, não parece excessivo considerar a disparidade terminológica entre a competição e o jogo na língua grega como resultado de uma incapacidade mais ou menos acidental para abstrair um conceito geral que a ambos abrangesse. Em resumo, quanto a saber se temos o direito de incluir a competição na categoria de jogo, podemos, sem hesitações, responder afirmativamente.

Tal como todas as outras formas de jogo, a competição é geralmente desprovida de objetivo. Quer isso dizer que a ação começa e termina em si mesma, não tendo o resultado qualquer contribuição para o processo vital do grupo. O ditado popular holandês "o que importa não são as bolinhas de gude, mas o jogo", exprime esse fato com grande clareza. Isso significa que o elemento final da ação reside antes de mais nada no resultado enquanto tal, sem relação direta com o que se segue. O resultado do jogo, como fato objetivo, é insignificante, e em si mesmo indiferente. Diz-se que o xá da Pérsia, durante uma visita à Inglaterra, recusou-se a assistir a uma corrida de cavalos, alegando saber muito bem que alguns cavalos correm mais depressa do que os outros. De seu ponto de vista tinha toda a razão: recusava-se a tomar parte numa esfera lúdica que lhe era estranha, preferindo ficar de lado. O resultado de um jogo ou de uma competição – excetuando-se, evidentemente, os que implicam um lucro pecuniário – só tem

2 Cf. J.E. Harrison, op. cit., p. 221 e p. 323, que, em minha opinião, comete o erro de dar razão a Plutarco, quando este considera essa forma de competição incompatível com a ideia do *ágon*.

interesse para aqueles que dele participam como jogadores ou como espectadores, quer pessoalmente e no local, quer como ouvintes pelo rádio ou espectadores pela televisão etc., e aceitam suas regras. Tornaram-se parceiros do jogo e querem sê-lo. Para eles, é insignificante ou indiferente que o vencedor seja de Oxford ou de Cambridge.

A essência do lúdico está contida na frase "há alguma coisa em jogo". Mas esse "alguma coisa" não é o resultado material do jogo, nem o mero fato de a bola estar no buraco, mas o fato ideal de se ter acertado ou de o jogo ter sido satisfatoriamente concluído. O êxito dá ao jogador uma satisfação que dura mais ou menos tempo, conforme o caso. O sentimento de prazer ou de satisfação aumenta com a presença de espectadores, embora esta não seja essencial para o prazer. Uma pessoa que "faz" uma paciência sente um duplo prazer quando alguém está assistindo, mas sente prazer mesmo sem isso. Em todos os jogos, é muito importante que o jogador possa gabar-se para outros de seus êxitos. Nesse sentido, o pescador amador constitui um tipo bem conhecido. Voltaremos depois a esse problema da autoaprovação.

## GANHAR

A ideia de ganhar está estreitamente relacionada com o jogo. Todavia, para alguém ganhar é preciso que haja um parceiro ou adversário; no jogo solitário não se pode realmente ganhar; o alcance desse objetivo desejado não pode ser assim chamado.

O que significa "ganhar", e o que se ganha? Ganhar significa manifestar sua superioridade no resultado de um jogo. Contudo, a evidência dessa superioridade tem uma tendência a conferir ao vencedor uma aparência de superioridade em geral. Ele ganha alguma coisa mais do que apenas o jogo enquanto tal. Ganha estima, conquista honrarias: e essas honrarias e estima imediatamente concorrem para o benefício do grupo ao qual o vencedor pertence. Chegamos aqui a outra característica muito importante do jogo: o êxito obtido passa prontamente do indivíduo para o grupo. Mas há um outro aspecto ainda mais importante: o instinto agônico, de competição, não é fundamentalmente um desejo de poder ou de dominação. O que é primordial é o desejo de exceder os demais, de ser o primeiro e ser festejado por esse fato. Só secundariamente tem importância o fato de resultar da vitória um aumento do poder do indivíduo ou do grupo. O principal é ganhar. O exemplo mais puro de uma vitória que não implica nada visível ou aproveitável, a não ser o simples fato de ganhar, é a que temos no caso do jogo de xadrez.

## PRÊMIO, APOSTA, CONQUISTA

Jogamos ou competimos "por" alguma coisa. Em primeira e última instâncias, o objetivo pelo qual jogamos é a vitória; mas a vitória é acompanhada por diversas maneiras de aproveitamento como, por exemplo, a celebração do triunfo por um grupo com grande pompa, aplausos e ovações. Os frutos da vitória podem ser a honra, a estima, o prestígio. Via de regra, contudo, está ligada à vitória alguma coisa mais do que a honra: uma coisa que está em jogo, um prêmio, o qual pode ter um valor simbólico ou material, ou então puramente abstrato. Pode ser uma copa de ouro ou uma joia, a filha de um rei, um vintém, a vida dos jogadores ou o bem-estar de toda a tribo. A "aposta", que em latim pode dizer-se *vadiam* (em alemão *Wette*), é um "penhor – no sentido de um objeto puramente simbólico atirado dentro do campo de jogo a título de desafio. Não é exatamente o mesmo que um "prêmio", o qual implica a ideia de algo intrinsecamente valioso, como, por exemplo, uma quantia em dinheiro, embora possa ser simplesmente uma coroa de louros. É curioso que as palavras "prêmio", "preço" e "apreço" derivem mais ou menos diretamente do latim *pretium*, embora tenham evoluído em sentidos diferentes. *Pretium* surgiu originariamente na esfera da troca e da avaliação, e pressupõe um valor. O *pretium justum* medieval corresponde aproximadamente à ideia atual de "valor de mercado". Enquanto preço permaneceu limitado à esfera econômica, prêmio passou para a do jogo e da competição, e apreço adquiriu o significado exclusivo do latim *laus*. De um ponto de vista semântico, é praticamente impossível delimitar o terreno próprio de cada uma dessas três palavras. Igualmente interessante é verificar como a palavra inglesa *wage* (salário), que originariamente é idêntica a *gage*, no sentido de um símbolo de desafio, caminhou num sentido inverso ao de *pretium*, ou seja, passou da esfera lúdica para a esfera econômica, tornando-se sinônimo de "ordenado", daquilo que se "ganha". Não jogamos para ganhar um salário, trabalhamos. Finalmente, a palavra "ganhos" não tem etimologicamente nada a ver com essas palavras, embora semânticamente pertença tanto ao lúdico quanto ao econômico. O comerciante realiza seus ganhos, e o jogador também alcança seus ganhos.

Poder-se-ia dizer que todos os derivados da raiz latina *vad* caracterizam-se por um determinado sentido de paixão, de sorte, de audácia, no que diz respeito tanto à atividade lúdica quanto à economia. A pura avareza não comercia nem joga; nunca arrisca. E a essência do espírito lúdico é ousar, correr riscos, suportar a incerteza e a tensão. A tensão aumenta a importância do jogo, e essa intensificação permite ao jogador esquecer que está apenas jogando.

O nome grego para "prêmio" (*athlon*) deriva, para alguns, da mesma fecunda raiz, *vadi*, a que acabamos de nos referir. De *athlon* deriva *athletes*, o atleta. Daqui o conceito presente na ideia de competição como luta, exercício, aplicação, resistência e sofrimento. Se nos lembrarmos que na sociedade primitiva a maior parte das atividades agonísticas é na realidade "agonizante", implicando severas provações tanto físicas quanto espirituais, e também que existe uma íntima relação entre ágon e agonia (sendo que essa última palavra originalmente significava simplesmente "competição", passando mais tarde a significar "luta de morte" e "medo"), veremos que o atletismo também pertence ao domínio da competição séria que constitui nosso tema.

A competição não se estabelece apenas "por" alguma coisa, mas também "em" e "com" alguma coisa. Os homens entram em competição para serem os primeiros em força ou destreza, em conhecimentos ou riqueza, em esplendor, generosidade, ascendência nobre, ou no número de sua progenitura. Competem com a força do corpo ou das armas, com a razão ou com os punhos, defrontando-se uns aos outros com demonstrações extravagantes, com palavras, fanfarronadas, insultos e, finalmente, também com astúcia. De nosso ponto de vista, o logro, tendo em vista ganhar uma competição, a destitui de seu caráter lúdico, destruindo-a completamente, pois, para nós, pertence à essência do jogo que as regras sejam respeitadas, que o jogo seja jogado lealmente. Contudo, a cultura primitiva não dá razão ao nosso juízo moral quanto a esse aspecto, do mesmo modo que o espírito da tradição popular. Na fábula da lebre e do ouriço, o papel de herói é atribuído ao mau jogador que ganha a corrida graças a uma fraude. Muitos dos heróis da mitologia conseguem ganhar por meio da astúcia ou graças a uma ajuda exterior. Pélops suborna o auriga de Enomeu para que ele coloque cravos de cera nos eixos das rodas. Jasão e Teseu passam suas provas com êxito graças à ajuda de Medeia e Ariadne. Gunther deve sua vitória a Siegfried. No *Mahabharata*, os kauravas alcançam a vitória fazendo trapaça nos jogos de dados. Frigga engana Wotan para que este conceda a vitória aos lombardos. Os Ases quebram o juramento que fizeram aos gigantes. Em todos esses casos, o ato de superar o outro em astúcia, fraudulentamente, tornou-se ele próprio o motivo da competição, como se fosse um novo tema ou figura do lúdico[3].

A indeterminação das fronteiras entre o jogo e a seriedade tem um exemplo perfeito na expressão "jogar na Bolsa". O jogador de roleta não terá dúvida alguma em reconhecer que está jogando, mas já o mesmo não sucederá com o corretor de valores. Este último sustentará que a compra e venda ao sabor das altas e baixas da Bolsa fazem parte das coisas sérias da vida, ou pelo menos da vida dos negócios, e constitui uma função econômica da sociedade. Em ambos os casos, o fator operante é a esperança do lucro. Mas, enquanto no primeiro caso o caráter puramente fortuito da coisa é geralmente reconhecido (não obstante todos os "sistemas"); no segundo, o jogador ilude-se a si mesmo com a ideia de ser capaz de prever a tendência futura do mercado. Seja como for, é ínfima a diferença de mentalidade entre ambos os casos.

A esse respeito, merece referência o fato de duas formas de acordo comercial, baseado na expectativa de um cumprimento futuro, terem origem direta na aposta, de tal modo que continua sendo uma questão em aberto se o que surgiu primeiro foi o espírito lúdico ou o interesse levado a sério. O final da Idade Média assiste, tanto em Gênova como em Antuérpia, ao surgimento

3 Não consegui descortinar qualquer relação direta entre o herói lendário que alcança seu objetivo por meio da fraude e da astúcia e a figura divina que é ao mesmo tempo, para o homem, um benfeitor e um enganador. Cf. W.B. Kristensen, De goddelijke bedrieger, Mededeelingen der Koninklijke Akademie van Wetenschappen, afd. Letterkunde, 66b, n. 3, 1928; e J.P.B. de Josselin de Jong, De oorsprong van den goddelijken bedrieger, *Med. der Kon. v. Wettensch.*, afd. Letterkunde, 68b, n. 1, 1929.

do seguro de vida sob a forma de apostas sobre futuras eventualidades de caráter não econômico. Apostava-se, por exemplo, "sobre a vida e a morte de pessoas, o nascimento de meninos ou meninas, o resultado de viagens e peregrinações, a conquista de várias terras, lugares ou cidades"[4]. Esse tipo de contrato, embora houvesse já assumido um caráter puramente comercial, foi diversas vezes proibido sob a alegação de tratar-se de jogo ilegal, entre outros por Carlos V[5]. Apostava-se sobre a escolha de um novo Papa tal como hoje se aposta em corridas de cavalos[6]. E ainda no século XVII os contratos de seguro de vida eram conhecidos pelo nome de "apostas".

## ESTRUTURA ANTITÉTICA DA SOCIEDADE ARCAICA

A antropologia tem mostrado, de maneira cada vez mais clara, que normalmente a vida social primitiva assenta-se na estrutura antagonística e antitética da própria comunidade, e que todo o mundo espiritual desse tipo de comunidade corresponde a esse profundo dualismo. Encontram-se vestígios desse fato em todos os lugares. A tribo é dividida em duas metades opostas, chamadas fratrias pelos antropólogos, separadas pela mais rigorosa exogamia. A distinção entre os dois grupos é também estabelecida pelo totem (termo de emprego um tanto duvidoso, fora do terreno específico a que pertence, mas muito útil para uso científico). Um indivíduo pode ser homem-corvo ou homem-tartaruga, adquirindo assim todo um sistema de obrigações, tabus, costumes e objetos de veneração próprios da ordem do corvo ou da tartaruga, conforme for o caso. Entre as duas metades da tribo, as relações são de competição e rivalidade, mas, ao mesmo tempo, de ajuda recíproca e mútua prestação de bons serviços. O conjunto dessas relações transforma toda a vida pública da tribo numa interminável série de cerimônias,

4 Anthonio van Neuhghem, *Openbaringe van 't Italiaens boeckhouden*, 1631, p. 25, 26, 77, 86s., 91s.

5 . Frédéric Verachter, *Inventaire des Chartes et Documents appartenant Arquivos aux de la ville d'Anvers*, n. 742 p. 215; *Coutumes de Ia ville d'Anvers*, v. II,p. 400, v. IV, p. 8; cf. Enrico Bensa, *Histoire du contras d'assurance ate moyen âge*, 1897, p. 84s.: Barcelona em 1435, Gênova em 1467: *decretum ne asseveraria fieri possit super vira principum et locorum mutationes.*

6 Richard Ethrenberg, *Das Zeitalter der Fugger*, Iena, 1896 (1912), v. II, p. 19s.

formuladas com a maior precisão e cumpridas com o maior rigor. O dualismo que diversifica as duas metades se estende a todo o mundo conceitual e imaginativo da tribo. Todas as criaturas, todas as coisas têm seu lugar em um ou outro dos dois lados, de tal modo que todo o cosmos é abrangido por essa classificação.

Juntamente com essa divisão tribal, surge o dualismo dos sexos, que pode também exprimir-se num dualismo cósmico de caráter geral, como entre os chineses o *yin* e o *yang*, respectivamente o princípio feminino e o princípio masculino, cuja alternância e cooperação mantêm o ritmo da vida. Segundo alguns autores, a origem desse dualismo sexual como sistema filosófico assentaria numa divisão efetiva da tribo em grupos de rapazes e moças, que se encontravam por ocasião das grandes festas das estações, cortejando-se reciprocamente em forma ritual, com cantos e danças, alternadamente.

Por ocasião destas festividades, entra plenamente em jogo o espírito de competição entre as duas metades opostas da tribo ou entre os dois sexos. Em nenhuma grande cultura a importantíssima influência civilizadora dessas competições festivas foi mais claramente elucidada do que no caso da China antiga, graças aos trabalhos de Marcel Granet. Baseando sua reconstrução numa interpretação antropológica dos cantos rituais da China antiga, Granet conseguiu elaborar uma descrição das fases primitivas da cultura chinesa, notável tanto por sua simplicidade quanto por seu rigor científico[7].

Conforme a descrição de Granet, em sua fase mais primitiva os clãs rurais celebravam as festas das estações por meio de competições destinadas a favorecer a fertilidade e o amadurecimento das colheitas. É fato bem conhecido que essa é uma ideia subjacente à maior parte dos ritos primitivos. No espírito do homem primitivo, toda cerimônia corretamente celebrada, todo jogo ou competição ganho de acordo com as regras, todo sacrifício devidamente realizado, está intimamente ligado à aquisição pelo grupo de uma nova prosperidade. Se os sacrifícios e as danças foram concluídos com sucesso, podemos ficar certos de que tudo está bem, que os poderes superiores nos são propícios, que a ordem cósmica está salvaguardada, que o bem-estar

7 Cf. supra, p. 17n4.

social está garantido para nós e os nossos. Evidentemente esse sentimento não deve ser pensado como o resultado final de uma série de deduções racionais. Trata-se mais de uma consciência da vida, de um sentimento de satisfação cristalizado em uma fé mais ou menos formulada pelo espírito.

Segundo Granet, a festa chinesa de inverno, celebrada pelos homens na casa dos homens, possuía um caráter acentuadamente dramático. Em meio a um fervor e a uma embriaguez extática, eram organizadas danças animais com máscaras, banquetes e festins, apostas e *tours de force* de toda a espécie. Apesar de as mulheres serem excluídas, conservava-se o caráter antitético dessa festa. O bom cumprimento do cerimonial implicava a competição e uma alternância regular, entre um grupo de anfitriões e um grupo de hóspedes. Um deles representava o princípio *yang*, que correspondia ao Sol, ao calor e ao verão, e o outro, o princípio *yin*, o qual correspondia à lua, ao frio e ao inverno.

Todavia, as conclusões de Granet vão muito mais longe do que esse quadro de uma existência pastoral, quase idílica, vivida por tribos isoladas e tendo como pano de fundo a pura natureza. Com o surgimento de chefes e de reinos regionais, no interior do imenso território da China, foi-se desenvolvendo, acima e para além dos simples dualismos originais, cada um dos quais correspondia a um único clã ou tribo, um sistema de numerosos grupos opostos, abrangendo uma série de clãs ou tribos reunidos, que continuava a ter nas competições festivas e rituais a principal expressão de sua vida cultural. E surgiu uma hierarquia social a partir dessas competições primitivas; primeiro entre partes de uma tribo e depois entre tribos inteiras. O prestígio adquirido pelos guerreiros no decurso dessas competições sagradas foi o início de um processo de feudalização que dominou a China durante séculos. "O espírito de competição", diz Granet, "que animava as confrarias masculinas e, nas festas de inverno, as opunha umas às outras em torneios de danças e canções, está na origem de um processo evolutivo que conduz às instituições políticas e ao Estado"[8].

8 M. Granet, *Chinese Civilization*, p. 204. O mesmo tema é sucintamente abordado por José Ortega y Gasset em seu ensaio *El Origen Deportivo del Estado, El Espectador*, Madri, 1930, v. VII, p. 103-143.

Mesmo que se hesite em acompanhar as conclusões de Granet, que faz derivar toda a hierarquia do estado chinês mais tardio desses costumes primitivos, é forçoso reconhecer que ele mostrou, de maneira absolutamente magistral, que o princípio agonístico desempenha, na evolução da civilização chinesa, um papel ainda mais significativo do que o ágon no mundo helênico, e se reveste, de modo muito mais claro do que na Grécia, de um caráter essencialmente lúdico. Na China primitiva, quase todas as atividades assumiam a forma de uma competição ritual: atravessar um rio, escalar uma montanha, cortar árvores ou colher flores. A típica legenda chinesa relativa à fundação dos reinos é a do príncipe-herói derrotando seus adversários por meio de provas espantosas e miraculosas demonstrações de força, provando, assim, sua superioridade. Regra geral, o torneio acaba com a morte dos vencidos.

## O ESPÍRITO AGÔNICO EM OUTRAS REGIÕES

O mais importante aqui é que todas essas competições, mesmo quando são fantasiosamente descritas como combates titânicos e mortais, pertencem, em todos os seus aspectos, ao domínio do jogo. Isso se torna particularmente evidente quando comparamos as competições que nos foram transmitidas pela tradição chinesa, sob forma mítica ou heroica, com as competições periódicas ainda hoje realizadas em diversas partes do mundo, nomeadamente os torneios de canções e jogos entre os rapazes e moças de um grupo, por ocasião das festas da primavera e do outono. Ao tratar desse aspecto da vida da China primitiva, com base nos cantos de amor do Che King, Granet faz referência a festividades semelhantes no Tonquim, no Tibete e no Japão. Um estudioso anamita, Nguyen van Huyen, debruçou-se sobre o mesmo tema em relação ao Anam, onde até há bem pouco tempo esses costumes estavam em plena floração, oferecendo uma excelente descrição deles numa tese escrita em francês[9]. Encontramo-nos aqui em pleno interior da esfera lúdica: canções antífonas, jogos de bola, jogos amorosos, adivinhações, enigmas, tudo sob a forma

9 *Les Chants alternes des garçons et des filles en Anani*, Paris, 1933.

de uma viva competição entre os sexos. As próprias canções são tipicamente lúdicas, com regras fixas, uma variada repetição de palavras ou frases, perguntas e respostas. Para quem quiser ver um exemplo dos mais reveladores da relação entre o jogo e a cultura, nada melhor do que a leitura do livro de Nguyen, com toda sua riqueza de exemplos.

Todas essas formas de competição atestam, repetidas vezes, suas relações com o culto, pela crença constante de que são indispensáveis para a harmoniosa sucessão das estações, o amadurecimento das colheitas e a prosperidade de todo o ano.

Se o resultado de uma competição como tal, ou seja, na qualidade de desempenho, é considerado como tendo influência no curso da natureza, segue-se que o tipo particular de competição através do qual este resultado é obtido é uma questão de menor valor. O que importa é o fato de ganhar, em si mesmo. Toda vitória representa, isto é, realiza para o vencedor o triunfo dos poderes benéficos sobre os maléficos e, ao mesmo tempo, a salvação do grupo que a obteve. A vitória não se limita a representar essa salvação, mas a torna algo de efetivo. De onde se segue que o resultado benéfico tanto pode vir dos jogos de pura sorte como dos jogos cujo resultado seja decidido pela força, a habilidade ou a esperteza. A sorte pode ter um significado sagrado; os dados podem significar e determinar os desígnios divinos; é um meio tão eficaz de influenciar os deuses como qualquer outra forma de competição. E não há dúvida que podemos até ir mais longe, afirmando que para o espírito humano as ideias de felicidade, de sorte e de destino parecem estar muito próximas ao domínio do sagrado. Para compreender essas associações mentais, basta ao homem moderno pensar nessa espécie de fúteis augúrios que todos nós costumamos praticar durante a infância, sem neles realmente acreditar, e que podem até perfeitamente ocorrer no caso de um adulto completamente equilibrado e nada dado a superstições. De modo geral, não lhes atribuímos grande importância, e é pouco frequente encontrar na literatura exemplos dessas futilidades, mas há, na *Ressurreição* de Tolstói, um trecho onde um dos juízes, ao entrar no tribunal, diz silenciosamente de si para si: "Se o número de passos que eu der até chegar à minha cadeira for par, hoje não terei dores de estômago".

## O SIGNIFICADO SAGRADO DO JOGO DE DADOS

Entre muitos povos, o jogo de dados faz parte de suas práticas religiosas[10]. Por vezes, as sociedades divididas em fratrias exprimem sua estrutura dualista nas duas cores de seus tabuleiros de jogo ou de seus dados. A palavra sânscrita *dyutam* significa, ao mesmo tempo, "lutar" e "jogar aos dados". Existem grandes afinidades entre os dados e as flechas[11]. No *Mahabharata*, o próprio mundo é concebido como um jogo de dados que Shiva joga com sua esposa[12]. As estações, *rtu*, são representadas sob a forma de seis homens jogando com dados de ouro e prata. Também a mitologia germânica faz referência a um jogo praticado pelos deuses em seu tabuleiro: quando o mundo foi ordenado, os deuses reuniram-se para jogar aos dados, e quando ele renascer de novo, após sua destruição, os Ases rejuvenescidos voltarão a encontrar os tabuleiros de jogo em ouro que originariamente possuíam[13].

A ação principal do *Mahabharata* assenta no jogo de dados jogados pelo rei Yudhistira contra os kauravas. No livro acima referido, G.J. Held tira desse fato diversas conclusões de caráter etnológico. De nosso ponto de vista, o mais importante é o lugar onde o jogo é executado. Geralmente, é um simples círculo, *dyutamandalam*, traçado no solo. O círculo, todavia, reveste-se de um significado mágico. É traçado com o maior cuidado, sendo tomada toda a espécie de precauções contra a possibilidade de haver fraude. Não é permitido aos jogadores deixar o terreno antes de terem cumprido todas as suas obrigações[14]. Mas, por vezes, é provisoriamente erigido um recinto especial para o jogo, e esse recinto é considerado terreno sagrado. O *Mahabharata* consagra todo um capítulo à ereção do recinto dos dados – *sabha* –, no qual os Pandavas deverão se defrontar com seus adversários.

Em conclusão, os jogos de azar têm o seu lado sério. Fazem parte integrante do ritual e Tácito cometeu um erro ao se espantar

10 Stewart Culin, *Chess and Playing Cards*, Smithsonian Institute, Washington, 1896; Gerrit Jan Held, *The Mahabharata: An Ethnological Study*, Leyden, 1935 (obra interessante para a compreensão das relações entre a cultura e o jogo).

11 G.J. Held, op. cit.,p. 273.

12 *Livro XIII*, 2368, 2381.

13 J. de Vries, *Altgermanische Religionsgeschichte*, Berlin, 1937, v. II, p. 154 .

14 Heinrich Lüders, *Das Würfelspiel im alten Indien*, Gottingen, v. IX, n. 2, 1907, p. 9.

por ver os germanos jogando dados com todo o empenho, como se fosse uma ocupação séria. Mas, quanto à afirmação de Held, a de que deve concluir-se do significado sagrado dos dados que não temos o direito de incluir na esfera lúdica os jogos das culturas primitivas[15], inclino-me mais a rejeitá-la formalmente. É, pelo contrário, o caráter lúdico do jogo de dados que lhe confere no ritual um lugar tão importante.

## O *POTLATCH*

Os fundamentos agonísticos da vida cultural da sociedade primitiva só foram esclarecidos a partir do momento em que a etnologia foi enriquecida por uma rigorosa descrição dos curiosos costumes de certas tribos indígenas da Colômbia britânica, que se tornaram conhecidos sob o nome de *potlatch.*[16] Em sua forma mais típica, encontrada na tribo dos Kwakiutl, o *potlatch* é uma grande festa solene, durante a qual um dos dois grupos, com grande pompa e cerimônia, faz ofertas em grande escala ao outro grupo, com a finalidade expressa de demonstrar sua superioridade. A única retribuição esperada pelos doadores, e que é devida pelos que recebem, consiste na obrigação de estes últimos darem por sua vez uma festa, dentro de um certo período, se possível ultrapassando a primeira. Esse curioso festival de donativos domina toda a vida comunitária das tribos que o praticam: os rituais, as leis, as artes. Qualquer acontecimento importante pode servir de pretexto para um *potlatch*, seja um nascimento, uma morte, um casamento, uma cerimônia de iniciação ou de tatuagem, a construção de um túmulo etc. É costume o chefe oferecer um *potlatch* sempre que constrói uma casa ou um totem. No *potlatch*, as famílias ou clãs apresentam-se da melhor maneira, cantando suas canções sagradas e exibindo suas máscaras, enquanto os feiticeiros demonstram sua possessão pelos espíritos do clã. Mas o principal é sempre a

15 Op. cit., p. 255.

16 Nome escolhido de maneira mais ou menos arbitrária, dentre vários termos de diferentes dialetos índígenas. Cf. G. Davy, *La Foi jurée*, Paris, 1923, tese; A. Moret; G. Davy, *Des Clans aux Empires*, 1923 (coll. L'évolutions del'humanité, n. 6); M. Mauss, *Essai sur le don, forme archique de l'échange*, 1923-1924 (coll. L'Année sociologique, N.S.I.). Ver, também, Ruth Benedict, *Urformen der Kultur*, p. 152s.

distribuição de bens. O promotor da festa dissipa nela todas as posses de seu clã. Contudo, o fato de participarem da festa dá aos outros clãs a obrigação de oferecer um *potlatch* em escala ainda mais grandiosa. Caso contrário, destroem seu nome, sua honra, seu emblema e seus totens, e até seus direitos civis e religiosos. O resultado de tudo isso é que as posses de toda a tribo vão circulando por entre as "grandes famílias", ao acaso. Supõe-se que, originariamente, o *potlatch* fosse sempre realizado entre duas fratrias da mesma tribo.

Quem oferece um *potlatch* demonstra sua superioridade, não apenas devido à pródiga distribuição de riquezas, mas também, e isso é ainda mais impressionante, pela destruição completa de seus bens, só para mostrar que pode passar sem eles. Além disso, essas destruições são levadas a efeito de acordo com um ritual dramático, e acompanhadas por altivos desafios. A ação assume sempre a forma de uma competição: se um chefe quebra um pote de cobre, ou queima uma pilha de mantas, ou estraçalha uma canoa, seu adversário fica na obrigação de destruir pelo menos o mesmo, e se possível mais. Os destroços são enviados ao rival, como provocação, ou exibidos como sinal de honra. Conta-se dos Tlinkit, tribo aparentada aos Kwakiutl, que quando um chefe queria confrontar um rival matava um certo número de seus escravos, e o outro, para vingar-se, tinha que matar um número ainda maior dos seus[17].

Encontram-se em todo o mundo vestígios mais ou menos visíveis dessas competições, feitas da mais desenfreada prodigalidade, e tendo sempre como apogeu a frívola destruição dos bens pessoais. Marcel Mauss fala da presença, na Melanésia, de costumes exatamente idênticos ao *potlatch*. Em seu *Essai sur le don*, aponta vestígios de costumes semelhantes nas culturas da Grécia, da Roma e da Germânia da Antiguidade. Granet apresenta exemplos de competições tanto de doação como de destruição na tradição chinesa primitiva[18]. Na Arábia pagã dos tempos pré-islâmicos, essas competições tinham um nome especial, o que prova sua existência como instituição formal. São chamadas *mu'aqara*, um *nomen actionis* da terceira forma do verbo *'aqara*, que nos velhos dicionários, os quais nada sabiam do pano de

17 G. Davy, op. cit., p. 177.

18 *Chinese Civilization*, p. 156.

fundo etnológico, recebe a definição de "rivalizar em glória cortando as patas dos camelos"[19]. Mauss resume mais ou menos o tema tratado por Held da seguinte maneira: "O *Mahabharata* é a história de um gigantesco *potlatch*"[20].

O *potlatch*, e tudo quanto com ele se relaciona, tem como centro de interesse a vitória, a afirmação de superioridade, a aquisição de glória ou prestígio e, pormenor não destituído de importância, a vingança. Em todos os casos, mesmo quando é apenas uma pessoa que oferece a festa, há dois grupos numa situação de oposição, mas ligados por um espírito ao mesmo tempo de hostilidade e de amizade. Para compreender essa atitude ambivalente, é preciso reconhecer que o mais importante no *potlatch* é ganhá-lo. Os grupos adversários não disputam riquezas nem poder, competem apenas pelo prazer de exibir sua superioridade, em resumo, pela glória. No casamento de um chefe Mamalekala, descrito por Boas[21], o grupo anfitrião declara-se "pronto a iniciar o combate", ou seja, a cerimônia no fim da qual o futuro sogro concede a mão de sua filha. O *potlatch* possui também alguma coisa de um combate, um elemento de provação e sacrifício. A solenidade decorre sob a forma de um ritual acompanhado de canções antífonas e danças de mascarados. Esse ritual é extremamente rigoroso: basta a menor infração para invalidar tudo. A tosse ou o riso são castigados com severas penalidades.

## FUNDAMENTO SOCIOLÓGICO DO *POTLATCH*

A esfera espiritual em cujo interior se realizam essas cerimônias é o mundo da honra, da pompa, da fanfarronice e do desafio. Aqueles que as executam dão importância ao mundo da cavalaria e do heroísmo, dominado pelos brasões e nomes ilustres, onde prima a nobreza de linhagem. Não é o mundo dos cuidados e da subsistência cotidiana, do cálculo das vantagens e da aquisição de bens úteis. Aqui, as aspirações voltam-se para o prestígio dentro do grupo, para um lugar de destaque, quaisquer sinais

19 G.W. Freytag, *Lexicon Arabico-latinum*, Halle, 1830; i. v. *aqara: de gloria certavit incidendis camelorum pedibus*.

20 *Essai sur le don*, p. 143.

21 Apud G. Davy,op. cit., p. 119s.

de superioridade. As relações e obrigações recíprocas das duas fratrias dos Tlinkit são designadas por uma palavra que significa "manifestar respeito". Essas relações estão constantemente sendo expressas em ações concretas, mediante a troca de serviços e de presentes.

Tanto quanto me consta, a antropologia procura explicar o *potlatch* sobretudo em termos de magia e de mito. Um excelente exemplo dessa tendência é o livro de G.W. Locher, *The Serpent in Kwakiutl Religion*[22].

Sem dúvida alguma, o *potlatch* está intimamente ligado às concepções religiosas da tribo que o pratica. Todas as ideias características relativas à comunicação com os espíritos, à iniciação, à identificação do homem com os animais etc. manifestam-se constantemente no *potlatch*. Mas tal fato não nos impede de compreendê-lo enquanto fenômeno sociológico, sem quaisquer relações com um sistema religioso definido. Basta que nos imaginemos integrados numa sociedade inteiramente dominada por aqueles impulsos e incentivos primários que, em fases mais civilizadas, correspondem à mentalidade do adolescente. Uma tal sociedade será dominada sobretudo pela honra do grupo, a admiração pela riqueza e a liberalidade, a confiança e a amizade; dará grande importância aos desafios, apostas e "proezas" de todo gênero, competições, aventuras e à perpétua glorificação do eu mediante a exibição de uma estudada indiferença pelos valores materiais. Em resumo, o espírito do *potlatch* é aparentado aos pensamentos e sentimentos da adolescência. Pondo de lado quaisquer relações que possa ter com o *potlatch* autêntico e tecnicamente organizado como ato ritual, uma competição que consiste em distribuir ou destruir sua mesma propriedade, é uma coisa psicologicamente muito compreensível. É por isso que exemplos desse gênero, que não se baseiam num sistema religioso definido, assumem uma importância toda especial, como aquele contado por R. Maunier, e que apareceu há alguns anos num jornal egípcio: houve uma briga entre dois ciganos; a fim de resolvê-la solenemente, mandaram reunir toda a tribo, passando então cada um deles a matar suas próprias ovelhas, depois do que queimaram todas as notas de banco que possuíam. Finalmente,

22 Leyden, E.J. Brill, 1932.

um dos contendores, vendo que ia perder, vendeu imediatamente seus seis burros, e com o produto da venda conseguiu levar a melhor. Quando foi à casa buscar os burros, sua mulher se opôs à venda, e por causa disso ele a apunhalou[23]. É evidente que em todo esse triste caso estamos perante algo inteiramente diferente de uma explosão espontânea da paixão. Trata-se de um costume estabelecido, dotado de um nome próprio, que Maunier traduz em francês por *vantardise*[24]; nome que me parece apresentar grandes afinidades com o *mu'aqara* pré-islâmico acima referido. Não há motivo para procurar qualquer espécie de fundamento religioso para esse caso.

O princípio subjacente a todos esses usos estranhos associados ao *potlatch* é, de meu ponto de vista, pura e simplesmente o instinto agonístico. Todos eles devem ser, antes de mais nada, e principalmente, encarados como uma expressão violenta da necessidade humana de lutar. Uma vez admitido esse princípio, poderemos chamá-los, em sentido restrito, "jogo" – um jogo sério, funesto e fatal, sangrento, sagrado, mas que, mesmo assim, continua sendo aquela atividade lúdica que, nas sociedades primitivas, eleva o indivíduo ou a personalidade coletiva a um poder mais alto. Tanto Mauss como Davy já há muito tempo chamaram a atenção para o caráter lúdico do *potlatch*, embora o encarassem de um ponto de vista inteiramente diferente. "Le potlatch est en effet un jeu et une épreuve" ("Com efeito, o *potlach* é um jogo e uma prova") escreve Mauss. Também para Davy, que se debruça sobre o aspecto jurídico do fenômeno e se preocupa apenas em mostrar que o *potlatch* é um costume criador de leis, as sociedades que o praticam se assemelham a grandes casas de jogo, onde, como resultado das diversas apostas e desafios, forja-se a reputação de cada um e fortunas inteiras mudam de mãos[25]. Consequentemente, quando Held conclui[26] que os jogos de dados e o primitivo jogo de xadrez não constituem autênticos jogos de sorte, por pertencerem ao domínio do sagrado e serem uma expressão do princípio do *potlatch*, sinto-me tentado a inverter seu

23 Recherches sur les échanges rituels en Afrique du Nord, *L'Année sociologique*, Nouvelle serie. t. II, 1924-1925, p. 81.

24 Fanfarronice, gabarolice. (N. da T.)

25 G. Davy, op. cit., p. 137.

26 G.J. Held, op. cit., p. 252, 255.

argumento, dizendo que eles pertencem ao domínio do sagrado precisamente por serem jogos genuínos.

Quando Tito Lívio deplora o luxo extravagante dos *ludi publici*, que se transformavam numa competição desenfreada[27], quando Cleópatra leva a melhor sobre Marco Antônio, dissolvendo sua pérola em vinagre, quando Filipe da Borgonha faz culminar uma série de banquetes de sua corte com a sua própria festa de Gargântua, em Lille, quando os *voeux du faisan*, ou os "estudantes", como os chamaríamos, se entregam à destruição ritual de taças e copos, em todos esses casos encontramo-nos, em diferentes formas adequadas às respectivas épocas e civilizações, perante o espírito real do *potlatch*. E seria talvez mais simples e mais verdadeiro considerar o *potlatch* a forma mais evoluída e explícita de uma necessidade humana, a qual poderíamos chamar o jogo pela honra e a glória. Um termo técnico como *potlatch*, uma vez introduzido na linguagem científica, torna-se muito facilmente um rótulo considerado suficiente para classificar e dar finalmente como esclarecido um objeto.

## O *KULA*

O caráter lúdico do ritual dos dons, encontrado em todas as partes do mundo, ficou plenamente esclarecido por Bronislaw Malinowski, que nos oferece em seu magistral *The Argonauts of the Western Pacific* (Os Argonautas do Pacífico Ocidental)[28] a viva e extremamente circunstanciada descrição do chamado sistema *kula*, observado entre os indígenas das ilhas Trobriand e seus vizinhos da Melanésia. O *kula* é uma expedição cerimonial, que em épocas fixas parte de um dos grupos de ilhas a leste da Nova Guiné, em dois sentidos opostos. Sua finalidade é a troca entre diversas tribos de determinados objetos destituídos de valor econômico ou de utilidade como implemento, mas muito apreciados como ornamentos preciosos e de elevada reputação. Esses ornamentos são colares de conchas vermelhas e braceletes de conchas brancas. Muitos deles recebem nomes, tal como as gemas

27 Tilo Lívio, I, VII, 2, 13.
28 Cf. supra, p. 28n29.

mais famosas da história do ocidente. Mediante o *kula*, eles são temporariamente transferidos da posse de um grupo para a de outro, o qual adquire assim a obrigação de, dentro de um determinado período, transferi-lo para o elo seguinte da cadeia do *kula*. Os objetos têm um valor sagrado e são dotados de virtudes mágicas, e cada um possui uma história contando as circunstâncias da primeira vez em que foi conquistado etc. Alguns deles são de tal modo preciosos que sua entrada no ciclo dos dons causa grande sensação[29]. Todo o processo é acompanhado por diversos tipos de formalidades, de festins e atos de magia, numa atmosfera de confiança e de obrigação recíproca. Oferece-se a mais ampla hospitalidade e, no final da cerimônia, todos consideram ter recebido seu quinhão de honra e de glória. As viagens são muitas vezes aventurosas e semeadas de perigos. Todo o tesouro cultural dessas tribos está ligado ao *kula*, que domina o entalhamento ornamental das canoas, a poesia, os códigos de honra e de boas maneiras. Por vezes, as viagens do *kula* são acompanhadas por uma pequena medida de comércio de produtos úteis, mas apenas de modo acessório. Talvez nenhuma outra sociedade primitiva apresente as características de um jogo nobre de maneira mais pura que esses papuas da Melanésia. A competição exprime-se sob uma forma tão pura e sem misturas que parece ser superior a todos os costumes semelhantes praticados por povos de civilização muito mais avançada. Podemos reconhecer nas raízes desse ritual sagrado a imperecível necessidade humana de viver em beleza. Não há como satisfaze tal necessidade, salvo no jogo.

## HONRA E VIRTUDE NO JOGO

Um dos mais fortes incentivos para alcançar a perfeição, tanto individual quanto social, e desde a vida infantil até aos aspectos mais elevados da civilização, é o desejo que cada um sente de ser elogiado e homenageado por suas qualidades. Elogiando o outro, cada um elogia a si próprio. Queremos ser honrados por nossas virtudes, queremos a satisfação de ter realizado corretamente

29 Os objetos do *kula* talvez possam ser comparados com o costume a que os etnólogos chamam *Renommier geld* (dinheiro de renome ou para se gabar).

alguma coisa. Realizar corretamente uma coisa equivale a realizá-la melhor do que os outros. Atingir a perfeição implica ser esta mostrada aos outros; para merecer o reconhecimento, o mérito tem que ser manifesto. A competição serve para se dar provas de superioridade. E isso é particularmente verdade na sociedade arcaica.

É evidente que, nas épocas primitivas, a virtude que pode tornar o indivíduo digno de honra não é o ideal abstrato de perfeição moral medido pelos mandamentos de um poder divino e supremo. A ideia de virtude, conforme mostra a palavra que a designa nas línguas germânicas, continua, em sua conotação corrente, inextricavelmente ligada à idiossincrasia de uma coisa. A alemã *Tugend* e a holandesa *deugd* correspondem diretamente aos verbos *taugen* e *deugen*, que significam ser capaz de alguma coisa, ser a coisa verdadeira e autêntica dentro de sua própria espécie. É esse o sentido do grego *areté* e do alto médio alemão *tugende*. Todas as coisas possuem uma *areté* que lhes é específica, que é própria de sua espécie[30]. O cavalo, o cão, o olho, o machado, o arco possuem cada um sua virtude própria. A força e a saúde são as virtudes do corpo. Assim como a sagacidade e a inteligência são as do espírito. Do ponto de vista etimológico, *areté* está ligado a *aristos*: o melhor, o mais eminente[31].

A virtude de um homem de qualidade consite numa série de propriedades que o tornam capaz de lutar e de comandar. Entre essas, ocupam lugar eminente a generosidade, a sabedoria e a justiça. É perfeitamente natural que em muitas línguas a palavra que designa a virtude derive da ideia de masculinidade ou virilidade, como por exemplo no latim *virtus*, que durante muito tempo conservou seu sentido de "coragem" – até o momento em que o pensamento cristão se tornou predominante. O mesmo se passa com o árabe *muru'a*, o qual, do mesmo modo que o grego *areté*, abrange todo o complexo semântico da força, valentia, riqueza, direito, boa conduta, moralidade, urbanidade, boas maneiras, magnanimidade, generosidade e perfeição moral. Em toda sociedade primitiva que seja saudável, baseada na vida tribal

30 O mais próximo equivalente do alemão *Tugend*, além da própria palavra "virtude", talvez seja "propriedade". (N. da T.)

31 Werner Jaeger, *Paideia*, Oxford, 1939, I, p. 3s; cf. R.W. Livingstone. *Greek Ideals and Modern Life*, Oxford, 1935, p. 202s.

de guerreiros e nobres, floresce um ideal de cavalaria e conduta cavalheiresca, quer seja na Grécia ou na Arábia, no Japão ou na Europa cristã da Idade Média. E o ideal viril da virtude está sempre ligado à convicção de que a honra, para ser válida, deve ser publicamente reconhecida, sendo esse reconhecimento, se necessário, imposto pela força. Mesmo em Aristóteles, a honra é ainda chamada "o preço da virtude"[32]. É evidente que seu pensamento está muito acima do nível da cultura primitiva. Para ele, a honra não é o fim nem o fundamento da virtude, e sim sua medida natural. "Os homens aspiram à honra para se convencerem de seu próprio valor, de sua virtude. Aspiram a ser honrados por seu próprio valor por aqueles que têm a capacidade de julgar".[33]

Portanto, a virtude e a honra, a nobreza e a glória encontram-se desde início dentro do quadro da competição, isto é, do jogo. A vida do jovem guerreiro de nobre extração é um permanente exercício de virtude, uma luta permanente pela honra de sua posição. Esse ideal é expresso de maneira perfeita no famoso verso de Homero: αιεν ἀριστεύειν κα ὑρείροχον ἔμμεναι ἄλλων ("ser sempre melhor, ultrapassando os outros")[34]. Por isso, o interesse da epopeia não depende das proezas militares enquanto tais, e sim da *aristeia* dos heróis individuais.

O exercício para a vida aristocrática conduz à formação para a vida no Estado e para o Estado. Também aqui a palavra *areté* ainda não possui um sentido puramente ético. Continua significando antes a capacidade do cidadão para suas tarefas na *polis*, e a ideia originalmente contida no exercício competitivo conserva ainda muito de seu antigo peso.

A ideia segundo a qual a nobreza se baseia na virtude está, desde o início, implícita em ambos os conceitos, e permanece sempre através de sua evolução, mudando apenas o significado da virtude à medida que a civilização vai evoluindo. A ideia de virtude vai gradualmente adquirindo outro conteúdo: eleva-se ao nível ético e religioso. A nobreza, que primitivamente seguia seu ideal de virtude limitando-se a ser valente e a reinvidicar sua honra, precisa agora, se pretende continuar à altura de sua missão e de si mesma, ou enriquecer o ideal da cavalaria, assimilando os

32 *Ética a Nicômaco*, IV, 1123b, 35.
33 Ibidem, I, 1095b, 26.
34 *Ilíada*, VI, 208.

padrões mais elevados da ética e da religião (tentativa essa que, em geral, apresenta na prática resultados bastante lamentáveis!) ou, então, limitar-se a cultivar uma aparência exterior de vida perfeita e honra sem mácula, através da pompa, da magnificência e das maneiras requintadas. O elemento lúdico, que originalmente foi um fator autêntico da formação de sua cultura, é agora apenas simples exibição sem fundamentos.

## TORNEIO DE INSULTOS

O nobre demonstra sua "virtude" por meio de proezas de força, destreza, coragem, engenho, sabedoria, riqueza ou generosidade. Na falta dessas, pode ainda distinguir-se numa competição de palavras, isto é, ou ele mesmo louva as virtudes nas quais deseja superar seus rivais, ou manda que elas lhe sejam louvadas por um poeta ou um arauto. Essa exaltação da própria virtude, como forma de competição, transforma-se muito naturalmente em contumélia do adversário, o que, por sua vez, passa a ser uma competição de pleno significado. É extraordinária a importância do papel que essas fanfarronadas e ultrajes ocupam nas mais diversas civilizações. Seu caráter lúdico é indiscutível: basta nos lembrarmos do comportamento das crianças para classificarmos esses torneios de insultos como uma forma de jogo. Não obstante, é preciso estabelecer uma cuidadosa distinção entre os torneios formais de bravatas ou de insultos e as invetivas mais espontâneas que costumam iniciar ou acompanhar o combate armado, embora não seja nada fácil traçar essa linha divisória. Segundo antigos textos chineses, a batalha é uma confusa mistura de fanfarronadas, insultos, altruísmo e cumprimentos. Trata-se mais de uma competição com armas morais, um choque de honras ofendidas, do que um combate armado[35]. Há toda uma série de atos, alguns dos quais de caráter bastante extraordinário, possuidores de um significado técnico como marcas de vergonha ou de honra para aquele que os pratica ou os sofre. Assim, o gesto de desprezo de Remo, saltando por cima da muralha de Rômulo, na alvorada da história de Roma, constitui, segundo a tradição militar chinesa, um desafio obrigatório. Uma variante

35 M. Granet, *Chinese Civilization*, p. 270.

desse gesto mostra o guerreiro cavalgando até ao portão do inimigo e calmamente contando as tábuas com seu chicote[36]. Situam-se na mesma tradição os cidadãos de Meaux que, encontrando-se sobre as muralhas, sacudiram o pó dos chapéus quando os sitiantes dispararam seus canhões. Voltaremos mais adiante a tratar desse tipo de atitude, quando tratarmos do elemento agonístico, ou mesmo lúdico, da guerra. O que nesse momento nos interessa é a regrada *joute de jactance*[37].

Seria desnecessário assinalar que essas práticas se relacionam intimamente com o *potlatch*. Entre os indígenas das Trobriand, conforme relata Malinowski, encontram-se formas intermediárias entre os torneios de jactância e as competições de riqueza. O valor atribuído aos alimentos não depende apenas de sua utilidade, mas também de suas qualidades como meio de ostentação da riqueza. As habitações *yam* são construídas de maneira a permitir que se veja do exterior tudo o que encerram, e que se avalie sua riqueza olhando através dos largos interstícios das tábuas. Os melhores alimentos são postos em evidência e os exemplares especialmente valiosos são emoldurados, ornamentados com cores vivas e pendurados do lado de fora da habitação. Nas aldeias onde reside um grande chefe, os membros comuns da tribo têm que cobrir suas habitações com folhas de coqueiro, para não competirem com a do chefe[38]. Encontramos nas lendas chinesas um eco de costumes semelhantes na narrativa do festim do *mau rei* Cheu-Sin, que mandou erguer uma montanha de alimentos sobre a qual podia passar um carro, e mandou escavar um lago cheio de vinho onde podiam navegar barcos à vela[39].

A competição pela honra pode também, como na China, assumir uma forma invertida, transformando-se numa competição de boas maneiras. A palavra que designa esta última, *jang*, significa à letra "ceder o lugar a outrem". Derrota-se o adversário por ter melhores maneiras, ou por lhe dar precedência. Possivelmente, é na China que a competição de cortesia é mais formalizada, mas pode ser encontrada em toda a parte do mundo[40]. Podemos

36 Ibidem, p. 267.

37 Justa jactância, disputa de fanfarronices. (N. da T.)

38 B. Malinowski, *The Argonauts of the Western Pacific*, p. 168.

39 M. Granet, *Chinese Civilization*, p. 202.

40 Ver o capítulo 2 do meu *Herbst des Mittelalters*, 4. ed., Stuttgart, 1938. (Trad. bras. *O Outono da Idade Média*, São Paulo: Cosac Naify, 2010.)

considerá-la uma competição de bazófia invertida, pois a razão dessa exibição de delicadeza para com os outros é um profundo interesse pela própria honra.

As competições de invetivas e vitupérios eram muito disseminadas na Arábia pré-islâmica, e são especialmente claras suas relações com as competições de destruição da propriedade, um dos aspectos centrais do *potlatch*. Já fizemos referência ao costume chamado *mu'aqara*, no qual os adversários cortavam os tendões de seus camelos. A forma básica do verbo ao qual *mu'aqara* pertence no terceiro grau significa ferir ou mutilar. E entre os significados de *mu'aqara* encontramos também: *conviciis et dictis satyricis certavit cum aliquo* – lutar com invetivas e linguagem insultuosa. O que lembra o torneio de destruição dos ciganos egípcios, que tem o nome de *vantardise*. Mas além de *mu'aqara* os árabes pré-islâmicos designavam os torneios de destruição e formas aparentadas com dois outros termos técnicos: *munafara* e *mufakhara*. Convém assinalar que as três palavras são formadas da mesma maneira. São substantivos verbais derivados da chamada terceira forma do verbo, e é talvez esse o aspecto mais interessante de toda a questão. Porque em árabe existe uma forma verbal especial, que pode dar a qualquer raiz o sentido de competir em alguma coisa, ou ultrapassar alguém em alguma coisa. Quase poderíamos chamar-lhe uma espécie de superlativo verbal da própria raiz. Além disso, a chamada "sexta forma", derivada da terceira, exprime a ideia de atração recíproca. Assim a raiz *hasaba* (contar, enumerar) dá *muhasaba*, competição pela boa reputação; e *kathara* (exceder em número) dá *mukathara*, competição em quantidade. Mas voltando ao nosso assunto: *mufakhara* provém de uma raiz que significa "vangloriar-se", ao passo que *munafara* deriva do campo semântico de "derrotar", "pôr em fuga".

Existe em árabe um parentesco semântico entre honra, virtude, elogio e glória, exatamente como em grego as mesmas ideias gravitam em torno da *areté*[41]. No árabe, a ideia central é *'ird*, que pode ser traduzida por "honra", desde que seja tomada em sentido extremamente concreto. A principal exigência de uma vida nobre é a obrigação de preservar a integridade e a segurança de sua honra. De outro lado, supõe-se que o adversário esteja animado

41 Cf. Bichr Farès, *L'Honneur chez les Arabes avant l'Islam: Etude de sociologie*, Paris, 1933; cf. *Encyclopédie de l'Islam*, s. v. *mufakhara*.

por um ardente desejo de destruir e degradar nosso *'ird* com insultos. Tal como na Grécia, também aqui qualquer superioridade física, social ou moral constitui um fundamento de honra e de glória, sendo, portanto, um elemento de virtude. O árabe tira glória de suas vitórias e de sua coragem, do número de seus filhos ou de pessoas de seu clã, de sua liberdade, sua autoridade, sua força, a acuidade de sua vista ou a beleza de seu cabelo. Tudo isso compõe seu *'izz*, *`izza*, ou seja, sua excelência e superioridade sobre os outros e, consequentemente, sua autoridade e prestigio.

Os ultrajes e insultos dirigidos ao adversário ocupam um lugar importante nessa exaltação do *'izz* pessoal, e são propriamente chamados de *hidja'*. As lutas pela honra, *os mufakhara*, costumavam ser realizadas em datas pré-fixadas, ao mesmo tempo que as feiras anuais e depois das peregrinações. As competições travavam-se entre tribos ou clãs inteiros, ou entre indivíduos. Sempre que acontecia de dois grupos se encontrarem, tratava-se entre eles uma justa de honra. Havia um porta-voz oficial para cada grupo, o *sha'ir* (poeta ou orador), que desempenhava um papel importante. Esse costume possuía um caráter nitidamente ritual, servindo para manter acesas as poderosas tensões sociais que davam unidade à cultura árabe pré-islâmica. Mas, o surgimento do Islã veio atenuar esse antigo costume, conferindo-lhe uma nova dimensão religiosa ou reduzindo-o a um divertimento de corte. Nos tempos do paganismo era frequente o *mufakhara* terminar num massacre e numa guerra tribal.

O *munafara* é, fundamentalmente, uma forma de competição na qual as duas partes em presença defendem sua honra perante um juiz ou um árbitro; o verbo de que a palavra deriva possui as conotações de decisão e julgamento. Estabelece-se um prêmio ou um tema de discussão como, por exemplo, saber quem é de ascendência mais nobre, sendo o prêmio uma centena de camelos[42]. Tal como num tribunal, as partes se levantam e sentam-se alternadamente e, para tornar o ato mais impressionante, cada uma delas é defendida por testemunhas juramentadas. Mais tarde, na época islâmica, era frequente os juízes recusarem-se a julgar: as partes em litígio eram ridicularizadas como "dois loucos cheios de más intenções". Às vezes, o *munafara* era realizado em verso.

42 G.W. Freytag, *Einleitung in das Studium der arabischen Sprache bis Mohammed*, Bonn, 1861, p. 184.

Formavam-se clubes com o fim específico de, primeiro, representar um *mufakhara* (torneio de honra), depois um *munafara* (depreciações recíprocas), que muitas vezes terminava numa luta à mão armada[43].

Na tradição grega, encontram-se numerosos vestígios de torneios de injúrias cerimoniais e solenes. Alguns autores afirmam que a palavra *iambos* significava originalmente "derrisão", estando especialmente relacionada com os cantos públicos de insultos e sarcasmos que faziam parte das festas de Demeter e Dionísio. Julga-se que foi a partir dessa tradição de troça em público que surgiu a sátira de Arquíloco, cuja recitação, acompanhada por música, era incluída nas competições. A poesia jâmbica passou, assim, de um costume imemorial de natureza ritual a instrumento de crítica pública. Mais do que isso, nas festas de Demeter e de Apolo homens e mulheres cantavam canções de escárnio mútuo, o que pode ter dado origem ao tema literário das diatribes contra mulheres.

Também a tradição da Antiguidade germânica apresenta vestígios muito antigos de duelos de injúrias na história de Alboin, na corte dos gépidas, que foi manifestamente recolhida por Paulo, o Diácono, nas canções épicas[44]. Os chefes lombardos foram convidados para um banquete real por Turisindo, rei dos gépidas. Quando o rei começa a lamentar seu filho Turismundo, morto em combate contra os lombardos, outro de seus filhos levanta-se e começa a cobrir os lombardos de injúrias (*iniurüs lacessere coepit*). Chama-lhes éguas de pés brancos, acrescentando que cheiram mal. Ao que um dos lombardos responde: "Vai ao campo de batalha de Asfeld, onde poderás verificar a valentia com que essas 'éguas' de que falas sabem defender-se, lá onde estão os ossos de teu irmão, espalhados pelo campo como os ossos de uma velha pileca". O rei evita que os dois passem a vias de fato, "e o banquete foi levado a um fim feliz" (*laetis animis convivium peragunt*). Essas últimas palavras revelam claramente o caráter lúdico da altercação. Não resta dúvida que se trata de um exemplo de torneio de insultos. Este existe também na literatura nórdica arcaica, sob uma forma especial chamada *mannjafnaôr*, "comparação dos homens". Faz parte da festa do Jul, do mesmo modo

43 *Kitab ai Aghani*, Cairo, 1905-1906, v. IV, p. 8; v. VIII, p. 109s; v. XV, p. 52, 57.
44 *Historia Langobardorum* (Mon. Germ. Hist. ss. Langobard.), I, 24.

que a competição de juramentos. Um exemplo é a saga de Orvar Odd. Ele está incógnito de visita à corte de um rei estrangeiro e aposta sua cabeça de ser capaz de vencer na bebida dois dos homens do rei. A cada vez que um deles passa o corno de beber ao seu rival, vangloria-se de qualquer heroico feito de guerra em que ele esteve presente, enquanto o outro se deixa ficar vergonhosamente ao canto do lume, junto com as mulheres[45]. À vezes, são dois reis que procuram vencer um ao outro em linguagem jactanciosa. Uma das canções dos *Edda*, o *Harbarosljoô*, trata de uma competição desse gênero entre Thor e Odin[46]. Devemos também incluir no mesmo gênero as disputas de Loki com os Ases, durante uma sessão de bebida[47]. O caráter ritual dessas competições é revelado pela referência expressa ao fato de o recinto onde elas se realizavam ser "um grande lugar de paz" (*griaastaar mikill*), e de nele não ser permitido a ninguém exercer violência contra o outro, diga este o que disser. Embora todos esses exemplos sejam redações literárias de temas pertencentes a um passado muito remoto, a existência de um pano de fundo ritualístico é demasiado evidente para que se possa considerá-los apenas o produto de uma ficção poética mais tardia. As lendas primitivas irlandesas do porco de Mac Datho e da festa de Bricrend apresentam uma "comparação de homens" semelhante. Jan de Vries não tem dúvida da origem religiosa do *Mannjafnaôr*[48]. A importância que era atribuída a esse gênero de insultos é ilustrada de maneira evidente pelo caso de Haroldo I (da Dinamarca), que queria empreender uma expedição punitiva contra a Islândia por causa de um simples epigrama de que fora vítima.

Beowulf, na saga do mesmo nome, durante uma estadia na corte do rei da Dinamarca, é insultuosamente desafiado por Unferd, que lhe conta suas proezas passadas. As línguas germânicas antigas possuem uma palavra especial para designar essa cerimônia de insultos e fanfarronadas, quer ela seja um prelúdio a um combate armado, ligado a um torneio, quer seja apenas parte do divertimento de uma festa. A palavra é *gelp*, *gelpan*. Em

45 *Thule I, Edda: Heldenlieder*, n. 29, 1928, cf. *Thule* X, *Fünf Geschichten aus dem westlichen Nordland*, p. 298, 313.
46 *Edda: Götterdichtung und Spruchdichtung*, II, n. 9
47 Ibidem,n. 8.
48 *Altgermanische Religionsgeschichte*, v. II, p. 153.

inglês antigo, esse substantivo significa glória, pompa, arrogância etc., e em médio alto alemão significa clamor, troça, escárnio. O dicionário de inglês ainda tem "aplaudir, louvar" como significados obsoletos de *yelp*, que hoje está reduzido ao latir dos cães; e "vanglória" para o substantivo[49]. O francês primitivo tem um equivalente aproximado de *gelp*, *gelpan* em *gab*, *gaber*, de origem incerta. *Gab* significa troça e escárnio, especialmente como prelúdio a um combate ou como parte de um banquete. *Gaber* é considerado uma arte. Em sua visita ao imperador de Constantinopla, Carlos Magno e seus doze paladinos encontraram doze leitos prontos, após a refeição e, por sugestão de Carlos Magno, dedicaram-se a *gaber* antes de dormir. Ele mesmo deu o exemplo, e veio depois a vez de Rolando, que aceitou de bom grado, dizendo: "Que o rei Hugo se digne emprestar-me suas trompas, e sairei da cidade, tocando com tal força que todas as portas saltarão de seus gonzos. Se ele me atacar, fá-lo-ei rodar com tamanha violência que seu manto de arminho desaparecerá e seus bigodes pegarão fogo"[50].

A crônica rimada de Geoffroi Gaimar sobre o rei Guilherme, o Ruivo, da Inglaterra, o mostra empenhado numa competição semelhante com Walter Tyrel, seu futuro assassino[51]. Ao que parece, a fanfarronada e o escárnio tomaram mais tarde, nos torneios, o papel que competia aos arautos. Esses glorificavam os feitos de armas de seus senhores, louvavam sua linhagem e, por vezes, escarneciam das damas. Regra geral os arautos são desprezados, tratados como mendigos e vagabundos[52]. No século XVI, o *gaber* ainda é encontrado como diversão social, coisa que no fundo sempre havia sido, malgrado sua origem ritualística. Diz-se que o duque de Anjou encontrou uma referência a esse jogo no *Amadis de Gaula*, e decidiu jogá-lo com os membros de sua corte. Mas Bussy d'Amboise opunha-se a replicar ao duque.

49 Um exemplo de *gilp-cwida* do século XI é dado na *Gesta Herwardii*, publicada por Duffus Hardy e C.T. Martin (num apêndice a Geoffroi Gaimar, *Lestoire des Engles*), 1888, Rolls Series, v. I, p. 345.

50 *Le Pèlerinage de Charlemagne* (*século XI*), publicado por E. Koschwitz, Paris, 1925, versos 471 a 481.

51 F. Michel, *Chroniques anglo-normandes*, v. 1, Rouen, 1936, p. 52; cf. Maistre Wace's, *Le Roman de Roa*, ed. H. Andresen, Heilbronn, 1877, versos 15 038s.; Guilherme de Malmesbury, *De Gestis Regum Anglorum*, v. IV, London, 1888, p. 320.

52 Jaques Bretel, *Le Tournoi de Chauvency*, M. Delbouille (ed.), Liège, 1932, versos 540, 1093-1158; *Le Dit des hérauts*, Romania XLIII, 1914, p. 218s.

Assim, foi estabelecido como regra que todas as partes fossem consideradas iguais e que nenhuma palavra fosse considerada ofensiva (exatamente como no recinto de *aegir*, no torneio de insultos de Loki). Apesar disso, a festa ducal tornou-se a ocasião para uma intriga desprezível, na qual o pérfido Anjou provocou a queda de Bussy[53].

## O PRINCÍPIO AGÔNICO COMO FATOR CULTURAL

A competição, como um dos elementos chaves da vida social, sempre esteve associada, em nosso espírito, à ideia da civilização grega. Muito antes de terem a sociologia e a antropologia se apercebido da extraordinária importância do fator agonístico em geral, Jacob Burckhardt criou a palavra "agonal" e descreveu sua importância como uma das características principais da cultura helênica. Todavia, Burckhardt não possuía a preparação necessária para compreender a amplitude do pano de fundo sociológico do fenômeno. Pensou que os hábitos agonísticos eram especificamente gregos, e que sua existência se limitava ao período da história grega. Segundo ele, o tipo mais antigo da história da Grécia é o homem "heroico", que foi seguido pelo homem "colonial" ou "agonal", o qual, por sua vez, foi sucessivamente substituído pelo homem do século V, pelo do século IV (os quais não possuem nomes específicos), e finalmente, depois de Alexandre, pelo homem "helenístico"[54]. O período "colonial" ou "agonal" é, portanto, o século VI a.C., ou seja, a época da expansão helênica e dos jogos nacionais. Aquilo a que chama "o agonal" é "um impulso tal como nenhum outro povo jamais conheceu"[55].

Não é de se espantar que as concepções de Burckhardt estivessem limitadas pela filologia clássica. Sua grande obra, publicada postumamente sob o título de *Griechische Kulturgeschichte*, foi elaborada a partir de uma série de conferências proferidas na Universidade de Basileia durante a década de 1880, época em que

53 A. de Varilhas, *Histoire de Henri III*, Paris, 1964, v. I, p. 574, parcialmente reproduzido no *Dictionnaire de l'ancienne langue française*, de F. Godefroy, Paris, 1885, verbete *gaber*.

54 *Griechische Kulturgeschichte*, Hrsg. Rudolf Marx, v. III.

55 Ibidem, v. III, p. 68.

não havia uma sociologia constituída, capaz de digerir todos os dados etnológicos e antropológicos, muitos dos quais, aliás, só pouco tempo antes tinham vindo à luz. Todavia, é mais ou menos desconcertante verificar que as concepções de Burckhardt ainda hoje recebem a adesão de mais de um estudioso[56]. Victor Ehrenberg considera ainda o princípio agonístico como especificamente grego. "O oriente permaneceu-lhe estranho e hostil", escreve ele; "é em vão que procuram na *Bíblia* provas da existência de competições agonísticas"[57]. Já tivemos ocasiões suficientes para nos referirmos ao Extremo Oriente, à Índia do *Mahabharata* e ao mundo dos povos primitivos, de modo que evitaremos perder tempo refutando aqui essas afirmações. E é precisamente o *Antigo Testamento* que oferece um dos exemplos mais convincentes das relações entre o fator agonístico e o jogo[58]. Burckhardt admitiu a existência das competições entre os povos bárbaros e primitivos, mas atribuiu pouca importância a esse fato[59]. Ehrenberg condescende em reconhecer o caráter universalmente humano do princípio agonístico, mas, em compensação, considera-o "historicamente desinteressante e sem significado"! Ignora completamente as competições para fins sagrados ou mágicos e ataca aquilo a que chama "a interpretação folclorista dos materiais gregos"[60]. Segundo ele, o impulso competitivo "quase nunca se tornou uma força social e suprapessoal fora da Grécia"[61]. É certo que, após ter escrito este livro, deu-se conta pelo menos dos paralelismos entre a cultura islandesa e a grega, e declarou-se pronto a conferir-lhes uma certa importância[62].

Ehrenberg segue Burckhardt também no fato de situar "o agonal" no período que se seguiu ao "heroico", admitindo, ao mesmo tempo, que este último possuía já certos caracteres agonísticos esporádicos. Afirma que, em seu conjunto, a guerra de Troia foi destituída de traços agonísticos; só depois da des-heroicização da classe guerreira" (*Entheroisierung des Kriegertums*), surgiu

56 Cf. H. Schäfer, *Staatsform und Politik*, Leipzig, 1932; V. Ehrenberg, *Ost und West: Studien zur geschichtlichen Problematik der Antike*, v. XV, 1935.

57 *Ost und West*, p. 93, 94, 90.

58 Cf. supra, p. 51.

59 *Griechische Kulturgeschichte*, III, p. 68.

60 *Ost und West*, p. 65, 219.

61 Ibidem, p. 217.

62 Ibidem, p. 69, 218.

a necessidade de criar um substituto para o heroísmo, com o "agonal", o que foi, portanto, "produto" de uma fase cultural mais tardia[63]. Tudo isso se baseia em parte no surpreendente aforismo de Burckhardt: "Um povo que conhece a guerra não precisa de torneios"[64]. É possível que essa afirmação nos pareça mais ou menos verossímil mas, no que diz respeito a todas as culturas primitivas, provou-se que ela é absolutamente falsa, tanto pela sociologia como pela etnologia. É certo que nos poucos séculos da história grega, em que a competição dominou a vida da sociedade, também presenciaram os grandes jogos sagrados que uniram toda a Hélade em Olímpia, no Istmo, em Delfos e em Nemeia. Mas nem por isso deixa de ser verdade que o espírito de competição dominou a cultura helênica tanto antes desses séculos como depois.

Durante todo o período de sua existência, os jogos helênicos permaneceram intimamente ligados à religião, mesmo nas épocas mais tardias em que, à primeira vista, poderiam assumir a aparência dos esportes nacionais puros e simples. Os cantos triunfais de Píndaro, em honra das grandes competições, pertencem inteiramente ao quadro de sua rica poesia sagrada, da qual eles constituem a única parte conservada até nossos dias[65]. O caráter sagrado do ágon manifesta-se em toda a parte. O zelo competitivo dos jovens espartanos em submeter-se a dolorosas experiências perante o altar é apenas um exemplo entre as muitas práticas cruéis relacionadas com a iniciação à vida adulta, semelhantes às que podem ser encontradas entre os povos primitivos de toda a Terra. Píndaro mostra um vencedor dos Jogos Olímpicos insuflando uma nova força vital nos pulmões de seu velho avô[66].

A tradição grega estabelece uma divisão entre as competições: de um lado as públicas ou nacionais, militares e jurídicas, e, de outro, as relacionadas com a força, a sabedoria e a riqueza. Essa classificação parece refletir uma fase agonística mais primitiva da cultura. O fato de a disputa se chamar ágon perante um juiz não deve ser tomado, ao contrário do que pensa Burckhardt[67], como

63 Ibidem, p. 71, 67, 70, 66, 72; cf. J. Burckhardt, op. cit., p. 26. 43.
64 *Griechische Kulturgeschichte*, III, p. 69; cf. V. Ehrenberg, op. cit., p. 88.
65 W. Jaeger, *Paideia*, I, p. 273.
66 Píndaro, *Olympica*, VIII, 92 (70).
67 Op. cit., III, p. 85.

uma simples expressão metafórica de uma época mais tardia, mas, pelo contrário, como prova de uma imemorial associação de ideias, à qual mais adiante voltaremos a fazer referência. De fato, houve um tempo em que o julgamento em tribunal foi um ágon no sentido restrito do termo.

Era costume entre os gregos organizar competições a propósito de tudo o que oferecesse a possibilidade de uma luta. Os concursos de beleza masculina faziam parte das Panateneias e das festas de Teseu. Nos simpósios eram organizados concursos de canto, decifração de enigmas, de resistência em se conservar acordado e bebendo. Mesmo nesse último caso, o elemento sagrado não está ausente: os *poliposía* e os *akratoposía* (πολυποσία e ἀκρατοποσία) (beber muito e sem mistura) faziam parte da festa de Coeno. Alexandre celebrou a morte de Calanos com um ágon ginástico e musical, com prêmios para os melhores bebedores, tendo daí resultado que trinta e cinco dos competidores morreram na hora, e seis deles mais tarde, entre os quais o vencedor[68]. Notemos de passagem que as competições que consistiam em absorver grandes quantidades de comida e bebida estão também ligadas ao *potlatch*.

Uma concepção demasiado estreita do princípio agonístico levou Ehrenberg a negar sua presença na civilização romana, atribuindo-lhe mesmo um caráter antiagonístico[69]. É certo que nela é bastante reduzido o papel das competições entre homens livres, mas isso não significa que na estrutura da civilização romana o elemento agonístico estivesse inteiramente ausente. Pelo contrário, encontramos aqui um fenômeno singular, a saber, que numa época bem primitiva o impulso competitivo passou do protagonista para o espectador, o qual se limita a assistir às lutas de outros, designados para esse fim. Essa passagem está, sem dúvida, intimamente ligada ao caráter profundamente ritualístico dos próprios jogos romanos, dado que é precisamente no culto que tal substituição ocupa um lugar apropriado, pois nele os competidores são considerados representantes dos espectadores, ou seja, como se lutassem em nome desses. Os combates de gladiadores, as lutas de animais selvagens, as corridas de carros etc. nada perdem de seu caráter agonístico, mesmo quando são realizados por

68 Segundo Chares, cf. Pauly-Wissowa, op. cit., s. v. Kalanos, c. 1545.
69 Op. cit., p. 91.

escravos. Os *ludi* ou acompanhavam as festas regulares anuais ou eram *ludi votivi*, organizados para cumprir um voto e geralmente para prestar homenagem aos mortos ou, mais especialmente, para aplacar a ira dos deuses. Toda a cerimônia ficava invalidada pelo menor desrespeito ao ritual ou a mais acidental perturbação. Esse pormenor revela o caráter sagrado da ação.

É da mais alta importância o fato de que esses combates dos gladiadores romanos, apesar de seu caráter sanguinolento, supersticioso e escravista, mesmo assim continuem a ser designados simplesmente pela palavra *ludus*, com tudo o que esta evoca de alegria e liberdade. Como compreender esse fenômeno?

Temos de voltar uma vez mais a fazer referência ao lugar ocupado pelo ágon na civilização grega. Segundo a concepção apresentada por Burckhardt, e retomada por Ehrenberg, existe a seguinte série de fases: primeiro, um período arcaico, também chamado "heroico", que assistiu ao surgimento da Hélade, através de combates e guerras a sério, sem a presença do fator agonístico, entendido como fator de natureza social. Posteriormente, dado que a nação havia consumido suas melhores forças nessas lutas heroicas, e estava perdendo gradualmente seu temperamento heroico, a sociedade grega começou a deslocar-se na direção do "agonal", que, a partir daí, se tornou o fator dominante da vida social, permanecendo nessa qualidade durante alguns séculos. É uma transição "da batalha para o jogo", segundo a expressão de Ehrenberg[70], e, consequentemente, trata-se de um sinal de decadência. Não há dúvida de que o predomínio do princípio agonístico acaba, a longo prazo, por levar de maneira efetiva à decadência. Ehrenberg prossegue, afirmando que é precisamente a futilidade e inutilidade do ágon que conduz, finalmente, à "abolição de todas as qualidades sérias da vida, tanto no pensamento quanto na ação; indiferença a todo e qualquer impulso vindo do exterior e desbaratamento de todas as forças nacionais com o puro e simples objetivo de ganhar um jogo"[71]. Nas últimas palavras dessa frase há muita coisa de verdadeiro, mas, ainda que admitamos que em certas épocas a vida social grega degenerou na pura paixão pela emulação, continua sendo verdade que a história da Grécia, em seu conjunto, seguiu um caminho totalmente

70 Op. cit., p. 80.
71 Op. cit., p. 96.

diferente daquele que Ehrenberg supõe. É necessário exprimir de maneira completamente diferente a importância do fator agonístico para a cultura. Na Grécia não se deu qualquer transição "da batalha para o jogo", nem do jogo para a batalha, o que se deu foi o desenvolvimento da cultura dentro de um contexto lúdico. Na Grécia, tal como em toda a parte, o elemento lúdico esteve presente desde o início, desempenhando um papel extremamente importante. Nosso ponto de partida deve ser a concepção de um sentido lúdico de natureza quase infantil, exprimindo-se em muitas e variadas formas de jogo, algumas delas sérias e outras de caráter mais ligeiro, mas todas elas profundamente enraizadas no ritual e dotadas de uma capacidade criadora de cultura, devido ao fato de permitirem que se desenvolvessem em toda a sua plenitude as necessidades humanas inatas de ritmo, harmonia, mudança, alternância, contraste, clímax etc. A esse sentido lúdico está inseparavelmente ligado um espírito que aspira à honra, à dignidade, à superioridade e à beleza. Tanto a magia como o mistério, os sonhos de heroísmo, os primeiros passos da música, da escultura e da lógica, todos esses elementos da cultura procuram expressão em nobres formas lúdicas. Uma geração mais tardia virá a chamar "heroica" à época que conheceu tais aspirações.

Portanto, é desde o início que se encontram no jogo os elementos antitéticos e agonísticos que constituem os fundamentos da civilização, porque o jogo é mais antigo e muito mais original do que a civilização. Assim, para voltar ao nosso ponto de partida, os *ludi* romanos, podemos afirmar que a língua latina tinha toda a razão ao designar as competições sagradas pela simples palavra "jogo", pois essa palavra exprime da maneira mais simples possível a natureza única dessa força civilizadora.

No curso do desenvolvimento de toda e qualquer civilização, a função agonística atinge sua forma mais bela, que é também a mais conspícua, na fase arcaica. À medida que uma civilização vai-se tornando mais complexa, vai-se ampliando e revestindo-se de formas mais variadas, as técnicas de produção e a própria vida social vão-se organizando de maneira mais perfeita, o velho solo cultural vai sendo gradualmente coberto por uma nova camada de ideias, sistemas de pensamento e conhecimento, doutrinas, regras e regulamentos, normas morais e convenções que perderam já toda e qualquer relação direta com o jogo. Dizemos, nesse momento, que a civilização se tornou mais séria, devido ao fato de atribuir ao jogo apenas um lugar secundário. Terminou o período heroico e a fase agonística parece, também ela, pertencer unicamente ao passado.

▸▸ *Detalhe de pintura representando a rainha Nefertari, do Egito, mulher de Ramsés II, jogando senet (passamento), 1279-1213 a.C.*

# 4. O Jogo e o Direito

## O PROCESSO JURÍDICO COMO COMPETIÇÃO

À primeira vista, o jogo poderia parecer muito distante do direito, da justiça e da jurisprudência. Toda a esfera do direito é dominada pela mais total e implacável seriedade e pelos interesses vitais do indivíduo e da sociedade. Os fundamentos etimológicos da maior parte das palavras que exprimem ideias relacionadas com a lei e o direito estão, sobretudo, ligados às noções de estabelecer, fixar, declarar, indicar, nomear, manter, ordenar, escolher, vincular etc. Todas essas ideias parecem oferecer pouca ou nenhuma relação com a esfera semântica que deu origem aos termos lúdicos, e até lhe parecem opostas. Contudo, e conforme temos constantemente lembrado, o caráter sagrado e sério de uma ação de maneira alguma impede que nela se encontrem qualidades lúdicas.

A afinidade entre o direito e o jogo aparece claramente logo que compreendemos em que medida a atual prática do direito, isto é, o processo, é extremamente semelhante a uma competição, e isso seja quais forem os fundamentos ideais que o direito possa ter. Já fizemos referência à possibilidade de uma relação entre a competição e o surgimento dos sistemas jurídicos em nossa descrição do *potlatch*, que é analisado por Davy apenas do ponto de vista jurídico, como sistema primitivo de contrato e obrigação[1]. Na Grécia, o litígio judiciário era considerado um ágon, uma competição de caráter sagrado submetida a regras fixas, na qual os dois adversários invocavam a decisão de um árbitro. Essa concepção do processo como competição não pode ser considerada como desenvolvimento de uma época incipiente, como simples transferência de ideias e, muito menos, uma degenerescência como Ehrenberg parece pensar[2]. Pelo contrário, toda a evolução do processo jurídico segue a direção contrária, pois ele começou por ser uma competição e seu caráter agonístico está vivo até hoje.

Competição significa jogo. Conforme já vimos, não há razão alguma para recusar a qualquer tipo de competição o caráter de um jogo. O lúdico e o competitivo, elevados àquele plano de seriedade sagrada que toda sociedade exige para sua justiça, continuam perceptíveis ainda hoje em todas as formas da vida jurídica. Antes de mais nada, o tribunal pode também ser chamado uma "corte" de justiça[3]. Essa corte é ainda, no sentido pleno do termo, o *hieros cyclos*, o círculo sagrado dentro do qual, no escudo de Aquiles, aparecem sentados os juízes[4]. Todo lugar onde se ministra a justiça é um verdadeiro *temenos*, um lugar sagrado, separado e afastado do mundo vulgar. Em flamengo e holandês antigo, a palavra que o designa é *vierschaar*, o que, à letra, quer dizer um espaço delimitado por quatro cordas ou, segundo uma outra interpretação, por quatro bancos. Mas, seja quadrado ou redondo, de qualquer forma é sempre um círculo mágico, um recinto de jogo no interior do qual as habituais diferenças de categoria são temporariamente abolidas. Antes de se lançar em seu torneio de insultos, Loki teve o cuidado de verificar se o lugar onde este ia realizar-se era "um grande lugar de paz"[5]. Na Inglaterra, a Câmara dos Lordes continua ainda a ser virtualmente uma corte de justiça; e por isso o *woolsack*, o assento do Lorde

1 Cf. G. Davy, *La Foi jurée*.

2 Cf. *Ost und West*, p. 76; cf. p. 71.

3 Esse argumento do autor é mais claro em outras línguas, onde o duplo sentido corte-pátio ainda se conserva na designação do lugar onde se ministra a justiça (cour, court, Hofe, respectivamente em francês, inglês e alemão), com um uso mais corrente do que em português. (N. da T.)

4 *Ilíada*, XVIII, 504.

5 Cf. W. Jaeger, *Paideia*, I, p. 147: "o ideal da *dikê* é usado como modelo de vida pública, pelo qual os homens, tanto de alta como de baixa origem, são considerados 'iguais'".

Chanceler, que na realidade ali nada tem a fazer, é considerado como estando "techinically outside the precincts of the House" (Tecnicamente fora do recinto da Câmara).

Os juízes que vão ministrar a justiça saem da vida "comum" no momento em que vestem a toga e colocam a peruca. Não sei se essa indumentária tradicional dos juízes e advogados ingleses foi objeto de alguma investigação etnológica. Parece-me que ela pouco tem a ver com a moda da peruca predominante nos séculos XVII e XVIII. A peruca do juiz é uma sobrevivência da coifa medieval usada pelos jurisconsultos ingleses, a qual era originalmente uma touca branca bem apertada, e ainda hoje tem um vestígio no pequeno rebordo branco da extremidade inferior da peruca. Todavia, a peruca do juiz é mais do que uma relíquia de um traje oficial antiquado. Sua função tem um profundo parentesco com a das máscaras de dança dos povos primitivos. Transforma quem a usa em um outro "ser". E não é de maneira alguma o único traço antigo que o forte sentido da tradição próprio dos ingleses conservou na esfera do direito. O elemento esportivo e humorístico, tão importante na prática processual inglesa, é um dos traços fundamentais do direito na sociedade arcaica. É claro que esse elemento não está inteiramente ausente da tradição popular de outros países. Mesmo nas tradições jurídicas do resto da Europa, que habitualmente se revestem de uma seriedade maior do que a da Inglaterra, seus vestígios são encontrados.

O estilo e o conteúdo das intervenções nos tribunais revelam o ardor esportivo com que nossos advogados se atacam uns aos outros por meio de argumentos e contra-argumentos, alguns dos quais são razoavelmente sofisticados. Algo que a um amigo meu, um juiz, fez lembrar o javanês *adat*. Ali, diz ele, "os oradores espetam na terra uma vara, a cada argumento bem apontado, sendo considerado vencedor aquele que no final puder apresentar o maior número de varas". O caráter lúdico da prática judicial foi fielmente observado por Goethe em sua descrição de uma sessão do tribunal de Veneza, realizada no palácio dos doges.[6]

Essas observações esparsas talvez possam servir de introdução ao problema muito real das relações entre o jogo e a justiça. Voltemos mais uma vez a atenção às formas primitivas

6 *Italianische Reise*, Kapitel 13, Den 3, Oktober (1787).

do processo. Em todo e qualquer processo submetido a um juiz, sejam quais forem as circunstâncias, cada uma das partes está sempre dominada por um intenso desejo de ganhar sua causa. O desejo de ganhar é tão forte que nem por um só momento seria lícito esquecer o fator agonístico. Se isso não bastasse, por si só, para esclarecer as relações entre a jurisdição e o jogo, as características formais da prática do direito apresentam novos argumentos a nosso favor. A competição judicial está sempre submetida a um sistema de regras restritivas que, independentemente das limitações de tempo e de lugar, colocam firme e inequivocamente o julgamento no interior do domínio do jogo ordenado e antitético. A associação ativa entre o direito e o jogo, sobretudo nas culturas primitivas, pode ser analisada de três pontos de vista diferentes. O julgamento pode ser considerado como um jogo de azar, como uma competição ou como uma batalha verbal.

Nós, os modernos, somos incapazes de conceber a justiça independentemente de uma moralidade abstrata, por mais vaga que seja nossa ideia sobre ela. Para nós, o julgamento é, antes de mais nada, uma disputa entre o bem e o mal, e ganhar ou perder ocupam apenas um lugar secundário. Ora, é precisamente essa preocupação com os valores éticos que devemos abandonar, se quisermos compreender a justiça primitiva. Se fizermos com que nosso olhar passe da administração da justiça nas civilizações altamente desenvolvidas para aquela que se encontra nas fases menos adiantadas da cultura, veremos que a ideia do bem e do mal, a concepção ético-jurídica, é ultrapassada pela ideia de ganhar ou perder, isto é, pela concepção puramente agonística. O que interessa ao espírito primitivo não é tanto o problema abstrato do bem e do mal, mas principalmente o problema extremamente concreto de ganhar ou perder. Dada essa fraqueza dos padrões éticos, o fator agonístico vai ganhando imenso terreno na prática judicial à medida que recuamos no tempo. E, à medida que o elemento agonístico vai aumentando, o mesmo acontece com o fator sorte, e daqui resulta que depressa nos encontramos na esfera lúdica. Estamos perante um mundo espiritual em que a ideia da decisão por oráculos, pelo juizo divino, pela sorte, por sortilégio – isto é, pelo *jogo* – e a da decisão por sentença judicial fundem-se num único complexo de pensamento. E ainda hoje reconhecemos o caráter absoluto dessas decisões todas as vezes que, quando não conseguimos ser nós próprios a decidir qualquer coisa, recorremos a sorteios, ao "cara ou coroa".

## ORDÁLIO, DESTINO ORACULAR

A vontade divina, o destino e a sorte parecem aos nossos olhos entidades mais ou menos distintas, ou ao menos tentamos distingui-las como conceitos. Mas para a mente arcaica, são coisas mais ou menos equivalentes. Pode-se conhecer o destino fazendo com que ele se pronuncie. Uma decisão oracular nos chega por perspectivas incertas de sucesso. Pode-se jogar com paus, com pedras, ou abrir à sorte as páginas do livro sagrado, e o oráculo responderá. Assim o Êxodus, 28, 30, ordena a Moisés que "ponha no peitoral o *urim* e o *tummin*" (sejam estes o que forem), a fim de que Aarão "possa julgar os filhos de Israel em seu coração perante o Senhor continuamente". O peitoral é usado pelo grande sacerdote, e é por seu intermédio que o sacerdote Eleazar pede conselho, em *Números*, 27, 21, em favor de Josué, "segundo o julgamento de *Urim*". De maneira semelhante, em 1 *Samuel*, 19, 42, Saul ordena que seja tirada a sorte entre ele e seu filho Jônatas. As relações entre o oráculo, a sorte e o julgamento são ilustradas de maneira perfeitamente clara nesses exemplos. Também na Arábia pré-islâmica, encontra-se esse tipo de sortilégio[7]. E, afinal, não será fundamentalmente a mesma coisa a balança sagrada na qual Zeus, na *Ilíada*, pesa as possibilidades de morte de cada homem antes do início da batalha? "Então o Pai estendeu os dois pratos de ouro e colocou neles as duas porções de morte amarga, uma para os troianos domadores de cavalos e outra para os aqueus cobertos de bronze."[8]

Essa pesagem ou *ponderação* de Zeus é ao mesmo tempo o seu julgamento (*dikaidzen*). Encontram-se aqui inextricavelmente misturadas as ideias de vontade divina, destino e sorte. A balança da justiça, metáfora que sem dúvida teve origem nesta imagem homérica, é a da perpétua oscilação da sorte incerta. Nada aqui diz respeito ao triunfo da verdade moral, nem a qualquer ideia

7 Julius Wellhausen, *Reste arabischen Heidentums*, 2 Ausg., Berlin, 1927, p. 132.
8 *Ilíada*, VIII, 69; XX, 209; XVI, 658; XIX, 223.

de que o bem pese mais do que o mal – essa é uma noção que só surge muito mais tarde.

Um dos emblemas que se encontra no escudo de Aquiles, segundo a descrição do oitavo livro da *Ilíada*, representa um julgamento com os juízes sentados no interior do círculo sagrado, estando no centro da cena os "dois talentos de ouro" (δύο χρυσοῖο τάλαντα) , que se destinam àquele que proferir a sentença mais justa[9]. Em geral, consideram-se esses dois talentos como a quantia em dinheiro disputada pelas duas partes. Mas, bem vistas as coisas, eles parecem ser mais um prêmio que um objeto de litígio; seriam, portanto, mais adequados a um jogo do que a uma sessão de tribunal. Além disso, convém notar que originariamente *talanta* significava "balança". Creio, assim, que o poeta tinha em mente uma pintura em vaso que mostrava dois litigantes sentados cada qual em um dos pratos de uma balança, a verdadeira "balança da justiça", na qual a sentença era dada mediante uma pesagem segundo o costume primitivo, isto é, por oráculo ou pela sorte. Esse costume ainda não era conhecido na época em que foi composto o poema, e daí resultou que *talanta*, os dois pratos da balança, foi considerado, devido a uma transposição de significado, como dinheiro.

O grego *dikê* (direito, justiça) possui uma escala de significados que vai desde o puramente abstrato até o mais declaradamente concreto. Pode significar a justiça, enquanto conceito abstrato, ou uma divisão equitativa, ou uma indenização, ou mais ainda: as partes num julgamento dão e recebem *dikê*, os juízes atribuem *dikê*. Significa também o próprio processo jurídico, o veredicto e a punição. Embora se possa supor que os significados mais concretos de uma palavra são os mais antigos, Werner Jaeger defende, nesse caso, o ponto de vista contrário. Segundo ele, o significado abstrato é o mais primitivo, e o concreto deriva dele[10]. Isso não me parece compatível com o fato de serem precisamente as abstrações – *dikaios*, equitativo, e *dikaiosyne*, equidade – formadas a partir de *dikê*. A relação acima discutida entre a administração da justiça e a prova da sorte deveria, pelo contrário, orientar-nos no sentido da etimologia expressamente rejeitada por Jaeger, a qual faz derivar *dikê* de *dikein*, arremessar ou lançar, embora

9 Ibidem, XVIII, 497-509.
10 W. Jaeger,*Paideia*, I, p. 14.

seja evidente a existência de uma afinidade entre *dikê* e *deiknumi*. Em hebraico, também há uma associação idêntica entre "direito" e "arremessar", pois *torah* (direito, justiça, lei) possui evidentes afinidades com uma raiz que significa tirar à sorte, disparar, e a sentença de um oráculo[11].

É também significativo que, nas moedas, a figura de *Dikê* por vezes se confunda com a de *Tyche*, a deusa do destino incerto. Também ela segura uma balança. Jane E. Harrison afirma em sua obra: "Não é que haja um 'sincretismo' tardio entre essas figuras divinas; ambas partem de uma mesma concepção, e depois divergem".[12]

Na tradição dos povos germânicos também se verifica a presença da associação primitiva entre a justiça, o destino e a sorte. A palavra holandesa *lot* conserva até hoje o sentido do destino do homem – aquilo que lhe é "destinado" ou "enviado" (*Schicksal*, em alemão) – e designa também o sinal material da sorte, como, por exemplo, o palito de fósforo mais comprido ou mais curto, ou um bilhete de loteria. É difícil decidir qual dos dois significados é o mais original, porque no pensamento primitivo as duas ideias estão fundidas em uma só. Zeus segura os divinos decretos do destino e da justiça em uma mesma balança. Os Ases da mitologia nórdica (*Eddas*) jogam aos dados o destino do mundo[13]. O espírito primitivo não distingue, como manifestações da Vontade Divina, entre o resultado de uma prova de força ou o de uma luta armada, ou a maneira como cai um punhado de pedras ou de pauzinhos. A leitura da sorte através das cartas é um costume com profundas raízes no passado humano, numa tradição que é muito mais remota do que as próprias cartas. Às vezes, um combate armado é acompanhado por um jogo de dados. Enquanto os hérulos lutam contra os lombardos, seu rei senta-se à mesa de jogo e disputa uma partida de dados na tenda do rei Teodorico, em Quierzy[14].

O conceito de julgamento (*Urteil*, em alemão) leva-nos naturalmente a considerar o ordálio (*Gottesurteil* – juízo de Deus).

11 A Palavra *urim*, anteriormente referida, talvez possa também derivar dessa raiz.

12 J.E. Harrison, *Themis*, p. 526.

13 Cf. supra, p. 73.

14 Paulus Diaconus, *Historia gentis, Langobardorum*. I, 20; *Fredegarius liber chronicarum*, II, parte 2, p. 131; cf. IV, 27. Cf. também Heinrich Brunner, *Deutsche Rechtsgeschichte*, v. II, parte, 2, Leipzig, 1928, p. 553s.

A ligação etimológica é perceptível à primeira vista, se assim compararmos as palavras de ambas as línguas. A palavra "ordálio" significa, nada mais nada menos do que "juízo divino". Mas não é nada fácil determinar exatamente o que o ordálio significa para a mente arcaica. À primeira vista, pode parecer que o homem primitivo acreditasse que os deuses mostravam, pelo resultado de uma prova ou de um jogo, qual das duas partes tinha razão ou – o que vem a dar no mesmo – em que direção lançavam o destino. É claro que a ideia de um *milagre* provando qual dos lados tem razão é apenas uma interpretação cristã secundária. Mas a concepção acima referida – a do juízo divino – é, provavelmente, uma interpretação proveniente de uma fase cultural ainda mais antiga. O ponto de partida original do ordálio deve ter sido a competição, o jogo para ver quem ganha. Para o espírito primitivo, o fato de ganhar, enquanto tal, é prova da posse da verdade e do direito; o resultado de qualquer competição, seja uma prova de força ou um jogo de sorte, é uma decisão sagrada, concedida pelos deuses. Ainda hoje somos dominados por esse hábito mental quando aceitamos como regra que as questões serão decididas por unanimidade, ou quando aceitamos o voto da maioria. Só numa fase mais avançada da experiência religiosa a fórmula será a seguinte: a competição (ou ordálio) é uma revelação da verdade e da justiça porque há uma divindade que dirige a queda dos dados ou o resultado da batalha. Assim, quando Ehrenberg diz que "a justiça secular nasce do ordálio[15] parece estar invertendo, ou pelo menos exagerando, a sequência histórica de ideias. Não seria mais verdadeiro dizer que o proferimento da sentença (e, portanto, a própria justiça legal) e o julgamento por ordálio têm ambos suas raízes na decisão agonística, na qual a última palavra é dada pelo resultado de uma competição (seja por sorteio, pelo acaso, ou uma prova de força, resistência etc.)? A luta pela vitória é sagrada em si mesma. Mas, uma vez animada por concepções nítidas acerca do bem e do mal, a luta passa a pertencer à esfera do direito; e, vista à luz das concepções positivas do poder divino, passa a pertencer ao domínio da fé. Todavia, o fenômeno fundamental em todos esses casos é o jogo, semente de uma evolução ideal.

15 V. Ehrenberg, *Die Rechtsidee im frühen Griechentum*, Leipzig, 1912, p. 75.

## A COMPETIÇÃO AO REDOR DO DIREITO

Por vezes, a disputa legal assume na sociedade primitiva a forma de uma aposta, ou mesmo de uma corrida. A ideia da aposta sempre se nos impõe a esse respeito, como vimos no caso do *potlatch*, no qual os desafios recíprocos dão origem a um sistema primitivo de relações contratuais. O desafio faz surgir uma convenção[16]. Mas, além do *potlatch* e do ordálio propriamente dito, encontramos constantemente nos costumes jurídicos primitivos casos de competição pela justiça, isto é, por uma decisão e pelo reconhecimento de uma relação estável num caso concreto. Otto Gierke coligiu uma grande quantidade de estranhos exemplos dessa mistura entre o jogo e a justiça, sob o título de *O Humor no Direito*. Considera-os simples ilustrações do caráter lúdico do "espírito popular", mas, na realidade, só é possível explicá-los adequadamente pela origem agonística da função jurídica. Não há dúvida quanto ao caráter lúdico do espírito popular, embora num sentido mais profundo do que Gierke supunha; e esse caráter lúdico é prenhe de sentido. Assim, por exemplo, era um antigo costume jurídico germânico estabelecer os limites de uma "marcha"[17] ou de uma propriedade rural em função do resultado de uma corrida ou do lançamento de um machado. Ou, então, decide-se qual o vencedor de um processo, fazendo uma pessoa de olhos vendados tocar outra pessoa ou um objeto, ou pôr um ovo a girar. Todos esses casos pertencem ao domínio do julgamento por meio de uma prova de força ou de um jogo de azar.

Certamente não é por acaso que a competição desempenha um papel tão importante na escolha de uma noiva ou de uma noivo. A palavra inglesa *wedding*, tal como o termo holandês *bruiloft* remontam aos primeiros alvores da história jurídica e social. *Wedding* deriva do anglo-saxão *wed* e, finalmente, do latim *vadium*, e fala da promessa com a qual alguém se compromete a manter um compromisso já assentado[18]. *Bruiloft* (festa de casamento) evoca a corrida pela esposa, isto é, a prova ou uma

16 G. Davy, op. cit., p. 176, 126, 239 etc.

17 Conjunto de terras cujo uso pertence a uma coletividade. (N. da T.)

18 Em holandês médio conhece-se ainda *wedden* no sentido de casar: *heis beter wedden dan verbranden* (é melhor casar do que arder).

das provas de que depende o contrato[19]. As Danaides eram disputadas mediante uma corrida e, segundo a tradição, foi assim que Penélope foi conquistada[20]. O problema não é saber se essas ações são meramente míticas ou lendárias, ou se pode ser provada sua existência histórica, e sim o simples fato de ter existido a ideia da corrida pela noiva. O casamento primitivo é um *contrat à épreuves*, um *potlatch custom*, como dizem os etnólogos. O *Mahabharata* descreve as provas de força pelas quais têm de passar os pretendentes à mão de Draupadi, e o mesmo acontece com o *Ramayana* em relação a Sita e com o *Das Nibelunglied* (Canção dos Nibelungos) em relação a Brunhilde.

Mas os pretendentes à mão de uma noiva podem ser submetidos a outras provas além das de força e coragem. Por vezes, precisam também passar por provas de conhecimentos e prontidão de espírito, tendo que responder a perguntas difíceis. Segundo Nguyen van Huyen, essas competições desempenham um papel dos mais importantes nas festas dos jovens no *Anam*, em que, por vezes, a moça submete seu namorado a um verdadeiro exame. Na tradição dos *Edas*, embora evidentemente sob forma diferente, há um exemplo de uma idêntica prova de conhecimento tendo em vista a obtenção da mão da noiva. A filha de Thor é prometida a Alvis, o sábio *dwarf*, com a condição de ele ser capaz de responder a todas as perguntas que Thor lhe faça a respeito dos nomes secretos das coisas[21]. Existe ainda uma variação do tema no Fjölsvinnsnal, na qual o jovem empenhado na aventurosa conquista da esposa faz perguntas ao gigante que guarda a virgem.

## TRIBUNAL E APOSTA

Passemos agora da competição para a aposta, a qual, por sua vez, está intimamente relacionada com a promessa. A presença desse elemento no processo judiciário pode exprimir-se de duas

19 O mesmo se passa, em inglês antigo com *brydhleap*; em nórdico antigo, com *brudhlaup* e, em antigo alto alemão, com *brutloft*.

20 J.E. Harrison, op. cit., p. 232. Há um exemplo numa narrativa núbia, referida por Frobenius em seu *Kultungeschichte Afrikas*, p. 429.

21 Há ainda uma outra variação do tema no *Fjösvinnsmál*, em que é o jovem, empenhado na perigosa conquista de uma esposa, que faz perguntas ao gigante que guarda a virgem.

maneiras. Em primeiro lugar, a parte principal do julgamento "empenha" seu direito, isto é, desafia a outra parte a disputá-lo, pela apresentação de um "penhor" – *vadium*. No direito inglês subsistiram, até o século XIX, duas formas de processo civil que tinham o nome de *wager* (aposta): *a wager of battle* (aposta de batalha), mediante a qual se propunha a alguém o duelo judiciário; e a *wager of law* (aposta de lei), na qual se prometia fazer o "juramento de purgação" num certo dia, a fim de atestar inocência. Embora há muito tempo tivessem caído em desuso, essas formas só foram oficialmente abolidas em 1819 e 1833[22]. Em segundo lugar, e independentemente do elemento aposta no processo jurídico propriamente dito, verificamos que era uma prática habitual, especialmente na Inglaterra, o público fazer, tanto no recinto do tribunal como fora dele, verdadeiras apostas sobre o resultado dos julgamentos. Quando do julgamento de Ana Bolena e seus co-acusados, apostava-se no Tower Hall dez para um na absolvição de seu irmão Rochford, devido ao vigor de sua defesa. Na Abissínia era prática corrente apostar sobre a sentença durante o julgamento, entre a defesa e os depoimentos das testemunhas[23]. Mesmo sob o domínio italiano, essas apostas continuaram sendo uma paixão e um esporte que encantava os nativos. Segundo um jornal inglês, um juiz recebeu a visita de um homem que tinha perdido uma causa no dia anterior, e apesar disso se dizia satisfeito: "Sabe, eu tive um advogado muito ruim, mas mesmo assim fico contente por ter tirado bom proveito do meu dinheiro!"

Procuramos distinguir no processo jurídico três formas lúdicas, comparandos-as, sob a forma que hoje lhes conhecemos, com os julgamentos da sociedade primitiva: jogo de sorte, competição, batalha verbal. O processo continua sendo uma batalha verbal, mesmo nos casos em que se perdeu, de modo total ou apenas em parte, efetivamente ou só em aparência, sua qualidade lúdica, devido ao progresso da civilização. Para nosso assunto, contudo, interessa apenas a fase primitiva da batalha verbal, fase em que o fator agonístico, e não a ideia de justiça, é que é decisivo. O que predomina não são os argumentos jurídicos, meticulosos

22 William Blackstone, *Commentaries on lhe Laws of England*, ed. Robert Malcolm Kerr, London, 1857, v. III, p. 337s.

23 Enno Littmann, *Abessinien*, Hamburgo, 1935, p. 86.

e deliberados, e sim as invetivas mais insultuosas e veementes. Nesse caso, o ágon consiste quase exclusivamente no esforço de cada um dos adversários para superar o outro na escolha dos vitupérios e assim manter a vantagem. Já tratamos dos torneios de insultos como fenômeno social, em defesa da honra e do prestígio, sob a forma dos iambos, do *mufakhara*, do *mannjafnadr* etc. Todavia, é difícil determinar rigorosamente a passagem da *joute de jactance* propriamente dita para os concursos de ultrajes como procedimento jurídico. Talvez o problema fique mais claro se dedicarmos agora nossa atenção a um dos aspectos mais notáveis da íntima relação entre a cultura e o jogo, a saber, os concursos de tambor e os concursos de canto dos esquimós da Groenlândia. Trataremos desse assunto um pouco mais detidamente, porque, nesse caso, estamos perante uma prática ainda existente (ou que pelo menos ainda recentemente o era), na qual a função cultural que conhecemos como jurisdição não se separou ainda da esfera do jogo[24].

## DISCUSSÃO JURÍDICA NA FORMA DE JOGO

Quando um esquimó tem alguma queixa contra outro, desafia-o para um concurso de tambor (*Trommesang*, em dinamarquês). O clã ou tribo se reúne festivamente, todos com seus melhores trajes e num ambiente de alegria. Os dois adversários passam depois a atacar-se sucessivamente um ao outro com canções insultuosas, acompanhadas por tambor, nas quais cada um censura os malefícios do outro. Não se estabelece distinção alguma entre acusações com fundamento, ditos de espírito destinados a divertir o público e a calúnia pura e simples. Por exemplo, um cantor enumerou todas as pessoas que haviam sido devoradas pela mulher e a sogra de seu adversário durante um período de penúria, o que levou todo o público a desfazer-se em lágrimas. Esses cantos insultuosos são acompanhados por toda a espécie

24 Cf. William Thalbitzer, *The Ammassalik Eskimo*, Moddelser om Gronland, XXXIX, 1914; Kaj Birket-Smith, *The Caribou Esquimaux*, Copenhagen, 1929; Knud Rasmussen, *Fra Gronland til Stille Havet*, I-II, 1925-1926; The Netsilik Eskimos, *Report of the Fifth Thule Expedition*, v. VIII, 1, 2, 1921-1924; Herbert Koing, *Der Rechtsbruch und sein Ausgleich bei den Eskimos*, Anthropos v. XIX-XX, 1924-1925.

de ofensas físicas ao adversário, como espirrar ou soprar em sua cara, dar-lhe cabeçadas, abrir-lhe os maxilares, amarrá-lo a uma estaca da tenda – tendo o "acusado" a obrigação de suportar sem protestar, permitindo-se apenas um riso de troça. A maior parte dos espectadores acompanha os estribilhos das canções, aplaudindo e incitando os adversários. Outros se limitam a dormir um pouco. Durante as pausas, os contendores conversam em termos amigáveis. As sessões desse gênero de competição podem prolongar-se por vários anos, e os adversários aproveitam para inventar novas canções e descobrir novas malfeitorias para denunciar. Por fim, são os espectadores que decidem quem é o vencedor. Na maior parte dos casos, a amizade é imediatamente restabelecida, mas, por vezes, acontece de uma família emigrar devido à vergonha por ter sido derrotada. É possível a uma pessoa estar participando, ao mesmo tempo, de diversos concursos de tambor. As mulheres também podem participar.

É aqui da maior importância o fato de, entre as tribos que as praticam, essas competições desempenharem o papel de decisões jurídicas. Não existe qualquer forma de jurisdição além dos concursos de tambor. Esses são os únicos meios de resolver as dissensões, e não existe qualquer outra maneira de influenciar a opinião pública[25]. Mesmo os assassinos são denunciados dessa curiosa maneira. A vitória num concurso de tambor não é seguida por qualquer espécie de sentença. Essas competições são, na grande maioria dos casos, provocadas pelos mexericos das mulheres. É preciso distinguir entre as tribos que praticam esse costume como meio de administração da justiça e aquelas para as quais ele constitui apenas um divertimento festivo. As violências autorizadas são estabelecidas de diferentes maneiras: permite-se bater ou apenas amarrar etc. Além do concurso de tambor, os conflitos são, por vezes, resolvidos por uma luta a murro ou corpo a corpo.

Trata-se aqui, portanto, de um costume cultural que desempenha a função judicial sob uma forma perfeitamente agonística, sem, contudo, deixar de constituir um jogo no sentido mais

25 J. Birket-Smith, op. cit., p. 264, parece definir o "progresso judicial" de maneira demasiado estrita, quando afirma que entre os esquimós caribus os concursos de tambor não possuem esse caráter, por serem apenas "um simples ato de vingança" ou se limitarem á finalidade de "garantir a paz e a ordem".

apropriado do termo. Tudo decorrre em meio a risos e à maior alegria, porque o que mais importa é conseguir divertir o público. "Da próxima vez", diz Igsiavik[26], "vou fazer uma canção nova. Vai ser muito divertido, e vou amarrar o outro companheiro a uma estaca da tenda". Não há dúvida de que os concursos de tambor são a principal fonte de diversão para toda a população. Na ausência de uma querela, mesmo assim se realizam concursos pelo puro divertimento que proporcionam. Em certas ocasiões, como demonstração de talento fora do comum, as canções assumem a forma de enigmas.

Não há uma grande diferença entre esses concursos dos esquimós e as sessões satíricas e cômicas que costumavam haver nos tribunais rurais, sobretudo nos países germânicos, onde eram julgados e punidos por crimes menores de toda a espécie, mas sobretudo de natureza sexual. O mais conhecido é o *Haberfeldtreiben* . A melhor prova de que eles se situam entre o jogo e a seriedade e o *Saugericht*[27] dos jovens de Rapperswill, de cujas sentenças se podia apelar para o Pequeno Conselho da cidade[28].

É evidente que o concurso de tambor dos esquimós pertence à mesma esfera que o *potlatch*, os torneios pré-islâmicos de fanfarronice e de insultos, o *mannjafnadr* nórdico e o *nidsang* (hino de ódio) islandês, assim como as antigas competições chinesas. É igualmente claro que esses costumes pouco têm em comum com a ideia do ordálio, no sentido de um julgamento divino produzido por um milagre. O elemento primordial é a decisão através da competição enquanto tal, ou seja, no jogo e através dele. O caso mais próximo do referido costume esquimó é o *munafara* ou *nifar* árabe, a competição pela fama e pela honra na presença de um árbitro. A palavra latina *iurgum* mostra também a ligação original entre a invectiva e o julgamento em tribunal. É uma forma elíptica de *ius-igium*, derivado de *ius* e *agere*, que significa literalmente "ato jurídico". Ainda hoje, a palavra *objurgação* conserva um pálido eco dessa ligação. Compare-se também com litígio (*litigium*: ato conflituoso). Vistas à luz dos concursos esquimós de tambor, produções puramente literárias como os iambos de Arquíloco contra Licambo aparecem agora sob uma perspectiva

26 W. Thalbitzer, op. cit., p. 303.
27 Tribunal da porca ( N. da T.)
28 R. Stumpfl, *Kultspiele der Germanen...*, p. 16.

inteiramente nova, e até as censuras de Hesíodo a seu irmão Perses podem ser encaradas desse ponto de vista. Werner Jaeger assinala que, entre os gregos, a sátira política não se limitava a uma função moralizadora ou de satisfação de rancores pessoais, mas servia originariamente a uma finalidade de natureza social[29]. E podemos acrescentar sem receio: de uma maneira que não está muito distante dos concursos de tambor dos esquimós.

E é bem verdade que nas Antiguidades grega e romana ainda não havia passado completamente a fase em que é difícil distinguir entre a oratória jurídica e os concursos de ultrajes. Na Atena de Péricles e de Fídias, a eloquência jurídica ainda era principalmente uma competição de habilidade retórica, na qual eram permitidos todos os artifícios de persuasão possíveis de imaginar. Considerava-se o tribunal e a arena política como os dois lugares por excelência onde a arte podia ser aprendida. Essa arte, juntamente com a violência militar, o roubo e a tirania, constitui a "caça ao homem" definida no *Sofista*[30]. Era possível aprender com os sofistas a transformar a má causa em boa, e até conseguir fazê-la prevalecer. O jovem que entrava na vida política geralmente iniciava sua carreira acusando alguém num processo escandaloso.

Também em Roma, durante muito tempo, foi considerado legítimo todo e qualquer meio de levar o adversário ao tribunal. As partes vestiam-se de luto, suspiravam, gemiam, invocavam em altas vozes o bem comum, rodeavam-se de grande número de testemunhas e clientes, procurando impressionar o tribunal[31]. Em resumo, faziam tudo aquilo que nós hoje fazemos. Basta lembrar o advogado que, no processo Hauptmann, deu palmadas na *Bíblia* e fez tremular a bandeira americana, ou seu colega holandês que, num sensacional processo criminal, reduziu a pedaços um relatório psiquiátrico. Littmann descreve da seguinte maneira um julgamento na Abissínia[32]: "Numa oratória cuidadosamente estudada e extremamente hábil o acusador desenvolve sua argumentação. O humor, a sátira, alusões sutis, provérbios apropriados à circunstância, o escárnio e o frio desprezo, acompanhados de vez em quando pela mais viva gesticulação e por

29 W. Jaeger, *Paideia*, I, 119.
30 Platão, *O Sofista*, 222d.
31 Cícero, *De oratione*, I, 229s.
32 E. Littmann, *Abessinien*, p. 86.

tremendos berros, tudo isso tende a reforçar a acusação e a confundir o acusado".

Só quando o estoicismo entrou em moda, envidaram-se esforços para libertar a eloquência jurídica do caráter lúdico, purificando-a de acordo com os severos padrões de verdade e dignidade professados pelos estoicos. O primeiro a tentar pôr em prática essa nova orientação foi um tal Rutilius Rufus. Perdeu o processo e foi obrigado a exilar-se.

▶▶ *O Julgamento de Páris,* gravura de Marcantonio Raimondi, c. 1510.

# 5. O Jogo e a Guerra

## A LUTA REGULAMENTADA É UM JOGO

Desde que existem as palavras luta e jogo, tem-se chamado de jogo a um combate. Já fizemos a pergunta de saber se isso deve ser visto apenas como metáfora[1], e chegamos a uma conclusão negativa. Em toda a parte, a linguagem deve ter definido as coisas dessa maneira, a partir do momento em que surgiram palavras para designar o jogo e o combate.

Muitas vezes, as duas ideias parecem inseparavelmente confundidas na mente arcaica. E não há dúvida de que toda luta submetida a regras, devido precisamente a essa limitação, apresenta as características formais do jogo. Podemos considerar a luta como a forma de jogo mais intensa e enérgica e, ao mesmo tempo, a mais palpável e mais primitiva. Os cachorros e os garotos lutam "de brincadeira", com regras que limitam o grau de violência; apesar disso, nem sempre os limites da violência permitida excluem o derramamento de sangue, ou mesmo a morte dos combatentes. Os torneios medievais sempre foram considerados um combate simulado e, portanto, um jogo, mas parece mais ou

1 Cf. supra, p. 50-51.

menos certo que suas formas mais primitivas, as justas, se realizavam com uma seriedade mortífera, chegando até à morte de um dos contendores, como o "jogo" dos jovens perante Abner e Joab. Um exemplo flagrante do elemento lúdico do combate, extraído de um período histórico que não é dos mais remotos, é o célebre Combat des Trente, travado na Bretanha em 1351. As fontes não designam esse combate expressamente como um jogo, mas todas as suas características se revestem de um caráter marcadamente lúdico. O mesmo se passa com a igualmente famosa Disfida di Barletta, do ano de 1503, na qual treze cavaleiros italianos se bateram contra treze cavaleiros franceses[2]. Como função cultural, a luta pressupõe sempre a existência de regras limitativas, e exige, pelo menos em certa medida, o reconhecimento de sua qualidade lúdica. Só é lícito falar da guerra como função cultural na medida em que ela se desenrola de maneira que seus participantes se considerem uns aos outros como iguais, ou antagonistas com direitos iguais. Em outras palavras, sua função cultural depende de sua qualidade lúdica. Essa condição modifica-se desde que a guerra seja travada fora do âmbito dos iguais, contra grupos que não são reconhecidos como seres humanos e, portanto, são privados dos direitos humanos – bárbaros, diabos, pagãos, hereges e "raças inferiores destituídas de leis". Em tais circunstâncias, a guerra perde inteiramente sua qualidade lúdica e só pode permanecer dentro dos limites da civilização na medida em que os que nela participam aceitem certas limitações, a bem de sua própria honra. Até recentemente, o "direito das nações" era geralmente considerado como constituindo um sistema de limitações desse tipo, por reconhecer o ideal de uma comunidade humana com direitos iguais para todos, distinguindo expressamente entre o estado de guerra (pelo fato de a declarar) e a paz, de um lado, e de outro, a violência criminosa. Foi a teoria da "guerra total" que veio eliminar a função cultural da guerra, fazendo desaparecer dela os últimos vestígios do elemento lúdico.

Se é certo termos o direito de considerar a função lúdica inerente ao ágon, pode-se perguntar agora até que ponto a guerra (que em nossa concepção é desenvolvimento do ágon) pode ser considerada uma função agonística da sociedade. Há diversas

2 Cf. meu *Herbst des Mittelalters*, p. 141.

formas de combate que, desde logo, mostram claramente não possuir um caráter agonístico: o ataque de surpresa, a emboscada, a expedição de pilhagem e o massacre total não podem ser considerados formas agonísticas de guerra, embora se possa recorrer a eles numa guerra agonística. Além disso, os objetivos políticos da guerra também se situam fora do âmbito da competição propriamente dita: a conquista, a subjugação ou dominação de outro povo. O elemento agonístico só se torna operante a partir do momento em que as nações em guerra se consideram reciprocamente como *antagonistas*, lutando por alguma coisa a que cada uma delas pense ter direito. Essa convicção está quase sempre presente, embora, muitas vezes, sirva apenas de pretexto. Mesmo quando uma guerra é provocada pura e simplesmente pela fome – fenômeno relativamente raro – os agressores interpretam-na, talvez com plena sinceridade, como uma guerra santa, uma guerra de honra ou de recompensa divina. A história e a sociologia têm tendência a exagerar o papel desempenhado pelos interesses materiais imediatos e a ânsia do poder na origem das guerras, sejam antigas ou modernas. Mesmo que os estadistas que preparam a guerra a considerem uma questão de poder político, na grande maioria dos casos os verdadeiros motivos podem ser encontrados menos nas "necessidades" da expansão econômica etc. do que no orgulho e no desejo de glória, de prestígio e de todas as pompas da superioridade. Todas as grandes guerras de agressão desde a Antiguidade até nossos dias podem ser explicadas de maneira muito mais essencial pela ideia de glória, que todo mundo compreende, do que por qualquer teoria racional e intelectualista das forças econômicas e dos dinamismos políticos. As tendências modernas para exaltar a guerra, que tão lamentavelmente nos são familiares, levam-nos de volta à concepção babilônica e assíria da guerra como injunção divina a exterminar povos estrangeiros para a maior glória de Deus.

## CARÁTER DE COMPETIÇÃO DAS GUERRAS ARCAICAS

Em certas formas primitivas de guerra, o elemento lúdico encontra uma expressão mais imediata e, em termos relativos, mais agradável. Uma vez mais estamos tratando daquela mesma esfera de pensamento primitivo em que o acaso, o destino, o julgamento, a competição e o jogo são considerados divinos. Nada mais natural do que a guerra ser também abrangida por essa concepção. Dá-se início à guerra a fim de se obter uma decisão de valor sagrado, pela prova da vitória ou da derrota. Em vez de dar provas de força numa competição, de jogar dados, de consultar um oráculo ou de entrar numa feroz disputa de palavras (métodos que também servem para invocar a decisão divina), pode-se igualmente recorrer à guerra. Como vimos, a ligação entre a decisão e a divindade é explicitada diretamente na designação alemã de "ordálio (*Gottesurteil*), embora o ordálio seja fundamentalmente um simples juízo, qualquer espécie de juízo. Toda decisão a que se chege mediante as fórmulas rituais corretas é um "juizo de Deus". Só de maneira secundária a ideia técnica do ordálio é associada às provas concretas de poder milagroso. Para compreender essas associações, é necessário não nos deixarmos limitar por nossa divisão habitual entre o jurídico, o religioso e o político. Aquilo que chamamos "direito" pode, igualmente, em termos de pensamento primitivo, ser chamado "poder" – no sentido de "vontade dos deuses" ou de "superioridade evidente". Assim, um conflito armado é um modo de justiça, a igual título que a consulta de um oráculo ou um julgamento no tribunal. E por último, dado que a toda decisão está ligada uma significação sagrada, a própria guerra pode ser considerada uma forma de consulta aos oráculos[3].

O irredutível complexo de ideias que abrange desde os jogos de azar até os julgamentos, pode ser observado de maneira flagrante no "combate individual" da civilização primitiva. O combate individual atinge diversas finalidades: pode ser a demonstração da *aristeia* pessoal, ou o prelúdio de um conflito geral, ou pode ocorrer durante a batalha como um episódio desta. É conhecido em todas as partes do mundo e glorificado pelos poetas e cronistas na historiografia e na literatura de todas as épocas. Um exemplo

3 A concepção original da palavra holandesa para guerra, *oorlog*, não é inteiramente clara, mas, em todo o caso, é provável que ela pertença ao domínio do sagrado. Os significados dos antigos termos germânicos correspondentes a *oorlog* oscilam entre combate, fatalidade, aquilo que está "reservado" a alguém, situação em que as obrigações se exprimem através de um juramento. Todavia, não é absolutamente certo que em todos os casos se trate de uma palavra idêntica. (N. da T. para o inglês : o manuscrito inglês de Huizinga substitui esse terceiro fator por "a cessação das condições sociais normais".)

muito característico é a descrição de Wakidi da batalha de *Badr*, na qual Maomé derrotou os coraichitas. Três dos guerreiros de Maomé desafiaram idêntico número de heróis dentre as hostes do inimigo; fizeram sua apresentação segundo as devidas fórmulas, saudando-se reciprocamente na qualidade de valorosos adversários[4]. A primeira guerra mundial assistiu a uma ressurreição da *aristeia* nos desafios que os aviadores dirigiam uns aos outros. O combate individual pode surgir também como augúrio da batalha, forma sob a qual é conhecido tanto pelos chineses como pela literatura germânica arcaica. Antes do início da batalha, os mais bravos guerreiros desafiam seus equivalentes do campo adversário. "A batalha é um teste do destino. Os primeiros passes de armas são presságios importantes."[5] O combate individual pode também, contudo, ocupar o lugar da própria batalha. Durante a guerra entre os vândalos e os alamanos em Espanha, os contendores decidiram resolver seu conflito mediante um combate individual[6]. Não devemos considerar isso como um sinal prévio, ou como uma medida humanitária destinada a evitar o derramamento de sangue, mas simplesmente como um substituto adequado para a guerra, uma prova concisa, sob forma agonística, da superioridade de um dos adversários: a vitória prova que a causa dos vencedores é favorecida pelos deuses, e que, portanto, é uma causa "justa". Escusado seria dizer que a concepção primitiva da guerra é viciada depressa por argumentos especificamente cristãos, defendendo o combate individual como meio de evitar um desnecessário derramamento de sangue. Já em Ouierzy-sur-Oise, no caso do rei merovíngio Teodorico, os guerreiros dizem: "Mais vale que caia só um do que todo o exército."[7] Na baixa Idade Média, era muito habitual que os reis ou príncipes em guerra resolvessem sua querela mediante um duelo entre eles. Esse duelo era preparado com grande solenidade e pormenores, sendo sempre o motivo expressamente apresentado "pour éviter effusion de sang chrestien et la destruction du peuple"[8].

4 J. Wellhausen, *Muhanmed in Medina: Das ist Vakidi's Kitab al Maghazi in verkürzter deutscher Wiedergabe*, Berlin, 1882, p. 53.

5 M. Granet, *Chinese Civilization*, p. 266; cf. J. De Vries, *Altgerman Religionsges*, Berlin, 1934, I, p. 258.

6 Gregório de Tours, *Decem Libri Historiarum* (*Historia Francorum*), II, 2.

7 *Fredegarius liber chronicarum*, IV, 27.

8 "Para evitar efusão de sangue cristão e a destruição do povo". Cf. meu *Herbst des Mittelalt*, p. 134s.

Mas, apesar de pomposamente anunciada, a real batalha nunca se realizava. Foi durante muito tempo uma comédia internacional, um cerimonial vazio entre as casas reais. Todavia, a tenacidade com que os monarcas permaneceram fiéis a esse antigo costume e a semi-seriedade com que ele foi mantido revela sua origem na esfera do ritual. Continuava sendo atuante a concepção primitiva de um procedimento jurídico que dava dessa maneira uma decisão legítima e até de valor sagrado. O imperador Carlos v desafiou por duas vezes Francisco i para um combate individual, com toda a devida cerimônia, e esse caso de maneira alguma foi o derradeiro[9].

## DUELO JUDICIÁRIO

É evidente que o combate em substituição a uma batalha é profundamente diferente do "julgamento pelas armas", no sentido restrito da expressão, como meio legal de solução de uma disputa. É bem conhecida a importância do papel desempenhado no direito medieval pelo duelo no âmbito da lei e dos costumes. Continua em aberto a questão de saber se pode ou não ser considerado um "ordálio". H. Brunner[10] e outros autores adotam esse ponto de vista, ao passo que R. Schröder[11] sustenta que ele simplesmente constitui uma forma de julgamento como qualquer outra. O fato de não se encontrar no direito anglo-saxão a prova das armas, que só foi introduzida pelos normandos, parece apontar para a conclusão de que, subsequentemente, não se situava ao mesmo nível que o ordálio, que era muito comum na Inglaterra. Toda a questão perde grande parte de sua importância se encararmos o duelo judiciário propriamente dito como um ágon sagrado que, por sua própria natureza, é capaz de revelar qual dos lados tem razão e para onde pende o favor dos deuses. Portanto, o aspecto essencial não é o apelo consciente para a divindade, como nas formas mais tardias do ordálio.

9 Cf. ainda, além das referências citadas: Erasmus Schets a Erasmus de Roterdã, 14, viii, 1528, Erasmo, *Opus epistolaram*, vii, n. 2024, 38s; n. 2059, 9.

10 H. Brunner, *Deutsche Rechtesgeschichte*, op. cit., p. 555.

11 Richard Schröder, *Lehrbuch der deutschen Religionsgeschichte*, 5. ed., Leipzig, 1907, p. 89.

O duelo judicial, embora às vezes seja levado até às últimas consequências[12], acusa desde início uma tendência para assumir os caracteres do jogo. É-lhe essencial um certo formalismo. Já o próprio fato de poder ser executado por combatentes contratados é por si só uma indicação de seu caráter ritual, porque os atos rituais sempre permitem a execução por um substituto. Exemplos desses combatentes profissionais são os *kempa* dos antigos tribunais frisões. Além disso, as regras relativas à escolha das armas e as vantagens dadas à parte mais fraca para igualar as possibilidades – por exemplo, um homem ficar enterrado até ao peito numa fossa para defrontar uma mulher – são as regras e vantagens adequadas ao jogo armado. Em fins da Idade Média, segundo parece, o duelo judiciário geralmente terminava sem que houvesse grande prejuízo para ninguém. Continua em aberto o problema de saber se essa qualidade lúdica deve ser considerada um sinal de decadência ou deve ser atribuída à natureza do próprio costume, embora este não excluísse a maior seriedade e o derramamento de sangue.

O último *trial by battle* num processo civil realizou-se em 1571, perante a *Court of Common Pleas* em Tothill Fields, Westminster, num campo de batalha de sessenta pés quadrados especialmente delimitado para o efeito. O combate foi autorizado a prosseguir desde o nascer do Sol "até as estrelas serem visíveis", ou até que um dos combatentes – cada um armado de escudo e maça, conforme ordenavam os capitulares carolíngeos – proferisse a "terrível palavra" *craven*, confessando-se derrotado. Toda essa "cerimônia", conforme lhe chama Blackstone, oferecia "a maior semelhança com certos divertimentos atléticos rurais"[13].

Dado que tanto o duelo judicial quanto o inteiramente fictício duelo real comportam um forte elemento de jogo, não é de se admirar que o duelo vulgar, ainda hoje praticado em muitos países da Europa, possua o mesmo caráter lúdico. O duelo privado vinga a honra ofendida. Ambas as ideias – a de que a honra pode ser ofendida e a necessidade de vingá-la – pertencem à esfera cultural arcaica, não obstante sua grande importância psicológica e social na vida moderna. A dignidade de um indivíduo deve ser evidente para todos e, se esse reconhecimento estiver em perigo, ela precisa ser afirmada e defendida pela ação agonística em público. Quando

12 Cf. meu Herbst des Mittelalters, p. 138s.

13 W. Blackstone, *Commentaries on the Laws of England*, p. 337s.

está em jogo o reconhecimento da honra pessoal, pouco importa que esta seja fundada na moralidade, na verdade ou em qualquer outro princípio ético. O que está em jogo é simplesmente a apreciação social enquanto tal. Nem tampouco se reveste de grande importância demonstrar que o duelo particular deriva do duelo judicial. São essencialmente a mesma coisa: uma luta permanente pelo prestígio, que é um valor fundamental, abrangendo tanto o direito quanto o poder. A vingança é a satisfação do sentido da honra, e a honra precisa ser satisfeita por mais perversa, criminosa ou mórbida que seja. Na iconografia grega a *Dikê* (Justiça) muitas vezes se confunde com a figura de *Nemesis* (vingança), do mesmo modo que com a *Tikê* (fortuna)[14]. O duelo revela também sua profunda identidade com a decisão judicial no fato de, tal como o próprio duelo judicial, não impor à família da vítima a obrigação de vingá-la, desde que, evidentemente, o duelo se tenha desenrolado nos devidos termos.

Em períodos fortemente marcados por uma poderosa aristocracia militar, é possível ao duelo particular assumir formas extremamente sanguinárias. Os adversários principais e os que os secundam podem, por exemplo, travar um combate de grupo, a cavalo e armados de pistolas – uma verdadeira batalha de cavalaria. Eram essas as proporções assumidas pelo duelo durante o século XVI na França. Uma insignificante querela verbal entre dois nobres podia muito bem levar a um combate sangrento entre seis ou mesmo oito pessoas. A honra proibia a recusa de secundar os adversários de um duelo. Montaigne faz referência a um duelo entre três dos *mignons* de Henrique III e três nobres da corte do duque de Guise. Richelieu tentou abolir o costume, mas continuaram caindo vítimas até à época de Luís XIV.

Por outro lado, está perfeitamente de acordo com o caráter ritual subjacente ao duelo particular o fato de o combate não ter como finalidade a morte, parando quando há derramamento de sangue, momento a partir do qual a honra fica satisfeita. Por isso, o duelo moderno, à moda francesa, não deve, pelo fato de geralmente não continuar a partir do momento em que é ferido um dos contendores, ser considerado uma efeminação mais ou menos ridícula de costumes mais sérios. Sendo essencialmente

14 J.E. Harrison, *Themis*, op. cit., p. 258.

uma forma de jogo, o duelo é simbólico: o que importa é o derramamento de sangue, e não a morte. Podemos considerá-lo uma forma tardia de jogo mortífero ritual, uma regulamentação do golpe de morte desferido num momento de cólera. O lugar onde se trava o duelo possui todas as características do recinto de jogo; as armas têm que ser exatamente idênticas, tal como em alguns jogos; há um sinal para começar e outro para terminar, e o número de golpes ou de tiros é delimitado. E basta correr sangue para que a honra seja vingada e restaurada.

## CARÁTER SAGRADO E AGONÍSTICO NAS GUERRAS ARCAICAS

É difícil identificar o elemento agonístico na guerra propriamente dita. Nas fases mais primitivas, falta esse elemento que poderíamos chamar *fair-play* (com regras), ou seja, ela não é agonística. A violência dos povos selvagens se expressa em expedições predatórias, assassinatos, caçadas a homens ou mesmo a cabeças, seja devido à fome, ao medo, à religião ou à simples crueldade. Essas matanças mal merecem ser dignificadas com o nome de guerra. A ideia da guerra só aparece quando uma situação especial de hostilidade geral, solenemente proclamada, é reconhecida como algo diferente das querelas individuais e dos conflitos entre famílias. Essa distinção coloca de um só golpe a guerra tanto na esfera agonística quanto na do ritual, elevando-a ao nível das causas sagradas, de um confronto geral de forças e da revelação do destino; por outras palavras, passa a fazer parte daquele complexo de ideias que abrange a justiça, o destino e a honra. Como instituição sagrada, passa a revestir-se de toda a ornamentação espiritual e material de que a tribo dispõe. Isso não significa que a guerra se desenrolará estritamente de acordo com um código de honra e em forma ritual, porque a brutalidade e a violência continuarão presentes; quer apenas dizer que a guerra será vista como um dever sagrado, ligado à defesa da honra, que deve ser cumprido mais ou menos em conformidade com esse ideal. É sempre difícil determinar até que ponto a guerra foi efetivamente influenciada por essas concepções. A maior parte das narrativas de nobres batalhas em belo estilo baseia-se menos nos sóbrios relatos dos analistas e cronistas do que na visão literária, tanto dos contemporâneos como de seus sucessores, na épica e nas canções. Há em torno delas uma grande dose de ficção heroica e romântica. Apesar disso, seria injusto concluir que o enobrecimento da guerra pela exaltação no domínio moral e religioso tenha sido pura ficção, ou que o embelezamento do combate só tenha servido para disfarçar sua crueldade. Mesmo que não passe de uma ficção, essa concepção da guerra como um nobre jogo de honra e virtude desempenhou um papel importante no desenvolvimento da civilização, pois foi nela que teve origem a ideia da cavalaria e, portanto, em última instância, o direito internacional. A cavalaria foi um dos grandes estimulantes da civilização medieval e, embora na prática esse ideal tenha sido constantemente mal interpretado, serviu de base para o direito internacional, o qual constitui uma das defesas mais necessárias à comunidade mundial.

Podem-se escolher ao acaso, em diversas épocas e civilizações, exemplos do elemento agonístico ou lúdico na guerra. Vejamos, antes de mais nada, dois exemplos tirados da história grega. Segundo a tradição, a guerra entre as duas cidades da Eubeia, Cálcis e Eretria, no século VII antes de Cristo, desenrolou-se inteiramente sob a forma de uma competição. Um pacto solene contendo as regras estabelecidas foi previamente depositado no templo de Ártemis. Nele eram indicados o momento e o local do combate. Eram proibidos todos os projéteis, dardos, flechas ou fundas, sendo permitidas apenas a espada e a lança. Há outro exemplo mais conhecido, embora menos ingênuo. Após a batalha de Salamina, os gregos vitoriosos navegaram para o istmo a fim de distribuir prêmios, aqui chamados *aristeia*, àqueles que mais se haviam distinguido durante a batalha. Os chefes deviam depositar seus votos no altar de Poseidon, indicando um primeiro e um segundo candidatos. Cada um dos chefes se colocou a si mesmo em primeiro lugar, e a maior parte deles votou em Temístocles para segundo, de modo que este último obteve a maioria. Mas os problemas de inveja surgidos entre eles impediram a ratificação desse veredicto[15].

Tratando da batalha de Mycale, Heródoto chama às ilhas e ao Helesponto os "prêmios" (*aethla*) da luta entre os gregos e os persas,

15 Heródoto, *Histórias*, VIII, 123-125.

mas isso talvez seja apenas uma metáfora corrente. É manifesto que o próprio Heródoto tinha certas dúvidas quanto ao valor da noção de competição na guerra. Através da boca de Mardonius, que toma parte no imaginário conselho de guerra na corte de Xerxes, desaprova a estupidez dos gregos, que anunciam suas guerras previamente e com grande solenidade, passando depois a escolher um belo campo plano, onde depois travam a batalha, com grande prejuízo tanto para os vencidos quanto para os vencedores. Seria muito melhor, diz ele, que as disputas fossem resolvidas por intermédio de arautos ou embaixadores, ou então, caso a luta se tornasse inevitável, que lutassem por todos os meios, mas cada um tivesse a possibilidade de escolher um lugar mais ao abrigo dos ataques[16].

Parece que, sempre que a literatura exalta a guerra nobre e cavalheiresca, imediatamente surgem críticos colocando as considerações táticas e estratégicas acima das questões de honra. Todavia, quanto à própria honra, é impressionante a que ponto a tradição militar chinesa se assemelha à da Idade Média ocidental. Segundo a descrição da guerra entre os chineses por Granet, durante o que chama a época feudal[17], só pode haver vitória caso a honra do príncipe saia enaltecida do campo de batalha. Isso não depende das vantagens obtidas, e ainda menos de aproveitá-las ao extremo, e sim da moderação evidenciada. Só a moderação constitui prova da virtude heroica do vencedor. Dois nobres, Tsin e Ts'in, têm seus exércitos acampados um defronte do outro, mas sem travar combate. Chegada a noite, um mensageiro de Ts'in vai avisar Tsin para se preparar: "De ambos os lados não há falta de guerreiros. Eu vos convido para o encontro amanhã cedo"! Mas os homens de Tsin observam que o mensageiro deixa transparecer no olhar e na voz uma certa insegurança. "O exército de Ts'in tem medo de nós! Baterá em retirada! Vamos fazê-los recuar para o rio! Sem dúvida o derrotaremos!" Então, o exército de Tsin não se move, permitindo que o inimigo se disperse em paz. Bastou que alguém dissesse: "É desumano deixar de recolher os mortos e os feridos. É covardia não esperar pelo momento fixado ou acuar o inimigo."[18]

16 Idem, VII, 96; IX, 101.
17 M. Granet, *Chinese Civilization*, p. 272-273.
18 Ibidem, p. 268; ver também nessa obra a mesma tentação de utilizar as vantagens, no combate entre o rei Siang e Império Tch'u.

Há também o caso do chefe vitorioso que recusa modestamente que elevem no campo de batalha um monumento em sua honra. "Isso estaria bem nos tempos antigos, quando os famosos reis resplendentes de todas as virtudes guerreavam os inimigos do céu, estigmatizando os maus. Mas hoje não há culpados, há apenas vassalos que afirmaram sua fidelidade até à morte. É isso razão suficiente para um monumento?"

Os acampamentos são sempre cuidadosamente orientados em direção aos quatro cantos do zodíaco. Tudo o que dizia respeito à organização de um acampamento militar, em épocas culturais como a da China antiga, era prescrito da maneira mais rigorosa e possuía um significado sagrado, porque o acampamento seguia o modelo da cidade imperial, e esta por sua vez seguia o modelo do céu. Esses pormenores mostram claramente que tudo isso é abrangido pela esfera do sagrado[19]. Os acampamentos militares romanos também apresentavam vestígios de sua origem ritualística, conforme afirmam F. Muller e outros. Embora na Idade Média cristã esses vestígios tivessem desaparecido completamente, a suntuosidade e o esplendor da decoração do acampamento de Carlos, o Temerário, no cerco de Neuss, em 1475, prova a estreita relação existente entre a condução da guerra e o espírito do torneio.

## CORTESIA PARA COM O INIMIGO

Um costume que deriva da ideia da guerra como um nobre jogo de honra, e é conservado mesmo nas desumanas guerras de nossos dias, é o da troca de civilidades com o inimigo. Poucas vezes deixa de estar presente um certo elemento satírico, o que torna ainda mais evidente o caráter lúdico desse costume. Os senhores da guerra da China antiga costumavam trocar jarros de vinho, que eram solenemente bebidos em meio a reminiscências de um passado mais pacífico e protestos de mútua estima[20]. Saudavam-se reciprocamente com os mais requintados cumprimentos e reverências, e davam armas uns aos outros como presentes, do

19 Ibidem., p. 269.
20 Ibidem, p. 314.

mesmo modo que Glauco e Diomedes. Ainda no cerco de Breda, em 1637[21], quando a cidade foi recuperada pelos holandeses sob o comando de Frederico Henrique de Orange, o comandante espanhol ordenou que fosse delicadamente devolvida a seu dono, o conde de Nassau, uma carruagem que havia sido capturada pelos habitantes sitiados, acompanhada de um presente de novecentos florins para a soldadesca. Por vezes, dá-se ao adversário conselhos trocistas. Outro exemplo chinês é o de um guerreiro, durante uma das inúmeras campanhas de Tsin contra Tch'u, mostrando a um adversário, com uma paciência exasperadora, de que maneira um carro deveria ser tirado da lama, e vendo-se recompensado com esta resposta: "Não temos tanta prática na arte de fugir como os habitantes de vosso grande país!"[22]

No ano de 1400, um certo Conde de Virneburg desafiou a cidade de Aix-la-Chapelle para um combate em determinado dia e lugar, aconselhando os habitantes a levar com eles o bailio de *Jülich*, que era o responsável pelo diferendo[23].

Essas convenções relativas ao momento e ao lugar de uma batalha são da maior importância no tratamento da guerra, como uma competição de honra que é ao mesmo tempo uma decisão judicial. A delimitação de um terreno para o combate é idêntica ao estabelecimento de um recinto de tribunal (*hegen*, em alemão). O processo é descrito nas fontes nórdicas antigas: o lugar da batalha é delimitado por meio de estacas de madeira ou ramos de aveleira. Essa ideia perdura ainda na expressão inglesa *pitched battle*, que designa uma batalha que se desenrola segundo todas as normas da arte militar. É difícil dizer em que medida a delimitação do campo era realmente praticada nas batalhas a sério; dado seu caráter eminentemente ritualístico, podia ser sempre indicada de maneira completamente simbólica, mediante um sinal qualquer em substituição a uma verdadeira vedação. Quanto à proposta do momento e do local da batalha, a história medieval abunda em exemplos. Aliás, a regra era recusar ou ignorar a proposta, o que prova claramente a natureza puramente formal

21 Não o que ocorreu em 1625 e foi imortalizado pelo célebre quadro *As Lanças*, de Velasquez.

22 M. Granet, op. cit., p. 316.

23 Wilhelm Erben, *Kriegsgeschichte des Mittelalters*, München, 1929 (Serire Beiheft zur Historischen Zeitschrift, 16), v. 16, p. 95.

desse costume. Carlos de Anjou comunica ao conde Guilherme da Holanda que "ele e seu exército esperarão por ele durante três dias na charneca de Assche".[24] Em 1332, o duque João de Brabante envia um arauto, levando na mão uma espada desembainhada, para propor ao rei João da Boêmia um determinado lugar para uma batalha na quarta-feira seguinte, solicitando expressamente uma resposta e, se necessário, uma contraproposta. Mas o rei, embora fosse um paladino da cavalaria, obrigou o duque a esperar na chuva durante três dias. A batalha de Crécy foi precedida por uma troca de cartas em que o rei de França deixava ao rei Eduardo da Inglaterra a escolha de dois lugares e de quatro dias diferentes para a batalha, ou conforme preferisse[25]. O rei Eduardo respondeu que não podia atravessar o Sena e que havia três dias estava esperando o inimigo. Em Najera, na Espanha, Henrique de Trastâmara abandonou em 1367 sua posição de batalha, que era extremamente vantajosa, a fim de dar combate ao inimigo em campo aberto, e foi vencido. A agência noticiosa japonesa Domei comunicou que, após a tomada de Cantão, em dezembro de 1938, o comandante japonês propôs a Chiang-Kai-Shek que fosse travado um combate decisivo nas planícies do sul da China, o que permitiria ao adversário salvar a sua honra, sendo o resultado aceito como "incidente" definitivo.

## CERIMÔNIA E TÁTICA

Há outros costumes militares medievais que podem ser colocados no mesmo plano que a oferta de um momento e de um lugar determinados, como, por exemplo, o lugar de honra na ordem de batalha e a exigência de que o vencedor permaneça no campo de batalha durante três dias. O primeiro desses costumes dava lugar a ferozes disputas, cujo resultado podia chegar a ser fatal. Às vezes, o direito de encabeçar o exército era consagrado por um documento escrito, ou reconhecido como direito hereditário de certas famílias e casas nobres. Na célebre batalha de Nicópolis, em 1396, quando um exército de elite composto por cavaleiros

24 Melis Stoke, *Rijmkroniek*, ed. W.V. Brill, v. III, 1387.
25 Cf. W. Erben, op. cit., p. 93s., e também meu *Herbst des Mittelalters*, p. 142.

partiu com pompa numa cruzada contra os turcos, as possibilidades de vitória foram comprometidas por discussões acerca dessas fúteis questões de precedência, e a hoste de cavaleiros foi aniquilada. Quanto à permanência no campo de batalha durante três dias, que era quase sempre exigida, é possível ver nela vestígios da *sessio triduana* da vida judiciária[26]. De qualquer modo, não há dúvida que em todos esses usos cerimoniais e rituais, verificáveis na tradição de todas as regiões do mundo, vemos claramente que a guerra tem origem naquela esfera agônica primitiva, na qual se confundem intimamente o jogo e o combate, a justiça, o destino e a sorte[27].

## LIMITE VÁLIDO DO PRINCÍPIO AGONAL

O ideal primitivo da honra e da nobreza, que tem raízes no primeiro de todos os pecados, que é a Soberba, é substituído, nas fases mais adiantadas da civilização, pelo ideal da justiça, ou melhor, esse ideal é ligado ao primeiro e, embora só raramente seja posto em prática, torna-se a partir daí a norma reconhecida e desejada da sociedade humana, a qual passou agora, de um amontoado de clãs e tribos, a uma associação de grandes nações e estados. A "lei das nações" deriva da esfera agonística como a consciência, ou voz da consciência, que diz: "Isso é contra a honra, é contra as regras". A partir do momento em que se constitui um sistema integral de obrigações internacionais, baseadas na ética, deixou de haver muito lugar para a intervenção do elemento agonístico nas relações entre os Estados, pois esse sistema procura sublimar o instinto de luta política no sentido autêntico da justiça e da equidade. Teoricamente, não há qualquer razão para ocorrerem guerras agonísticas entre os membros de uma comunidade de Estados ligados por um direito internacional universalmente reconhecido. Mas, mesmo nesse caso, a comunidade não perde todos os caracteres de uma comunidade lúdica. O princípio da reciprocidade dos direitos, as fórmulas diplomáticas, a obrigação

26 Processo jurídico de sucessão ou de doação e adoção, no qual o doador residia três dias na casa do adotante. Ver *The Origins of the Truth*, de Gilbert Verbit, pg. 97 e 98

27 Cf. W. Erben, op, cit., n. 100; e o meu *Herbst des Mittelalters*, p. 140.

recíproca de respeitar os tratados e, em caso de guerra, abolir oficialmente a paz, tudo isso apresenta uma semelhança formal com as regras lúdicas, na medida em que só é válido enquanto o próprio jogo (isto é, a necessidade de ordem na vida dos homens) é reconhecido. Num sentido puramente formal, poderíamos considerar toda a sociedade como um jogo, se tivermos em mente que esse jogo é o princípio vital de toda civilização.

Atualmente, as coisas chegaram a tal ponto que o sistema de direito internacional deixou de ser reconhecido ou respeitado como a própria base da cultura e da vida civilizada. A partir do momento em que um ou mais membros de uma comunidade de Estados praticamente negam o caráter obrigatório do direito internacional e, quer na prática ou em teoria, proclamam os interesses e o poder de seu próprio grupo – nação, partido, classe, igreja ou seja o que for – como única norma de seu comportamento político, o que desaparece não é apenas o derradeiro vestígio de um imemorial espírito lúdico, é também toda e qualquer exigência de civilização. A sociedade desce ao nível da barbárie, e a violência original readquire seus velhos direitos.

A conclusão de tudo isso é que sem espírito lúdico a civilização é impossível. Contudo, mesmo numa sociedade completamente desintegrada pelo colapso de todos os vínculos jurídicos, o impulso agonístico não se perde, pois é inato. O desejo inato de ser o primeiro continuará levando os grupos de poder a entrar em competição, podendo até conduzi-los a inacreditáveis extremos de cegueira e megalomania desenfreada. Pouca diferença faz que se adira à doutrina de ontem, que interpretava a história como produto de forças econômicas "inevitáveis e imutáveis", ou que se criem novas *Weltanschauungen* (*concepções do mundo*) que simplesmente vão colocar um rótulo pseudocientífico no desejo de triunfar. No fundo, o problema é sempre ganhar – embora saibamos muito bem que essa forma de "vencer" não pode tazer ganhos.

## NOÇÃO IDEAL DA VIDA HEROICA

Nos inícios da civilização, a rivalidade pelo primeiro lugar era sem dúvida um fator formativo e enobrecedor. Juntamente com uma autêntica ingenuidade de espírito e um vivo sentido, deu origem àquela orgulhosa coragem pessoal que é tão fundamental numa cultura jovem. E não se trata apenas disso: as próprias formas culturais desenvolvem-se nessas constantes competições sagradas, e é através delas também que a estrutura da sociedade se expande. A vida aristocrática é concebida como um jogo exaltante de coragem e honra. Infelizmente, mesmo num ambiente primitivo é raro que a guerra, com sua ferocidade e crueldade, permita que esse nobre jogo se torne uma realidade. A violência sangrenta só em pequena medida pode caber nas formas elevadas da cultura. Daí resulta que o jogo só pode ser plenamente sentido e apreciado como ficção social e estética. É por isso que o espírito da sociedade está constantemente procurando uma forma de evasão nas belas imagens de uma vida heroica que se realiza na dignidade do combate e se situa no domínio ideal da honra, da virtude e da beleza.

Esse ideal de uma luta nobre, que se manifesta através do mito e da lenda, é um dos mais poderosos incentivos da civilização. Por mais de uma vez esse ideal deu origem a um sistema de atletismo marcial e de jogo social ritualístico, de exaltação poética das relações da vida real, como foi o caso na cavalaria medieval e no *bushido* japonês. Aqui, a própria força da imaginação trabalha para a geração de uma classe nobre, reforçando sua coragem e elevando seu sentido do dever. A presença do ideal da competição nobiliárquica é particularmente evidente numa sociedade em que uma aristocracia militar com uma propriedade rural moderada obedece a um monarca considerado divino e sagrado, sendo a lealdade ao chefe o principal dever da vida. Só numa sociedade assim feudalmente organizada, na qual o homem livre não tem necessidade de trabalhar, é possível florescer a cavalaria, e com ela, o torneio. Só numa aristocracia feudal fazem-se votos solenes de praticar proezas nunca vistas; os brasões e bandeiras tornam-se objeto de veneração, as ordens de cavaleiros multiplicam-se e a vida passa a ser dominada pelas questões de estirpe e de precedência. Só uma aristocracia feudal dispõe de tempo para essas coisas. O caráter fundamental de todo esse complexo de ideais, costumes e instituições pode ser observado de maneira mais nítida no país do Sol Nascente do que na Idade Média cristã ou no Islã. O samurai japonês era de opinião de que o que é sério para o homem comum não passa de um jogo para o valente. O supremo mandamento de sua vida é o nobre autocontrole em face do perigo e da morte. A competição de linguagem insultuosa, a que anteriormente nos referimos, pode assumir a forma de uma prova de resistência numa sociedade em que uma conduta sóbria e cavalheiresca é prova de um estilo de vida heroico. Um dos sinais desse heroísmo é o completo desprezo que o homem de espírito nobre professa por todas as coisas materiais. O nobre japonês mostra sua educação e a superioridade de sua cultura não sabendo, ou pretendendo não saber, o valor das moedas. Um príncipe japonês, Kenshin, que estava em guerra contra um outro príncipe chamado Shingen, soube que um terceiro senhor feudal, embora não estivesse em conflito aberto com o príncipe Shingen, havia cortado o fornecimento de sal deste último. Em vista disso, o príncipe Kenshin ordenou a seus súditos que enviassem sal ao inimigo, exprimindo seu desprezo por essa luta econômica através das seguintes palavras: "Não combato com sal, e sim com a espada!"[28]

## SUPERESTIMAÇÃO DO VALOR CULTURAL DA GUERRA

Não se pode pôr em dúvida que esse ideal de cavalaria, lealdade, coragem e autocontrole contribuiu de maneira importante para as civilizações que o professaram. Apesar de em grande parte não passar de ficção e fantasia, não se pode negar que contribuiu para elevar o nível de educação e, na vida pública, a capacidade pessoal e o nível ético. A imagem histórica dos povos que professavam esse ideal foi extremamente deformada, levando muitas vezes, mesmo os espíritos mais pacíficos, a louvar a guerra, vista através da miragem da tradição da cavalaria, com mais entusiasmo do que ela na realidade jamais mereceu. O tema da guerra como principal fonte das virtudes humanas foi, por exemplo, defendido por Ruskin, sem dúvida com certo esforço, em seu discurso aos cadetes de Woolwich, apresentando-a como condição absoluta de todas as puras e nobres artes da paz. "Jamais à superfície da terra surgiu uma grande arte que não fosse numa nação de soldados. Não é possível, numa nação, qualquer grande arte que não se

28 I. Nitobe, *The Soul of Japan*, Tóquio, 1905, p. 35, 98.

baseie na guerra" etc. "Creio em resumo", continua ele, não sem um certo superficialismo ingênuo na utilização de seus argumentos históricos, "que todas as grandes nações aprenderam na guerra a verdade de sua palavra e o vigor de seu pensamento; que foram nutridas pela guerra e arruinadas pela paz; educadas pela guerra e enganadas pela paz; exercitadas pela guerra e traídas pela paz – numa palavra, que nasceram na guerra e expiraram na paz."

Em tudo isso há muito de verdade, e essa verdade é apresentada sob uma forma extremamente pungente. Mas Ruskin imediatamente corrige sua retórica com a declaração de que isso não se aplica a qualquer guerra. O que verdadeiramente tinha em mente, diz ele, era "a guerra criadora ou fundamental, na qual a natural instabilidade e o amor pela competição dos homens são disciplinados, por consentimento, num jogo que é belo, embora possa ser fatal". Para ele, a humanidade está desde o início dividida em "duas raças, uma de trabalhadores e a outra de jogadores: uma lavrando a terra, manufaturando, construindo, e provendo a todas as outras necessidades da vida; a outra, altivamente ociosa, precisando, portanto, de recreação constante, e utilizando as classe produtivas e laboriosas em parte como rebanho e, em parte, como fantoches ou peças do jogo da morte". Há alguma coisa do super-homem nessas declarações de Ruskin, juntamente com uma certa dose de ilusionismo barato. Mas para os nossos propósitos, a importância dessa passagem é que Ruskin compreendeu corretamente a presença de um elemento lúdico na guerra primitiva. Em sua opinião, o ideal da guerra "criadora e fundamental" foi realizado em Esparta e na cavalaria medieval. No entanto, logo depois das palavras que acabamos de citar, sua lealdade, sua seriedade e gentileza mostram o melhor de si, e ele detém o voo de seu pensamento para condenar a guerra moderna – guerra de 1865! –, evidentemente pensando na mortífera guerra civil americana que se estendia por todo o Atlântico[29].

Entre as virtudes humanas – ou diríamos melhor "qualidades" – há uma que parece provir diretamente da vida aristocrática e agonística do guerreiro dos tempos antigos: a fidelidade. A fidelidade e a entrega de si mesmo a uma pessoa, a uma causa ou ideia, sem discutir as razões dessa entrega nem duvidar da extensão de

29 John Ruskin, *The Crown of Wild Olive: Four Lectures on Industry and War*, III: War.

sua natureza. Ora, essa atitude tem muita coisa em comum com o jogo. Não seria excessivo considerar essa "virtude", que é tão benéfica em sua forma pura e, quando pervertida, um fermento tão demoníaco, como diretamente derivada da esfera lúdica. Seja como for, não há dúvida de que o solo que viu florescer a cavalaria produziu uma rica colheita, os autênticos primeiros frutos da civilização. As mais nobres formas de expressão épica e lírica, a mais brilhante arte decorativa, o mais esplendoroso cerimonial, tudo isso deriva da imemorial concepção da guerra como um nobre jogo. Há uma linha direta que vai desde o cavaleiro até ao "*honnete homme*" do século XVII e ao "cavalheiro" dos tempos atuais. Os países latinos do ocidente acrescentaram a esse culto o ideal da galanteria, de tal modo que a cavalaria e o amor cortês se encontram tão intimamente ligados que, com o tempo, se tornou impossível dizer onde está a trama e onde está a urdidura.

Resta dizer mais uma coisa. Ao falarmos de tudo isso como "os primeiros frutos da civilização", corremos o perigo de esquecer sua origem sagrada. Na história, na arte e na literatura, tudo aquilo que vemos sob a forma de um belo e nobre jogo começou por ser um jogo sagrado. Os torneios e justas, as ordens, os votos, os títulos, são todos vestígios dos ritos de iniciação primitivos. Já se perderam os elos dessa longa cadeia evolutiva: a cavalaria medieval é por nós conhecida sobretudo como um elemento cultural mantido artificialmente e, em parte, propositadamente ressuscitado. Mas o suntuoso aparato dos códigos de honra, da conduta cortês, da heráldica, das ordens de cavalaria e dos torneios não havia ainda perdido seu significado mesmo já perto dos fins da Idade Média. Foi ao procurar descrever o alcance de tudo isso em meu livro anterior[30] que pela primeira vez me ocorreu ao espírito a íntima relação existente entre o jogo e a cultura.

30 *Herbst des Mittelalters*, cap. II-X.

➧ A Batalha de Poca-Sioux, *desenho de Tai-go-nai (Búfalo em Pé)*

# 6. Jogo e Conhecimento

## CONCORRÊNCIA E CONHECIMENTO

A ânsia de ser o primeiro assume tantas formas de expressão quantas as oportunidades que a sociedade para tal oferece. As maneiras segundo as quais os homens são capazes de competir pela superioridade são tão variadas quanto os prêmios que são possíveis de se ganhar. A decisão pode ser dada pela sorte, pela força física, pela destreza ou pela luta armada. Também pode haver competições de coragem e resistência, habilidade, conhecimentos, fanfarronice ou astúcia. É possível que se exija uma prova de força ou a apresentação de uma obra de arte; ou que se peça a forja de uma espada ou a invenção de rimas engenhosas. Pode-se solicitar resposta a determinadas perguntas. A competição permite-se assumir a forma de um oráculo, de uma aposta, de um julgamento, de um voto ou de um enigma. Mas, seja qual for a forma sob a qual se apresente, é sempre de jogo que se trata, e é sob esse ponto de vista que devemos interpretar sua função cultural.

Uma surpreendente semelhança que caracteriza os costumes agonísticos em todas as culturas talvez tenha seu exemplo mais impressionante no domínio do próprio espírito humano, quer dizer, no do conhecimento e da sabedoria. Para o homem arcaico, o fazer e o ousar são fontes de poder, mas o conhecimento é uma fonte de poder mágico. Para ele todo saber é um saber sagrado, uma sabedoria esotérica capaz de obrar milagres, pois todo conhecimento está diretamente ligado à própria ordem cósmica. A ordem das coisas, decretada pelos deuses e conservada pelo ritual para a preservação da vida e a salvação do homem, essa ordem universal ou *rtam*, como era chamada em sânscrito, tem sua mais poderosa salvaguarda no conhecimento das coisas sagradas, de seus nomes secretos e da origem do mundo.

É por isso que há competições nesse tipo de conhecimento nas festas sagradas, pois a palavra pronunciada tem uma influência direta sobre a ordem do mundo. A competição em conhecimentos esotéricos está profundamente enraizada no ritual e constitui uma de suas partes essenciais. As perguntas que os sacrificadores fazem uns aos outros, cada um por sua vez, ou mediante desafios, são enigmas no sentido pleno do termo, exatamente idênticos, salvo em sua significação sagrada, às adivinhas de salão. É na tradição védica que se pode ver mais claramente a função dessas competições rituais de enigmas. Nos grandes sacrifícios solenes, elas constituíam uma parte da cerimônia tão essencial como o sacrifício propriamente dito. Os brâmanes competiam em *jatavidya*, conhecimento das origens, ou em *brahmodya*, cuja tradução mais aproximada seria "expressão das coisas sagradas". Essas designações mostram claramente que as perguntas feitas possuíam um caráter predominantemente cosmogônico. Vários dos hinos do *Rigveda* encerram a produção poética direta dessas competições. No hino *Rigveda* I, 64, algumas das perguntas dizem respeito a fenômenos cósmicos, e outras às particularidades rituais do sacrifício: "Interrogo-vos sobre a extremidade mais longínqua da terra, pergunto-vos: onde está o umbigo da terra? Interrogo-vos sobre o esperma do garanhão, pergunto-vos: qual é a mais alta instância da palavra?"[1]

No Hino VIII, 29, dez enigmas típicos descrevem os atributos das principais divindades, seguindo-se a cada resposta o nome de uma dessas divindades: "Um deles tem a pele marrom avermelhada, é multiforme, generoso, jovem; ele se adorna com ouro (*Soma*). Em seu seio desceu um ser refulgente, o deus sábio entre os deuses (*Agni*) etc."[2]

1 Cf. *Lieder des Rigveda*, trad. Alfred Hillebrandt (Quellen zur Religionsgeschichte, VII, 5), Göttingen, 1913, p. 105 (I, 164, 34).

2 Idem, p. 98 (VIII, 29, 1-2).

O elemento predominante desses hinos é sua forma de enigma, cuja solução depende do conhecimento do ritual e de seus símbolos. Mas essa forma de enigma encerra a mais profunda sabedoria a respeito das origens da existência. Paul Deussen, com uma certa razão, chama ao *Rigveda* x, 129 "provavelmente o mais admirável texto filosófico que chegou desde os tempos antigos até nós"[3].

"Então, o ser não era, nem o não ser. O ar não era, nem o firmamento acima dele. O que se mantinha fechado? Onde? Sob a guarda de quem? E o imerso abismo era todo água?

"Então, a morte não era, nem a não morte; não havia distinção entre o dia e a noite. Nada respirava salvo Aquilo, em si mesmo sem respiro. Em parte alguma havia algo além de Aquilo."[4]

A forma interrogativa do enigma foi aqui em parte suplantada pela forma afirmativa, mas a estrutura poética do hino continua refletindo seu caráter original de enigma. Depois do verso 5, volta a aparecer a forma interrogativa:

"Quem sabe, quem dirá aqui onde nasceu esta Criação e por que veio?"

Uma vez aceite que esse hino deriva da canção-enigma ritual, a qual, por sua vez, é a redação literária de concursos de enigmas que efetivamente se realizaram, fica estabelecida da maneira mais convincente possível a ligação genética entre o jogo de enigmas e a filosofia esotérica.

Em alguns dos hinos do *Atharvaveda*, como, por exemplo, em x, 7 e 8, parece haver séries inteiras de perguntas enigmáticas, agrupadas sob um denominador comum, pouco importando que a questão seja resolvida ou fique sem resposta.

"Para onde foram as luas e para onde as meias-luas, e o ano ao qual se juntam? Para onde vão as estações – dizei-me qual é seu *skambha*![5] Para onde correm, em seu desejo, as duas donzelas de formas diferentes, o dia e a noite? Para onde, em seu desejo, correm as águas? Dizei-me qual é seu *skambha*!"

3 *Allgemeine Geschichte der Philosophie*, I, Leipzig, 1894, p. 120.

4 *Lieder des Rigveda*, p. 133 (x, 129).

5 *Atharvaveda*, x, 7, 5, 6. Literalmente, "pilar", mas tomado aqui no sentido místico de "fundamento do ser". (N. da T. para o inglês :Para uma interpretação arrebatadora e inesquecível deste e de outros mitos cosmogônicos, ver as obras de Hans Schindler Bellamy, *Moons, Myths and Man* [1936] e *Built Before The Flood: The Problem of the Tiahuanaco Ruins* [1943] etc.)

"Como pode o vento não parar, nem o espírito repousar? Por que as águas, desejosas da verdade, jamais param de correr?"[6]

## NASCENÇA DO PENSAMENTO FILOSÓFICO

O pensamento arcaico, arrebatado pelos mistérios do Ser, encontra-se aqui situado no limite entre a poesia sagrada, a mais profunda sabedoria, o misticismo e a mistificação verbal pura e simples. Não nos compete dar conta de cada um dos elementos particulares de tais efusões. O poeta-sacerdote está constantemente batendo à porta do Incognoscível, ao qual nem ele nem nós podemos ter acesso. Sobre esses veneráveis textos, tudo o que podemos dizer é que neles assistimos ao nascimento da filosofia, não como jogo inútil, mas no seio de um jogo sagrado. A mais alta sabedoria é praticada sob a forma de uma prova esotérica. Pode-se observar de passagem que o problema cosmogônico de saber como o mundo surgiu constitui uma das preocupações fundamentais do espírito humano. A psicologia experimental infantil mostrou que uma grande parte das perguntas feitas pelas crianças de seis anos possui um caráter autenticamente cosmogônico, como, por exemplo, o que faz a água correr, de onde vem o vento, o que é estar morto etc.[7]

As perguntas enigmáticas dos hinos védicos conduzem às profundas sentenças dos *Upanishads*. Mas aqui o que nos interessa não é a profundidade filosófica dos enigmas sagrados, e sim seu caráter lúdico e sua importância para a civilização enquanto tal.

## O CONCURSO DE ENIGMAS PERTENCE AO CULTO

O concurso de enigmas está longe de constituir um simples divertimento, e sim parte integral da cerimônia do sacrifício. A resolução dos enigmas é tão indispensável quanto o próprio sacrifício[8]. Ela exerce uma certa pressão sobre os deuses. Nas

6 Idem, x, 7, 37.

7 Cf. Jean Piaget, Les Questions d'un enfant de six ans, *Le Langage et la pensée chez l'enfant*, Neuchâtel-Paris, 1930.

8 Cf. Moriz Winternitz, *Geschichte der indischen Literatur*, I, Leipzig, 1908, p. 160.

Celebes Centrais, entre os Toradja, encontra-se um interessante paralelo com esse antigo costume védico[9]. Em suas festas, a parte destinada aos enigmas é estritamente limitada no tempo, começando no momento em que o arroz fica "prenhe", prolongando-se até à colheita e, naturalmente, a resolução dos enigmas lhe é considerada favorável. Cada vez que um enigma é resolvido, o coro canta: "Sai, arroz, saiam, gordas espigas, do alto da montanha ou do fundo dos vales!" Durante a época que precede imediatamente esse período, todas as atividades literárias são proibidas, pois poderiam prejudicar o crescimento do arroz. A mesma palavra *wailo* significa tanto "enigma" quanto "painço", o cereal que foi substituído pelo arroz como alimento popular[10]. Pode-se acrescentar o exemplo exatamente paralelo dos grisões da Suíça, onde, segundo se diz[11], "os habitantes se entregam às mais loucas excentricidades para ajudar o trigo a crescer melhor" (*thorechten abenteur treiben, dass ihnen das korn destobas geraten sölle*).

Todo estudioso da literatura védica, especialmente dos *Brahmanas*, sabe bem que as explicações que aí se encontram relativas à origem das coisas são tão inconsistentes quanto variadas, e tão sutis quanto, muitas vezes, improváveis. Não existe um sistema geral, nem rima nem razão. Mas quem tiver presente o caráter fundamentalmente lúdico dessas especulações cosmogônicas, e o fato de todas elas derivarem do enigma ritualístico, verá claramente que aquela confusão não depende tanto de uma suposta sutileza dos sacerdotes, cada um deles interessado em fazer prevalecer seu sacrifício sobre os dos outros, ou de uma fantasia arbitrária e caprichosa[12], quanto do fato de as inúmeras interpretações contraditórias terem começado por ser outras tantas soluções diferentes dos enigmas ritualisticos.

O enigma é uma coisa sagrada, cheia de um poder secreto e, portanto, é uma coisa perigosa. Em seu contexto mitológico ou ritualístico, ele e quase sempre aquilo que os filólogos alemães chamam de *Halsrätsel* ou "enigma capital", em que se arrisca a

9 Cf. Nicolaus Adriani; Albertus Christiann Kruyt, *De baree-sprekende Toradja's van Midden-Celebes*, II, Batávia, 1914, p. 317.

10 N. Adriani, *De naan der gierst in Midden-Celebes*, Tijdschrift van het Bataviaasch Genootschap, XLI, 1909, p. 370.

11 R. Stumpfl, *Kultspiele der Germanen*, p. 31.

12 Como ainda parecia pensar H. Holdenburg em seu *Die Weltanschauung des Brahmantexte*, Göttingen, 1919, p. 166, 182.

cabeça caso não se consiga decifrá-lo. A vida do jogador está em jogo. Um corolário disso constitui a formação de um enigma que ninguém consiga resolver como sendo considerada a mais alta manifestação de sabedoria. Ambos esses temas encontram-se reunidos na velha lenda hindu do rei Yanaka, que realizou um concurso de enigmas teológicos entre os brâmanes que assistiam a seu sacrifício solene, oferecendo um prêmio de mil vacas[13]. O sábio Yajñavalkya, considerando certa a vitória, mandou que as vacas lhe fossem previamente entregues e, naturalmente, derrotou seus adversários. Um desses, Vidaghdha Sakalya, verificando ser incapaz de resolver um enigma, perdeu literalmente a cabeça, a qual se separou de seu corpo e lhe caiu no colo. Essa estória é sem dúvida uma versão pedagógica do tema, segundo a qual a incapacidade de responder era punida com a pena capital. Finalmente, quando ninguém mais se atreve a fazer perguntas, Yajñavalkya triunfalmente exclama: "Reverendos brâmanes, se algum de vós deseja fazer alguma pergunta que a faça, ou todos vós, se quiserdes; ou então permiti que eu faça uma pergunta a um de vós, ou a todos, se quiserdes!" É claro como o dia o caráter perfeitamente lúdico dessa competição. A própria tradição sagrada participa do jogo, e é impossível definir o grau de seriedade com que a história foi aceita no cânon sagrado, grau que, em última análise, é tão irrelevante como o problema de saber se efetivamente alguém perdeu a cabeça por ser incapaz de resolver um enigma. Não é esse o aspecto mais interessante da questão. O principal, o que é realmente notável, é o tema lúdico enquanto tal.

Também na tradição grega encontra-se o tema da solução de enigmas e da pena de morte na história dos videntes Calcas e Mopsos. Alguém vaticinou que Calcas morreria se alguma vez encontrasse um outro vidente mais sábio do que ele. Um dia encontra Mopsos e disputa com ele um concurso de enigmas, ganho por Mopsos. Calcas morre de desgosto, ou mata-se de despeito, e seus discípulos tornam-se seguidores de Mopsos[14]. Creio ser evidente nesse caso a presença do tema do enigma fatal, embora sob forma corrompida.

13 *Satapatha-Brahmana*, XI, 6, 3, 3; *Brhadaranyaka-Upanishad*, III, 1-9.

14 Estrabão, *Geografia*, XIV, 642; Hesíodo, *Fragmentos*, n. 160. Cf. Konrad Ohlert, *Rätsel und Rätselspiele: Der Alten Griechen*, 1886, p. 28.

## CONCURSO DE ENIGMAS NA ANTIGA ESCANDINÁVIA

O concurso de enigmas em que a vida é posta em jogo é um dos temas principais da mitologia dos *Eddas*. No *Vafthrúdnismál*, Odin mede-se em sabedoria com o sapientíssimo gigante Vafthrúdnir, cada um fazendo alternadamente perguntas ao outro. As perguntas são de caráter mitólogico e cosmogônico, semelhantes às dos textos vedicos que citamos: De onde vieram o Dia e a Noite, o Inverno e o Verão, e o Vento? No *Alvissmál*, Thor pergunta ao anão Alvis como são chamadas as diversas coisas entre os Ases, os Vanes (o panteão secundário dos Eddas), os homens, os gigantes, os anões, e por último no Hel; mas antes de terminar a competição, o dia nasce, e o anão é posto a ferros. O *Canto de Fjôlsvinn* possui forma semelhante, assim como os Enigmas do rei Heidrek, o qual fez a promessa de perdoar todo condenado à morte que lhe apresentasse um enigma que ele próprio não pudesse resolver. A maior parte desses cantos é atribuída ao período final dos *Eddas*, sendo provável que os especialistas tenham razão quando afirmam que se trata apenas de exemplos de um artifício poético deliberado. O que não impede, todavia, que sua relação com os concursos de enigmas de um passado remoto seja demasiado evidente para ser negada.

Não é por meio de reflexão ou de raciocínio lógico que se consegue encontrar a resposta a uma pergunta enigmática. A resposta surge literalmente numa solução brusca – o desfazer dos nós em que o interrogador tem preso o interrogado. O corolário disso é que dar a resposta correta deixa impotente o primeiro. Em princípio, há apenas uma resposta para cada pergunta. Quando se conhecem as regras do jogo, é possível encontrar essa resposta. As regras são de ordem gramatical, poética ou ritualística, conforme o caso. É preciso conhecer a linguagem secreta dos iniciados e saber o significado de todos os símbolos – roda, pássaro, vaca etc – das diversas categorias de fenômenos. Se for verificada a possibilidade de uma segunda resposta, de acordo com as regras e na qual o interrogador não tenha pensado, este último ficará em má situação, apanhado em sua própria armadilha. De outro lado, é possível uma coisa ser figurativamente representada de tantas maneiras que pode ser dissimulada num grande número de enigmas. Muitas vezes, a solução depende inteiramente do conhecimento dos nomes secretos ou sagrados das coisas, como no *Alvissmál* acima referido.

Não nos interessamos aqui pelo enigma enquanto forma literária, mas apenas por sua qualidade lúdica e sua função na cultura. Não precisamos, portanto, investigar em profundidade as relações etimológicas e semânticas entre os termos alemães e holandeses *Rätsel* e *raadsel* (enigma), *Rat* e *raad* (conselho), *erraten* (adivinhar) e *raden*, verbo holandês que ainda hoje significa ao mesmo tempo "aconselhar" e "resolver" (um enigma). Também em grego existem afinidades entre *ainos* (sentença, provérbio) e *ainigmós*, *ainigma* (enigma). Há uma estreita interligação cultural entre palavras como conselho, enigma, mito, lenda, provérbio etc. Mas basta lembrar de passagem esses aspectos para imediatamente passar às várias direções nas quais o enigma desenvolveu-se.

Podemos concluir que, originariamente, o enigma era um jogo sagrado, e por isso se encontrava para além de toda distinção possível entre o jogo e a seriedade. Era ambas as coisas ao mesmo tempo: um elemento ritualístico da mais alta importância, sem deixar de ser essencialmente um jogo. À medida que a civilização vai evoluindo, o enigma bifurca-se em dois sentidos diferentes: de um lado, a filosofia mística e, de outro, o simples divertimento. Mas não devemos pensar que nessa evolução se tenha verificado uma decadência da seriedade, passando a ser jogo, ou uma elevação do jogo até o nível da seriedade. Pelo contrário, o que se passa é que a civilização vai gradualmente fazendo surgir uma certa divisão entre dois modos da vida espiritual, aos quais chamamos jogo e seriedade, e que originariamente constituía um meio espiritual contínuo, do qual surgiu a própria cultura.

## QUESTÕES ENIGMÁTICAS COMO JOGO DE SOCIEDADE

O enigma ou, em termos menos específicos, a adivinhação, é, considerando à parte seus efeitos mágicos, um elemento importante das relações sociais. Como forma de divertimento social, adapta-se a toda a espécie de esquemas literários e rítmicos, como, por exemplo, as perguntas em cadeia, em que cada pergunta conduz a outra, do conhecido tipo "O que é mais doce que o mel?" etc.

Os gregos gostavam muito da *aporia* como jogo de sociedade, ou seja, de fazer perguntas às quais era impossível dar uma resposta definitiva. Isso pode ser considerado uma forma moderada do enigma fatal. A pergunta da Esfinge ainda ecoa vagamente nas formas mais tardias do jogo de enigmas, o tema da pena de morte permanece sempre no pano de fundo. Um dos exemplos mais característicos da maneira como a tradição o modificou é a história do encontro de Alexandre, o Grande, com os *gimnosofistas*" indianos. O conquistador tomou uma cidade que ousara oferecer resistência e mandou que trouxessem à sua presença os dez sábios responsáveis por essa decisão. Deviam eles responder a um certo número de perguntas insolúveis feitas pelo próprio conquistador. Cada resposta errada significaria a morte, e o que respondesse pior morreria primeiro. O juiz desse último aspecto deveria ser um dos dez sábios. Caso seu julgamento fosse considerado acertado, sua vida seria poupada. A maior parte das perguntas são dilemas de caráter cosmológico, variantes dos enigmas védicos sagrados. Por exemplo: Quem é mais, os vivos ou os mortos? Quem é maior, a terra ou o mar? Qual apareceu primeiro, o dia ou a noite? As respostas são artifícios lógicos, e não exemplos de sabedoria mística. Quando, finalmente, foi feita a pergunta: "Quem respondeu pior?", o juiz respondeu: "Cada um pior do que o outro", inutilizando assim todo o plano, pois se tornava impossível que algum deles fosse morto[15].

A pergunta feita com a intenção de "pegar" o oponente é chamada propriamente dilema, cuja resposta, obrigando o adversário a admitir alguma coisa que não estava prevista na formulação original, invariavelmente redunda em sua desvantagem[16]. O mesmo se verifica no enigma que comporta duas soluções, a mais óbvia das quais é obscena. Nos *Vedas* encontram-se enigmas desse tipo[17].

15 Ulrich Wilcken, *Alexander der Grosse und die indischen Gymnosophisten*, Berlin, 1923, XXXIII, p. 164. As lacunas dos manuscritos que, por vezes, tornam difícil acompanhar a narrativa, em minha opinião, nem sempre foram preenchidas de maneira convincente pelo editor.

16 Um exemplo de Aulo Gélio: toda mulher é bela ou feia; não é bom casar mulher com uma mulher bela, porque ela flertará com outros; não é bom casar com uma esposa feia, porque ela não será atraente; portanto, o bom é não se casar. (N. da T. para o inglês.)

17 *Atharvaveda*, XX, n. 133, 134.

## O DIÁLOGO DE PERGUNTAS

Merece especial atenção uma das formas literárias derivadas do enigma, por mostrar de modo muito expressivo a relação entre o lúdico e o sagrado. A forma é o diálogo interrogativo, filosófico ou teológico. O tema é sempre o mesmo: um sábio que é interrogado por outro sábio ou um determinado número de sábios. Como Zaratustra, obrigado a responder às perguntas dos sessenta sábios do rei Vistaspa, ou Salomão, respondendo às perguntas da rainha de Sabá. Nos Brâmanas, um dos temas mais frequentes é o do jovem discípulo, o *bramatchárin*, chegando à corte do rei e lá sendo interrogado pelos mestres, até o momento em que a sabedoria de suas respostas leva a uma inversão de papéis, passando ele a interrogá-los, revelando-se assim como um mestre e não um discípulo. Desnecessário seria assinalar a extrema afinidade existente entre esse tema e os concursos de enigmas rituais da época arcaica. Um dos contos do *Mahabharata* é especialmente característico a esse respeito[18]. Os Pandavas, em sua peregrinação através das florestas, chegam às margens de uma bela lagoa. O espírito que mora em suas águas proíbe-os de beber antes de responderem a algumas perguntas. Todos os que desprezam essa exigência caem mortos por terra. Ao que Yudhisthira se declara pronto a responder às perguntas do espírito, seguindo-se um jogo de perguntas e respostas através do qual é exposto quase todo o sistema ético dos hindus— notável exemplo da transição entre o enigma cosmológico sagrado e o *jeu d'esprit*. Uma visão correta das disputas teológicas da Reforma, como a de Lutero contra Zwingli em Marburgo, em 1529, ou a de Theodore Beza contra seus colegas calvinistas e alguns prelados católicos em Poissy, em 1561, revelará que elas não passam de uma continuação direta de um imemorial costume ritualístico.

Os aspectos literários do diálogo interrogativo são especialmente interessantes no caso do tratado Pali chamado *Milindapanha* – Questões de Menandro –, um dos príncipes greco-indianos que reinou na Bactriana no século II a. C. Embora esse texto não fizesse oficialmente parte dos Tripitaka, os textos sagrados dos budistas meridionais, era altamente considerado tanto por

18 Cf. V., III, 313.

esses últimos quanto por seus irmãos do Norte, e deve ter sido composto no início da era cristã. Mostra-nos a disputa entre Menandro e o grande *arhat*, Nagasena. A obra é de teor puramente filosófico e teológico, mas, pela forma e pelo tom, possui um parentesco com o concurso de enigmas. Quanto a esse último aspecto, o preâmbulo é um exemplo típico:

Disse o rei: "Venerável Nagasena, quereis conversar comigo?"

Nagasena: "Fá-lo-ei, se Vossa Majestade conversar comigo da maneira como falam os sábios; mas não o farei, se Vossa Majestade conversar comigo da maneira como falam os reis."

"E qual a maneira como conversam os sábios, venerável Nagasena?"

"Ao contrário dos reis, os sábios não ficam irritados quando são postos entre a espada e a parede."

E o rei consente em discutir com ele em pé de igualdade, tal como no *gaber* do duque de Anjou. Alguns dos sábios da corte também participam; o público é formado por quinhentos *yonakas*, isto é, jônios e gregos, assim como por oitenta mil monges budistas. Em atitude de desafio, Nagasena propõe um problema "que implica dois aspectos, muito profundo, difícil de resolver, mais duro que um nó". Os sábios do rei queixam-se de que Nagasena os atormenta com perguntas astuciosas, de tendência herética. Muitas delas são típicos dilemas, atirados com um triunfante: "Veja Vossa Majestade se consegue sair desta!" E assim são passados em revista os problemas fundamentais da doutrina budista, expressos numa simples forma socrática.

## DISSERTAÇÃO TEOLÓGICO-FILOSÓFICA

O tratado inicial da *Snorra Edda*, conhecido como *Gylfaginning*, também pertence ao gênero do discurso teológico interrogativo. Gangleri inicia sua disputa com Har sob a forma de uma aposta, depois de ter começado por atrair a atenção do rei Gylf com seus habilidosos malabarismos com sete espadas.

O concurso de enigmas sagrado relativo à origem das coisas está ligado por transições graduais ao concurso de enigmas em que estão em jogo a honra, as posses ou a vida e, finalmente às discussões filosóficas e teológicas. Outras formas de diálogo se encontram intimamente relacionadas com essas últimas, tais como a litania e o catecismo das doutrinas religiosas. Não existe exemplo mais flagrante de inextricável mistura de todas essas formas do que o cânon do *Avesta*, em que a doutrina é apresentada sobretudo numa série de perguntas e respostas trocadas entre Zaratustra e Ahura Mazda[19]. Especialmente os *Yasnas*, os textos litúrgicos para os rituais de sacrifício, conservam ainda numerosos vestígios da forma lúdica primitiva. Típicas questões teológicas, relativas à doutrina, à ética e ao ritual, alternam-se com velhos enigmas cosmogónicos, como em *Yasna*, 44. Todos os versos iniciam-se pela frase de Zaratustra: "Isto te pergunto, dá-me a resposta certa, Ahura!" As perguntas iniciam-se por: "Quem é aquele que...?" Por exemplo: "Quem é aquele que sustentava cá em baixo a terra, e lá em cima o céu, para que não caíssem?" "Quem é aquele que uniu a rapidez ao vento e às nuvens?" "Quem é aquele que criou a bendita luz e a escuridão... o sono e a vigília?" Perto do final, uma passagem notável mostra claramente que nos encontramos perante vestígios de um antigo concurso de enigmas: "Isto te pergunto, dá-me a resposta certa, Ahura! Conseguirei eu o prêmio de dez éguas, um garanhão e um camelo que me foi prometido?" Além das questões cosmogônicas, há outras de natureza mais catequética, relativas às origem e à definição da piedade, a distinção entre o bem e o mal, a pureza e a impureza, as melhores maneiras de lutar contra o espírito do mal etc.

Aquele pastor suíço que, no país e no tempo de Pestalozzi, escreveu um catecismo para crianças intitulado *Rätselbüchlein* (Pequeno Livro de Adivinhas) não podia saber até que ponto sua ideia era próxima da verdadeira fonte de todos os credos e catecismos.

O diálogo de caráter filosófico e teológico, como o do rei Menandro, perdura ainda nas discussões científicas ou escolásticas realizadas nas cortes dos príncipes, entre estes e seus cortesãos ou sábios vindos do exterior. São conhecidas duas listas de perguntas, escritas pelo imperador Frederico II, da dinastia Hohenstaufen, sendo a primeira dirigida ao astrólogo da corte, Miguel Escoto[20], e a outra ao sábio muçulmano Ibn Sabin, do

19 Zarathustra, *Die Gatha's des Awesta*, Hrsg. Christian Bartholomae, Halle, 1879, IX, p. 58-59.

20 *Isis*, v. IV, n. 2, 1921 (n. 11); *Harvard Historical Studies*, v. XXVII, 1924; K. Hampe, *Kaiser Friedrich II als Fragesteller*, Kultur und Universalgeschichte (Festschrift für Walter Goetz), 1927, p. 53-67.

Marrocos. A primeira reveste-se de um interesse todo especial para nosso assunto, pois nos mostra uma mistura de velhos dados cosmológicos, de noções teológicas e do novo espírito científico tão ardentemente defendido por Frederico. Sobre o que assenta a terra? Quantos céus existem? Como Deus se senta em seu trono? Qual é a diferença entre as almas dos condenados e as dos anjos caídos? A terra é maciça ou tem partes ocas? Por que a água do mar é salgada? Por que o vento sopra de diversas direções? Quais são as causas das exalações e erupções vulcânicas? Como se explica que as almas dos mortos não desejem regressar à terra? etc. Aqui, vozes antigas se misturam às novas.

A segunda série de "Questões sicilianas", propostas a lbn Sabin, é de caráter muito mais puramente filosófico, e de tendência marcadamente cética e aristotélica. Mas nela se encontram vestígios do velho espírito. O jovem filósofo maometano fala francamente ao imperador: "Vossas questões são tolas, inadequadas e contraditórias!" O imperador aceita essas censuras de maneira calma e modesta, e por esse fato um de seus biógrafos alemães, K. Hampe, elogia sua "humanidade". Mas, o mais provável é que Frederico soubesse, do mesmo modo que Menandro, que o jogo das perguntas e respostas precisa ser jogado em pé de igualdade; por isso os jogadores conversavam, como dizia o velho Nagasena, "não como reis, mas como sábios".

## CONSELHOS E FILOSOFIA

Os gregos da época mais tardia tinham plena consciência das relações existentes entre o jogo dos enigmas e as origens da filosofia. Clearco, um dos discípulos de Aristóteles, escreveu um tratado sobre os provérbios, o qual encerrava uma teoria dos enigmas, provando que, originariamente, o enigma fora um assunto filosófico. Diz ele: "Os antigos usavam-no como prova de sua educação (*Paideia*)"[21], observação que nitidamente se refere ao jogo de enigmas de que acima tratamos. E, com efeito, não seria exagerado considerar os primeiros produtos da filosofia grega como derivados dos enigmas primitivos.

21 Carl Prantl, *Geschichte der Logik im Abendlande*, I, Leipzig, 1855, p. 399.

Deixando de lado o problema de saber até que ponto a própria palavra "problema" – que significa, literalmente, "o que é lançado à sua frente" – aponta para o desafio como origem da proposição filosófica, podemos afirmar com segurança que o filósofo, desde épocas as mais remotas até aos últimos sofistas e reitores, sempre assumiu as características do campeão. Desafiava seus rivais, submetia-os à crítica mais veemente, afirmando suas próprias opiniões como as únicas verdadeiras, com toda a autoconfiança juvenil própria do homem arcaico. Quanto ao estilo e quanto à forma, os exemplos mais antigos de filosofia possuem um caráter polêmico e agonístico. Falam, invariavelmente, na primeira pessoa do singular. Quando Zenão de Eleia ataca seus adversários, fá-lo por meio de aporias – isto é, procura ostensivamente partir de suas premissas para chegar a duas conclusões contraditórias e que se excluem reciprocamente. Essa forma é a mais próxima possível do enigma. Zenão pergunta: "Se o espaço é alguma coisa, o que pode existir nele?[22] O enigma não é difícil de resolver." Para Heráclito, o "filósofo obscuro", a natureza e a vida são um *griphos*, um enigma, e ele próprio é um decifrador de enigmas[23]. As afirmações de Empédocles têm muitas vezes a ressonância da solução de enigmas místicos, e se revestem ainda de uma forma poética. Suas quase grotescas fantasias relativas à origem da vida animal não pareceriam deslocadas num daqueles cantos dos brâmanes da Índia antiga, nos quais a imaginação parece completamente desenfreada: "dela [a natureza] brotaram muitas cabeças sem pescoços, braços erravam sem ombros, e no ar flutuavam olhos separados das faces"[24].

Os mais antigos filósofos se exprimem em tom arrebatado e profético. Sua sublime autoconfiança é a mesma do sacerdote

22 Aristóteles, *Física*, IV, 3, 210h, 22s.; Wilhelm Capelle, *Die Vorsokratiker: Die Fragmente und Quellenberichte*, Stuttgart, 1935, p. 172.

23 W. Jaeger, *Paideia*, I, p. 243-244.

24 W. Capelle, op. cit., p. 216. Estaria Christian Morgenstern pensando nisso quando escreveu seu poema fantástico "Ein Knie geht einsam durch die Welt" (Um Joelho Solitário Vagueia Pelo Mundo) (N. da T. para o inglês: para o leitor não familiarizado com o poema, tomamos a liberdade de oferecer uma tradução: Um joelho solitário vagueia pelo mundo, / Um joelho e nada mais; / Não é uma tenda, não é uma árvore / Um joelho e nada mais./ Na batalha uma vez houve um homem / Disparava porcamente de um lado para o outro; / O joelho sozinho permaneceu ileso / Como dizem os santos. / Desde então, vagou pelo mundo, / Um joelho e nada mais. /Não é uma tenda, não é uma árvore / Um joelho e nada mais. )

que faz os sacrifícios ou do mistagogo. Os problemas de que tratam são os de *fons et origo* das coisas[25], de seus inícios (*arquê*) e natureza (*physis*). Não chegam às suas soluções por reflexão ou argumentação, mas por rasgos de intuição. São sempre as mesmas velhas questões cosmogônicas, de tempos imemoriais, apresentadas em forma de enigmas e resolvidas através do mito. Antes de assumir definitivamente a forma da filosofia e da ciência, a especulação sobre a estrutura do universo teve de romper com a imaginação desenfreada da cosmologia mítica, como, por exemplo, a concepção pitagórica dos 183 mundos colocados uns ao lado dos outros, desenhando a figura de um triângulo equilátero[26].

Todos esses exemplos do filosofar primitivo estão penetrados por um vigoroso sentido da estrutura agonística do universo. Os processos vitais e cósmicos são encarados como manifestações do eterno conflito entre os opostos, que é o princípio último da existência, do mesmo modo que o *yin* e o *yang* dos chineses. Para Heráclito, a luta era "o pai de todas as coisas", e para Empédocles a *philia* e o *neichos* – φιλία, νεῖχος – a atração e a discórdia – eram os dois princípios que regiam o universo, desde o início até à eternidade. Não é certamente por acaso que a tendência antitética da filosofia antiga se refletia plenamente na estrutura antitética e agonística da sociedade arcaica. Desde muito tempo atrás o homem se habituara a pensar todas as coisas como dominadas pelo conflito e por uma oposição dualista. Hesíodo distinguia entre a boa *eris* – tendência benéfica – e a *eris* destrutiva.

Portanto, é consistente com essa concepção o fato de o eterno conflito das coisas, o conflito da *physis*, ser por vezes concebido como um conflito legal. Essa concepção revela claramente a natureza lúdica da cultura arcaica. Segundo Werner Jaeger, as ideias de *kosmos*, *dikê* e *tisis* – ordem, justiça e punição – inspiram-se na esfera jurídica a que pertenciam, sendo transferidas para o processo universal, a fim de poder entender este último em termos semelhantes aos de um processo no tribunal[27]. Do mesmo modo, diz ainda Jaeger, *aitía* significava originalmente a culpa perante a lei, sendo que só mais tarde passou a ser o termo mais geralmente utilizado para designar a ideia de causalidade natural.

25 Fundamento e origem.
26 W. Capelle, op. cit., p. 102
27 Op. cit., I, p.220.

Infelizmente, chegaram até nós sob forma extremamente fragmentária os textos em que Anaximandro exprime essa noção do processo universal como um processo legal: "O mesmo princípio (ou seja, o infinito) que está na origem das coisas deve necessariamente ser aquele que as faz perecer. Pois elas precisam expiar e compensar reciprocamente a injustiça que fazem umas às outras, de acordo com as decisões do tempo."[28] Dificilmente se poderia considerar essa afirmação um exemplo da mais extrema clareza, mas de qualquer modo ela encerra a ideia de que o cosmos necessita expiar um mal originário. Seja qual for o sentido em que a interpretemos, ela nos deixa entrever um pensamento profundo, de flagrante semelhança com a doutrina cristã. Todavia, cabe aqui nos perguntarmos se essas frases refletem a fase de maturidade plena do pensamento grego relativo ao Estado e à Justiça, da qual temos exemplos no século V a. C., ou se, pelo contrário, refletem um estrato de pensamento jurídico muito mais antigo, aquele a que acima fizemos referência, em que as ideias de justiça e castigo ainda se encontravam misturadas com as de sortilégio e combate físico, no qual, em resumo, o processo jurídico era ainda considerado um jogo sagrado. Um dos fragmentos de Empédocles, relativo à violenta luta entre os elementos, fala de um cumprimento do tempo, que estava destinado a cada um desses princípios últimos por "um amplo juramento"[29]. É impossível compreender plenamente o significado dessa proposição mítico-mística. A única coisa certa é que o pensamento do filósofo-vidente ainda se movimenta na região do combate ritual concebido como prova da decisão divina, a qual, conforme vimos, era a base do direito e da justiça dos tempos arcaicos.

28 W. Capelle, op. cit., p. 82.

29 *Fragmentos*, n. 30; cf. W. Capelle, op. cit., p. 200.

▸▸ *Debate Imaginário entre Averróis e o filósofo do século* III, *em Monfredo de Monte Imperiali,* De herbis, *século* XIV.

# 7. Jogo e Poesia

Para tratar das origens da filosofia grega e de suas relações com a competição sagrada nos domínios do conhecimento e da sabedoria, temos que nos colocar, necessariamente, na imprecisa linha divisória entre as expressões religiosa, filosófica e poética. Torna-se, portanto, conveniente investigar a natureza da criação poética. De certo modo, esse problema está no próprio cerne de qualquer discussão das relações entre o jogo e a cultura porque, pois enquanto nas formas mais elevadamente organizadas da vida social a religião, o direito, a guerra e a política vão gradualmente perdendo o contato com o jogo, tão proeminente nas fases mais antigas, a função do poeta continua situada na esfera lúdica em que nasceu. E, na realidade, a *poiesis* é uma função lúdica. Ela se exerce no interior da região lúdica do espírito, num mundo próprio para ela criada pelo espírito, no qual as coisas possuem uma fisionomia inteiramente diferente da que apresentam na "vida comum", e estão ligadas por relações diferentes das da lógica e da causalidade. Se a seriedade só pudesse ser concebida nos termos da vida real, a poesia jamais poderia elevar-se ao nível da seriedade. Ela está para além da seriedade, naquele plano mais primitivo e originário a que pertencem a criança, o animal, o selvagem e o visionário, na região do sonho, do encantamento, do êxtase, do riso. Para compreender a poesia precisamos ser capazes de envergar a alma da criança como se fosse uma capa mágica, e renunciar à sabedoria adulta pela infantil. Não houve ninguém que soubesse captar ou exprimir mais claramente a natureza primordial da poesia e suas relações com o jogo do que Giambattista Vico, há mais de dois séculos[1].

*Poesis doctrinae tanquam somnium* – "os ensinamentos da poesia são como um sonho", segundo a profunda definição de Francis Bacon. As fantasias míticas dos selvagens, esses filhos da natureza, a respeito da origem da existência encerram muitas vezes as sementes de uma sabedoria que virá depois a ser expressa pelas formas lógicas de uma época mais tardia. A filologia e a religião comparada estão penosamente procurando penetrar cada vez mais profundamente nas origens míticas da crença religiosa[2]. A civilização da Antiguidade começa agora a ser compreendida de uma maneira nova, à luz dessa unidade fundamental entre a poesia, as doutrinas esotéricas, a sabedoria e o ritual.

## O VATE

A primeira coisa que é preciso fazer para ter acesso a essa compreensão é rejeitar a ideia de que a poesia possua apenas uma função estética ou só pode ser explicada através da estética. Em qualquer civilização viva e florescente, sobretudo nas culturas arcaicas, a poesia desempenha uma função vital que é social e litúrgica ao mesmo tempo. Toda a poesia da Antiguidade é, simultaneamente, ritual, divertimento, arte, invenção de enigmas, doutrina, persuasão, feitiçaria, adivinhação, profecia e competição. Praticamente, todos os motivos característicos da poesia e do ritual arcaicos se encontram no terceiro canto da epopeia finlandesa *Kalevala*. O velho e sábio Vainamöinen *encanta* o jovem presunçoso que se atreve a desafiá-lo para uma competição de feitiçaria. A primeira competição é sobre o conhecimento das coisas naturais; a segunda, sobre o conhecimento esotérico das origens. Nesse momento, o jovem Joukahainen pretende que parte da criação se deve a ele mesmo; ao que o velho feiticeiro

1 Erich Auerbach, "Giambattista Vico und die Idee der Philologie", *Homenaje a Antoni Rubió i Lluch*, Barcelona, 1936, 1, p. 297s.

2 Penso aqui em estudos como os de W.B. Kristensen e de K. Kerényi, e.g. o volume *Studien über antike Religion und Humanitat*, Viena, 1937.

*canta-o* para dentro da terra, para dentro do pântano, para dentro da água, até que, finalmente, o jovem lhe promete sua irmã Aino. Só então Vainamöinen, sentado sobre a "pedra da canção", canta durante mais três horas para desfazer sua mágica poderosa e libertar o ousado desafiante. Todas as formas de competição que mencionamos antes estão aqui unidas: concurso de insultos, de jactância, a "comparação dos homens", a competição por conhecimento cosmogônico, a competição pela noiva, o teste de resistência, o ordálio – num só voo frenético de fantasia poética.

A verdadeira designação do poeta arcaico é vate, o possesso, inspirado por Deus, em transe. Essas qualificações implicam, ao mesmo tempo, que ele possui um conhecimento extraordinário. Ele é um sábio, *sha'ir*, como lhe chamavam os árabes. Na mitologia dos *Eddas*, o hidromel que é preciso beber para se transformar em poeta é preparado com o sangue de Kvasir, a mais sábia de todas as criaturas, que nunca foi interrogada em vão. O poeta-vidente vai gradualmente assumindo as figuras do profeta, do sacerdote, do adivinho, do mistagogo e do poeta tal como o conhecemos; e também o filósofo, o legislador, o orador, o demagogo, o sofista e o mestre de retórica brotam desse tipo compósito primordial que é o vate. Todos os poetas gregos arcaicos revelam vestígios de seu progenitor comum. Sua função é eminentemente social; falam como educadores e monitores do povo. São líderes do país, lugar mais tarde usurpado pelos sofistas[3].

A figura do antigo vate aparece sob muitos de seus aspectos no *thulr* da velha literatura nórdica, que corresponde ao *thyle* anglo-saxão. A moderna filologia alemã traduz essa palavra por *Kultredner*, que significa "orador do culto[4]. O exemplo mais típico do *thulr* é o *starkaar*, que Saxão Gramático[5] corretamente traduz por vate. O *thulr* aparece, às vezes, como orador das fórmulas litúrgicas, em outras, como ator de um drama sagrado; em certas ocasiões, como sacerdote dos sacrifícios, e até como feiticeiro. Em outros casos, parece não passar de um poeta e orador de corte, tendo simplesmente a função do *scurra* – bobo ou jogral. O verbo

3 Cf. W. Jaeger, I, op. cit., p. 34-37, 72, 288-291.

4 Cf. Walter Heinrich Vogt, *Stilgeschichte der eddischen Wissensdichtung*, I: *Der Kultredner*, Breslau: Hirt, 1927.

5 Historiador dinamarquês (circa 1160-circa 1220), autor de Gesta Danorum, a primeira história da Dinamarca, na qual surge o personagem de Amleth (Hamlet).

correspondente, *thylja*, designa a recitação de textos religiosos, a prática da feitiçaria, ou simplesmente resmungar. O *thulr* é o repositório de todo o conhecimento mitológico e de todo o folclore poético. Ele é o velho sábio que conhece toda a história e tradição de um povo, que nas festas desempenha o papel de orador e é capaz de recitar de cor a genealogia dos heróis e dos nobres. Sua função especifica é a peroração competitiva e o concurso de sabedoria. É sob essa forma que o encontramos como Unferd, no *Beowulf*. O *mannjafnaar*, a que antes nos referimos, e os concursos de sabedoria entre Odin e os gigantes ou anões são abrangidos pelo *thulr*. Os conhecidos poemas anglo-saxões *Widsid* e o *Wanderer* (Andarilho) parecem ser típicos produtos do versátil poeta da corte. Todas as características acima referidas entram muito naturalmente em nossa descrição do poeta arcaico, cuja função foi, em todas as épocas, ao mesmo tempo sagrada e literária. Mas, fosse sagrada ou profana, sua função sempre encontra-se enraizada numa forma lúdica.

Podemos seguir o itinerário do vate primitivo para além do *thulr* da Antiguidade germânica e encontrá-lo, sem forçarmos demasiado a imaginação, no *jongleur* do ocidente feudal (*joculator*), por um lado, e, por outro, em seus companheiros de nível inferior, os arautos. Estes últimos, aos quais nos referimos de passagem a propósito do concurso de insultos[6], apresentam numerosos pontos de contato com o antigo "orador do culto". Eles também registravam a história, a tradição e a genealogia, eram os oradores e pregoeiros nas festas públicas e, acima de tudo, eram alardeadores e desafiadores oficiais.

## POESIA NASCIDA NO JOGO

Em sua função original de feitor de culturas, a poesia nasceu durante o jogo e enquanto jogo – jogo sagrado, sem dúvida, mas sempre, mesmo em seu caráter sacro, nos limites da extravagância, da alegria e do divertimento. Até aqui não se trata da satisfação de qualquer espécie de impulso estético. Este se encontra ainda adormecido na experiência do próprio ato ritual, do qual a poesia surgiu sob a forma de hinos e odes criados num frenesi de

6 Ver supra,p. 89-90.

êxtase ritualístico. Mas não apenas sob essa forma; porque a faculdade poética floresce também nas diversões sociais e na intensa rivalidade entre clãs, famílias e tribos. Nada contribui mais para fertilizá-la do que a celebração da passagem das estações, especialmente a chegada da primavera, quando os jovens de ambos os sexos se encontram dentro da maior alegria e liberdade.

Essa forma de poesia – como produto do imemorial jogo de atração e repulsão, jogado pelos jovens de ambos os sexos dentro de um espírito de competição divertida – é tão fundamental como a poesia nascida do cerimonial. O professor Josselin de Jong, da Universidade de Leyden, reuniu uma rica coleção de exemplos dessa poesia social-agonística, ainda desempenhando sua função própria de jogo cultural e de caráter extremamente requintado, em seu trabalho de campo nas ilhas de Buru e Babar, no arquipélago das Índias Orientais. Devo aqui agradecer ao autor a extrema gentileza de permitir-me utilizar um certo número de exemplos de uma obra ainda inédita[7]. Os habitantes da Buru central, também chamada Rana, praticam uma forma de antífona cerimonial conhecida pelo nome de *inga fuka*. Homens e mulheres sentam-se uns em frente aos outros e cantam pequenas canções, algumas delas improvisadas, acompanhados por um tambor. As canções são sempre de troça ou de desafio. São conhecidas nada menos do que cinco espécies diferentes de *inga fuka*. As canções assumem sempre a forma da estrofe e da antístrofe, do ataque e da réplica, da pergunta e da resposta, do desafio e da desforra. Por vezes, assemelham-se a enigmas. O *inga fuka* mais típico chama-se "*inga fuka* de preceder e seguir"; cada estrofe começa pelas palavras "perseguir" ou "seguir uns aos outros", como em certos jogos infantis. O elemento poético formal é constituído pela assonância que, repetindo a mesma palavra ou sua variação, estabelece uma ligação entre a tese e a antítese. O elemento puramente poético é constituído por uma alusão, por uma ideia brilhante surgida bruscamente, um jogo de palavras ou simplesmente o som das próprias palavras, sendo que nesse processo o sentido pode perder-se completamente. Essa forma de poesia só pode ser descrita e compreendida em termos de jogo, embora obedeça a um complexo sistema de regras prosódicas. Quanto

7 Uma versão preliminar foi publicada nos Mededeelingen der K Nederl. Akademie van Wetenschuppen, 1935.

ao conteúdo, as canções são, sobretudo, de inspiração amorosa, ou pequenas homilias sobre a prudência e as virtudes, ou ainda de caráter satírico. Embora exista todo um repertório de *inga fukas* tradicionais, a essência do gênero é a improvisação. Também acontece de os versos já existentes serem aperfeiçoados por adições e correções. O virtuosismo é grandemente considerado, não faltando a habilidade artística. Quanto ao sentimento e ao tom, as traduções fazem lembrar o *pantun* malaio, o qual deve ter exercido uma certa influência na literatura de Buru, e também o muito mais remoto *haicai* japonês.

Além do *inga fuka*, existem em Rana outras formas de poesia, todas elas baseadas nos mesmos princípios formais, mas consistindo, por exemplo, em longas altercações entre as famílias da noiva e do noivo, durante a troca cerimonial de presentes que se realiza por ocasião do casamento.

Josselin de Jong descobriu um tipo de poesia completamente diferente na ilha de Wetan, no grupo Babar de ilhas do oriente sul. Aqui o que conta é só a improvisação. Os habitantes de Babar cantam muito mais do que os de Buru, tanto em grupo quanto sozinhos, durante o trabalho. Empoleirados no cimo dos coqueiros, colhendo o óleo de palma, os homens cantam canções tristes, ou então canções troçando de seus companheiros das árvores próximas. Às vezes, esse último tipo de canção conduz a duelos cantados extremamente agrestes, que em tempos mais antigos podiam mesmo levar à violência e ao derramamento de sangue. Todas as canções são constituídas por dois versos, respectivamente chamados "tronco" e "cimo" ou "coroa", mas já não está presente o esquema pergunta-resposta. Uma diferença característica entre a poesia de Babar e a de Buru é que na primeira o efeito é atingido mais por uma variação lúdica da melodia do que pelo jogo com o significado ou a sonoridade das palavras.

O *pantun* malaio acima referido é uma quadra de rima cruzada, com os dois primeiros versos evocando uma imagem ou expondo um fato, ao qual os dois últimos respondem com uma alusão sutil e por vezes extremamente remota. O conjunto é muito semelhante a um *jeu d'esprit*. Até o século XVI, *pantun* queria dizer primeiramente parábola ou provérbio, e só em segundo lugar significava quadra. O verso final chama-se em javanês *djuivab*, palavra árabe que significa resposta ou solução. É evidente que o *pantun* começou por ser um jogo de perguntas e respostas, antes de se tornar uma forma poética determinada. A solução propriamente dita passou a ser substituída pela alusão por assonância rimada[8].

É certamente aparentada com o *pantun* a forma japonesa de poesia vulgarmente conhecida como haicai, pequeno poema de apenas três versos, com cinco, sete e cinco sílabas, sucessivamente, que evoca uma delicada impressão do mundo das plantas ou dos animais, da natureza ou do homem, às vezes com um toque de lirismo melancólico ou de nostalgia, outras, com um rasgo de ligeiro humor. Basta dar aqui dois exemplos:

> Quantas coisas
> Em meu coração! Deixa-as flutuar
> No fremir do salgueiro!
>
> Ao Sol, secam quimonos.
> Oh, as pequenas mangas
> Da criança morta!

Em sua origem, o haicai foi certamente um jogo de rimas em cadeia, iniciado por um jogador e continuado pelo seguinte[9].

Uma forma característica de fusão entre o jogo e a poesia é ainda hoje conservado no método tradicional de recitação do *Kalevala* finlandês. Lönroth, que coligiu as canções, encontrou ainda em vigor o curioso costume de dois cantores se sentarem num banco um em frente ao outro, segurando as mãos um do outro e balançando-se para a frente e para trás, ao mesmo tempo que vão competindo em conhecimentos das estâncias. As sagas islandesas descrevem uma forma semelhante de recitação[10].

Em toda a parte, e sob a maior variedade de formas, encontram-se exemplos de poesia como jogo social, com pouco ou nenhum significado estético. O elemento agonístico raras vezes está ausente. Encontra-se diretamente presente na antífona, no poema competitivo e no concurso de carro, e está implícito na versificação de improviso com o fim de, por exemplo, quebrar um feitiço. Esse último motivo tem evidentes afinidades com o enigma "fatal" da Esfinge.

8 Cf. Hoesein Djajadiningrat, *De magische achtergrond van den Maleischen nantoen*, Batávia, 1933; J. Przvkuski, *Le Prologue-cadre des Mille et une nuits et le thème du Svayamvara, Journal Asiatique*, CCV, 1924, p. 126.

9 *Haikai de Bashô et de ses disciples*, tradução de K. Matsus e Steimiber-Oberlin, Paris, 1936.

10 Cf. W.H. Vogt, op. cit., p. 166.

Todas essas formas tiveram um grande desenvolvimento no extremo oriente. Em sua lúcida interpretação e reconstituição dos textos da China antiga, Marcel Granet oferece-nos um quadro de todo o sistema de competições poéticas entre rapazes e moças que floresceu na época pastoril. No Anam foi descoberto um sistema semelhante, ainda vigente, descrito com grande exatidão pelo erudito anamita Nguyen van Huyen[11]. Aqui, o "argumento" poético, que pouco encobre o namoro declarado, possui frequentemente um caráter altamente sofisticado, baseado numa série de provérbios que, aparecendo no final de cada estância, servem como testemunhos irrefutáveis da causa do amante. Encontra-se uma forma idêntica nos *débats* da França do século XV.

Portanto, a poesia e os concursos de canto como jogos sociais vão desde os ternos lamentos de amor da China e do Anam da Antiguidade até os rudes e violentos concursos de jactância e de insultos da Arábia pré-islâmica e os caluniosos concursos de tambor que substituem o julgamento em tribunal entre os esquimós. É evidente que o *Cours d'amour* do Languedoc do século XII deve também ser incluído de alguma maneira nessa categoria. Segundo uma hipótese há muito tempo desmentida, a poesia dos trovadores teve origem nas cortes amorosas da nobreza provençal. Depois da rejeição dessa hipótese, continuou sendo uma questão controvertida em filologia saber se as cortes amorosas realmente existiram ou foram simplesmente uma ficção literária. Não há dúvida de que foram longe demais os eruditos que optaram pela última hipótese[12]. Está bem de acordo com os costumes do Languedoc do século XII que as cortes amorosas tenham sido um jogo de justiça poético, possuidor, todavia, de uma certa validade prática. Em todos esses domínios, trata-se sempre da esfera da dissertação casuística e polêmica sobre questões de amor, tratada de forma lúdica. Conforme vimos, os concursos de tambor dos esquimós eram geralmente provocados pelas intrigas das mulheres. Em ambos os casos, o tema são os dilemas do amor, e a finalidade da "corte" ou da competição é manter o código de honra vigente, defendendo as reputações de queixosos e acusados. Nas cortes de amor, o habitual era a imitação mais aproximada possível

11 Ver supra, p. 71-72.

12 Do livro de Melrich V. Rosenberg, *Eleanor of Aquitaine: Queen of the Troubadours ando f the Courts of Love*, London, 1937.

dos julgamentos verdadeiros, com demonstrações por analogia, o recurso a precedentes etc. Muitos dos gêneros que se encontram na poesia dos trovadores se relacionam estreitamente com as queixas de amor, como, por exemplo, o *castiamen* (reprimenda), a *tenzone* (disputa), o *partimen* (canção antifonal), *o joc partit* (jogo de perguntas e respostas). O fundamento último de todos esses gêneros não é o julgamento propriamente dito, nem um impulso poético espontâneo, nem sequer a pura e simples diversão social, mas sim a luta imemorial pela honra em questões de amor.

Há outras formas ainda de poesia, especialmente no Extremo Oriente, que devem ser consideradas atividades culturais realizadas dentro de um espírito agonístico. Como, por exemplo, quando se impõe a alguém a tarefa de improvisar um poema a fim de quebrar um "feitiço" ou sair de uma situação difícil. O que importa aqui não é que esse costume tenha ou não chegado a possuir alguma importância prática para a vida cotidiana, e sim que o espírito humano tenha inúmeras vezes visto nesse motivo lúdico, que é aparentado tanto ao enigma "fatal" como à aposta, uma maneira de exprimir, e talvez de resolver, os intrincados problemas da vida, e que a arte poética, sem visar diretamente um efeito estético, tenha encontrado nesse jogo o mais fértil solo para seu desenvolvimento. Citemos alguns exemplos tirados da obra de Nguyen van Huyen: Os alunos de um certo dr. Tan precisavam sempre passar, em seu caminho para a escola, pela casa de uma moça que morava ao lado do professor. Quando passavam diziam sempre: "És adorável, és realmente um amor!" Isso enfurecia a moça, a qual um dia esperou por eles e lhes disse: "Bem, se vocês me amam, vou dar a vocês uma frase. Se algum de vocês for capaz de responder-me a frase correspondente dar-lhe-ei meu amor, caso contrário vocês se comprometem a dar sempre a volta para evitar passar diante de minha porta." Ela recitou a frase, e nenhum dos estudantes foi capaz de dar a resposta certa, de modo que no futuro viram-se obrigados a dar sempre uma volta à roda da casa do professor[13]. Trata-se de algo semelhante ao *svayamvara* épico, ou à corte feita a Brunilde, que aqui temos sob a forma de um idílio aldeão de estudantes anamitas.

13 Op. cit., p. 131.

Khanh-du, da dinastia Tran, foi demitido de seu cargo devido a uma falta grave, e tornou-se vendedor de carvão em Chi Linh. Quando uma vez, durante uma de suas campanhas, o Imperador passou por essa região, encontrou o antigo mandarim e ordenou--lhe que fizesse um poema sobre o comércio do carvão. Khanh-du fez imediatamente o poema, ao que o Imperador, profundamente comovido, devolveu-lhe seus antigos títulos[14].

A improvisação de versos em frases paralelas era um talento sem o qual ninguém podia facilmente passar no Extremo Oriente. O sucesso de uma embaixada anamita em Pequim podia por vezes depender do talento do embaixador para a improvisação em verso. Todos os membros das embaixadas precisavam ser constantemente preparados para toda a espécie de perguntas, e saber as respostas para as mil e uma charadas e enigmas que ao Imperador ou a seus mandarins apetecia perguntar[15]. Era a diplomacia sob forma lúdica.

O jogo de perguntas e respostas em forma de verso pode também ter uma função de armazenamento de toda uma massa de conhecimentos úteis. Uma moça acaba de dizer sim a seu noivo, e ambos pretendem abrir juntos uma loja. O noivo pede-lhe para lhe dizer os nomes dos medicamentos, e todo o tesouro da farmacopeia se segue em verso. A arte da aritmética, o conhecimento das diversas mercadorias e o uso do calendário na agricultura também podem ser transmitidos de forma extremamente sucinta por esse processo. Às vezes, os namorados interrogam-se mutuamente sobre questões de literatura. Fizemos notar acima que todas as formas de catecismo se relacionam diretamente com o jogo dos enigmas. O mesmo ocorre no caso do exame, que sempre desempenhou um papel extraordinariamente importante na vida social do Extremo Oriente.

## POEMA DIDÁTICO

Toda civilização só muito lentamente vai abandonando a forma poética como principal método de expressão das coisas importantes para a vida da comunidade. A poesia sempre antecede a prosa; para a expressão de coisas solenes ou sagradas, a poesia é o único

14 Ibidem, p. 132.
15 Ibidem, p. 134.

veículo adequado. Não são apenas os hinos e os provérbios que são postos em verso, também extensos tratados, como, por exemplo, os sutras e sastras da Índia antiga, ou os primeiros produtos da filosofia grega. Empédocles encerra todo seu saber em um poema, e ainda Lucrécio continua utilizando a mesma forma. Talvez, em parte, a preferência pelos versos tenha sido determinada por considerações utilitárias: uma sociedade sem livros acha mais fácil memorizar seus textos dessa maneira. Mas existe uma razão mais profunda, a saber, que a própria vida da sociedade arcaica possui como que uma estrutura métrica e estrófica. A poesia continua ainda hoje sendo o modo de expressão mais natural para as coisas mais "elevadas". Até 1868, os japoneses costumavam escrever em forma poética as partes mais importantes dos documentos de Estado. Os historiadores do direito prestaram uma atenção especial aos vestígios de poesia no direito, pelo menos na tradição germânica. Todo estudante das leis germânicas conhece o antigo texto jurídico frísio em que uma cláusula relativa às diversas "necessidades", ou ocasiões nas quais é preciso vender a herança de um órfão, passa de repente a um estilo lírico aliterativo:

> A segunda necessidade é quando o ano se torna custoso e a fome ardente invade a terra, e a criança vai morrer de fome. Pode, então, a mãe pôr à venda o patrimônio da criança, comprando para ela uma vaca, trigo etc. A terceira necessidade é quando a criança está nua e sem teto, e vem o escuro nevoeiro e o frio inverno, e cada homem se abriga em seu lar, num quente refúgio, e o animal selvagem procura a árvore oca e o refúgio das montanhas, para salvar sua vida. Então a criança menor chorará e gritará, e lamentará a nudez de seus membros e sua falta de abrigo, e a ausência de seu pai, que deveria tê-la defendido contra a fome e as frias névoas do inverno, e que agora jaz numa funda e escura cova, sob o carvalho e a terra, preso por quatro pregos.[16]

Creio que aqui estamos perante algo que não é apenas uma ornamentação deliberada, mas, sobretudo, a circunstância de a formulação da lei pertencer ainda àquela exaltada esfera do espírito em que a forma poética é o modo natural de expressão. Devido precisamente à sua brusca entrada na poesia, esse exemplo frísio é típico de muitos outros; em certo sentido, é mais típico do que o *Tryggdamal* da antiga Islândia que, numa série

16 Karl Freiherrn von Richthofen, Die vierundzwanzig Landrechte, *Friesische Rechtsqulen*, Berlin, 1840, p. 42s.

de estrofes aliterantes, narra o restabelecimento da paz, comunica o pagamento de uma indenização, proíbe energicamente novas lutas e, nesse momento, o propósito da declaração de que os "perturbadores da paz" serão em toda a parte considerados fora da lei, passa a ampliar esse "em toda a parte" por meio de uma série de imagens poéticas:

Onde quer que os homens
cacem lobos, vão à igreja os cristãos,
no recinto sagrado
sacrifiquem os pagãos,
arda o fogo, reverdesça o campo,
a criança chame pela mãe,
a mãe alimente o filho,
se cuide o fogo da lareira,
naveguem os barcos,
cintilem os escudos,
brilhe o Sol, caia a neve,
cresçam os pinheiros,
voe o falcão
no longo dia de primavera
(vento forte
em ambas as asas),
onde quer que o céu
se eleve,
se construa a casa,
sopre o vento,
corram para o mar as águas,
semeiem o trigo os servos

Em contraste com o exemplo anterior, é evidente que aqui se trata de um embelezamento puramente literário de uma cláusula legal bem definida; dificilmente o poema poderia, na prática, servir como documento válido. Apesar disso, também ele dá testemunho da unidade original entre a poesia e a jurisdição sagrada, que é o que aqui nos importa.

## CONTEÚDO POÉTICO DOS MITOS

Toda poesia nasce do jogo: o jogo sagrado do culto, o jogo festivo da corte amorosa, o jogo marcial da competição, o jogo combativo da emulação da troca e da invectiva, o jogo ágil de espírito e da prontidão. Até que ponto se preserva essa qualidade lúdica da poesia, à medida que a civilização se vai tornando mais complexa?

Procuremos, antes de mais nada, investigar a tripla relação existente entre a poesia, o mito e o jogo. Seja qual for a forma sob a qual chegue até nós, o mito é sempre poesia. Trabalhando com imagens e a ajuda da imaginação, o mito narra uma série de coisas que se supõe terem sucedido em épocas primevas. Pode revestir-se do mais sagrado e profundo significado. Pode ser que consiga exprimir relações que jamais poderiam ser descritas mediante um processo racional. Mas, apesar das características sagradas e místicas que lhe são próprias na fase mitopoética da civilização, isto é, apesar da absoluta sinceridade com que era aceite, continua de pé o problema de saber se alguma vez o mito chegou a ser inteiramente sério. Creio que podemos pelo menos afirmar que o mito é sério na mesma medida em que a poesia também o é. Tal como tudo aquilo que transcende os limites do juízo lógico e deliberativo, tanto o mito como a poesia se situam dentro da esfera lúdica. Não quer isso dizer que seja uma esfera inferior, pois pode muito bem suceder que o mito, sob essa forma lúdica, consiga atingir uma penetração muito além do alcance da razão.

Corretamente compreendido, e não no sentido corrompido que a propaganda moderna procurou impor à palavra, o mito é o veículo adequado para as ideias do homen primitivo acerca do cosmos. No que diz respeito ao mito, não está ainda rigidamente traçada a linha que separa aquilo que é apenas concebível e o que é nitidamente impossível. Para o selvagem, com sua extremamente limitada capacidade de coordenação lógica, praticamente tudo é possível. Apesar de seus absurdos e enormidades, de seu exagero sem limites e ausência de sentido das proporções, suas descuidadas inconsistências e extravagantes variações, o mito de modo algum lhe parece ser uma coisa impossível. Mas, apesar de tudo isso, não gostaríamos de deixar de perguntar se a crença do selvagem em seus mitos mais sagrados não estará, mesmo desde o início, misturada com uma certa ponta de humor. Tanto o mito como a poesia derivam da esfera lúdica; portanto, é pelo menos provável que a crença do selvagem assenta, em parte, nessa mesma esfera, do mesmo modo que sua vida o faz inteiramente.

## MITO COMO FASE LÚDICA DA CULTURA

No mito vivo não existe distinção entre jogo e seriedade. Só quando o mito se torna mitologia, ou seja, literatura, transmitida como uma forma tradicional por uma cultura que se separou da imaginação primitiva, poderá então ser aplicada ao mito a distinção entre o jogo e a seriedade, e isso em seu detrimento. Há uma curiosa fase intermediária, que foi conhecida pelos gregos, em que o mito é ainda sagrado e, consequentemente, deve ser sério, mas é por todos considerado como expressão de uma linguagem do passado. Todos nós possuímos tal familiaridade com as figuras da mitologia grega, e temos tanta predisposição para aceitá-las em nossa consciência poética que normalmente não notamos seu caráter absolutamente bárbaro. No caso da mitologia dos *Eddas*, talvez tenhamos uma certa noção dessa barbárie, a menos que Wagner nos tenha tornado inteiramente imunes, embotando nossos sentidos; mas, de um modo geral, é verdade que só uma mitologia que não impressione diretamente nossa sensibilidade estética nos pode revelar toda a plenitude de sua selvajaria. Isso fica bem claro no caso dos antigos mitos hindus e das loucas fantasmagorias que os etnólogos nos trazem de todas as partes do mundo. Mas para um olhar destituído de preconceitos, as figuras da mitologia grega e germânica são tão carentes de consistência e de bom gosto (para não falar na ética) como as desenfreadas fantasias dos hindus, dos africanos e dos aborígenes americanos ou australianos. Julgadas segundo nossos padrões (que evidentemente não são decisivos), as divindades helênicas e édicas não são de menos mau gosto, de comportamento desordenado e depravado, e não há muito a escolher entre Hermes, Thor e qualquer deus da África Central. É impossível duvidar que todas as figuras mitológicas transmitidas pela tradição sejam vestígios de uma sociedade bárbara, hoje incompatíveis com o nível espiritual que, entretanto, foi alcançado. Portanto, no momento de sua redação literária, os mitos, a fim de poderem ocupar um lugar de honra na tradição religiosa, precisam sofrer uma interpretação mística pelas mãos dos padres ou ser cultivados como pura literatura. À medida em que diminui a crença na verdade literal do mito, o elemento lúdico, que desde o início havia sido próprio dele, volta a afirmar-se com redobrada força. Já desde Homero o palco da crença é o passado. Apesar disso, o mito, após haver perdido seu valor como instrumento adequado da compreensão do universo pelo homem, continua desempenhando a função de exprimir o divino em linguagem poética, o que é alguma coisa mais do que uma função estética, pois na realidade é uma função litúrgica. Quando Platão ou Aristóteles pretendem fazer-nos chegar ao âmago de sua filosofia e exprimem-se de maneira mais vigorosa, utilizam a forma do mito: no caso de Platão, é o mito da caverna, no de Aristóteles, o mito do amor que todas as coisas dedicam ao imóvel motor do mundo.

O tom lúdico, tão característico do verdadeiro mito, aparece sob sua forma mais nítida nas páginas iniciais dos Eddas primitivos, o *Gylfaginning* e o *Skaldskaparmal*. Trata-se, nesse caso, de um material mítico que passou completamente para a cena literária e se tornou uma literatura que, embora oficialmente repudiada, devido a seu caráter pagão, continuava sendo admirada como parte da herança cultural e, por essa mesma razão, continuava a ser lida[17]. Os homens que transcreveram esses mitos eram cristãos, até mesmo sacerdotes cristãos. Pelo menos a meu juízo, verifica-se uma evidente nota de troça e de humor em sua narração desses acontecimentos místicos. Não se trata do tom do cristão, conscientemente superior ao paganismo que sua fé suplantou e, consequentemente, tendendo a troçar um pouco desse paganismo, e ainda menos, do tom do convertido execrando o passado como uma época de diabólica escuridão; é mais o da meia crença, a meio caminho entre a brincadeira e a seriedade, desde sempre inerente ao pensamento mítico, que provavelmente não soaria de modo diferente nos bons tempos do paganismo. A aparente incongruência entre temas mitológicos absurdos (puras e simples fantasias loucas, como nas histórias de Hrungnir, Groa e Aurwandil) e uma técnica poética extremamente sofisticada está também perfeitamente de acordo com a natureza do próprio mito, que, por maior que seja a crueza do assunto, sempre e em toda a parte procura a forma de expressão a mais elevada possível. O nome do primeiro desses escritos, *Gylfaginning* (isto é, *Gylfi* enganado) já por si só está cheio de significado. Adota a velha e bem conhecida forma do discurso cosmogônico interrogativo, como no caso da disputa de

17 Josselin de Jong menciona uma situação semelhante na religião da ilha de Buru.

Thor nos corredores do Utgarda. Muito acertadamente, G. Neckel aplica-lhe a designação de "jogo"[18]. O interrogador, Gangleri, faz as velhas perguntas sagradas relativas à origem das coisas, do vento, do verão e do inverno etc. Regra geral, a única solução que as respostas apresentam é uma bizarra figura mitológica. Também os capítulos iniciais do *Skaldskaparmal* são inteiramente abrangidos pela esfera lúdica: fantasias pré-históricas e sem estilo a respeito de gigantes pérfidos, estúpidos e cabeludos e de anões malévolos e astuciosos; aventuras grosseiras e ridículas, fenômenos miraculosos que, no final, são explicados por uma ilusão dos sentidos. Não há dúvida de que aqui se trata de mitologia no último grau de decrepitude – caótica, pretensiosa, pretensamente imaginosa. Todavia, seria exagerado considerar essas características como uma degenerescência, ocorrida em época mais tardia, de ideias que em outros tempos haviam sido grandiosas e heroicas. Pelo contrário, a ausência de estilo é uma das características próprias do mito.

## FORMA POÉTICA COMO FORMA DE JOGO

Os elementos formais da poesia são numerosos: estruturas métricas e estróficas, rima, ritmo, assonância, aliteração, acentuação etc., e formas como o lírico, o dramático e o épico. Por mais variados que possam ser esses fatores, mesmo assim podem ser encontrados em todo o mundo. O mesmo acontece com os motivos da poesia que, por mais numerosos que possam ser em qualquer língua, aparecem em toda a parte e em todas as épocas. Essas estruturas, formas e motivos são-nos de tal modo familiares que não nos interrogamos sobre sua existência e raras vezes pensamos em inquirir qual é o denominador comum que os leva a ser como são, e não de outra maneira. Esse denominador comum a que se deve a surpreendente uniformidade e limitação dos modos de expressão poética em todas as épocas da sociedade humana talvez possa ser encontrado no fato de a função criadora a que chamamos poesia ter suas raízes numa função ainda mais primordial do que a própria cultura, a saber, o jogo.

18 Op. cit., *Thule*, xx, *Die jüngere Edda*, n. 24, 1925.

Enumeremos uma vez mais as características que consideramos próprias do jogo. É uma atividade que se processa dentro de certos limites temporais e espaciais, segundo uma determinada ordem e um dado número de regras livremente aceitas, e fora da esfera da necessidade ou da utilidade material. O ambiente em que ele se desenrola é de arrebatamento e entusiasmo, e torna-se sagrado ou festivo de acordo com a circunstância. A ação é acompanhada por um sentimento de exaltação e tensão, e seguida por um estado de alegria e de distensão.

Ora, dificilmente se poderia negar que essas qualidades também são próprias da criação poética. A verdade é que a definição de jogo que agora demos também pode servir como definição da poesia. A ordenação rítmica ou simétrica da linguagem, a acentuação eficaz pela rima ou pela assonância, o disfarce deliberado do sentido, a construção sutil e artificial das frases, tudo isso poderia consistir em outras tantas manifestações do espírito lúdico. Não é de modo algum uma metáfora chamar a poesia, como fez Paul Valéry, um jogo com as palavras e a linguagem: é uma verdade literal e precisa.

Não é apenas exterior a afinidade existente entre a poesia e o jogo; ela também se manifesta na própria estrutura da imaginação criadora. Na elaboração de uma frase poética, no desenvolvimento de um tema, na expressão de um estado de espírito há sempre a intervenção de um elemento lúdico. Seja no mito ou na lírica, no drama ou na epopeia, nas lendas de um passado remoto ou num romance moderno, a finalidade do escritor, consciente ou inconscientemente, é criar uma tensão que "encante" o leitor e o mantenha enfeitiçado. Subjacente a toda escritura criadora está sempre alguma situação humana ou emocional suficientemente intensa para transmitir aos outros essa tensão. Mas o problema é que não existe um grande número dessas situações. Em termos gerais, pode-se dizer que as situações surgem do conflito ou do amor, ou da conjunção de ambos.

## A POESIA SE MANTÉM NA COMPETIÇÃO

Ora, tanto o conflito quanto o amor implicam rivalidade ou competição, e competição implica jogo. Na grande maioria dos casos, o tema central da poesia e da literatura é a luta – isto é, a tarefa que o herói precisa cumprir, as provações por que tem que passar, os obstáculos que precisa transpor. Já é suficientemente esclarecedor o uso da palavra "herói" para designar o personagem principal. A tarefa será extraordinariamente difícil, aparentemente impossível. Em geral, ela é empreendida em consequência de um desafio, de uma promessa ou de um capricho da pessoa amada. Todos esses temas nos conduzem de volta ao jogo agonístico. Uma outra série de motivos de tensão assenta no disfarce da identidade do herói. Ele se apresenta incógnito, quer por estar deliberadamente ocultando sua identidade, ou por ele próprio a desconhecer, ou ainda, porque é capaz de mudar sua aparência conforme sua vontade. Em outras palavras, ele usa máscara, aparece sob um disfarce, é portador de um segredo. Uma vez mais nos encontramos próximo do velho jogo sagrado do ser oculto que se revela apenas aos iniciados.

Como forma de competição propriamente dita, a poesia arcaica mal se distingue da antiga competição por enigmas. Uma é criadora de sabedoria, a outra de belas palavras. Ambas são dominadas por um sistema de regras de jogo que determina o leque de ideias e símbolos a serem utilizados, sagrados ou poéticos, conforme for o caso; ambas pressupõem um círculo de iniciados que compreendem a linguagem utilizada. A validade de qualquer delas depende unicamente do fato de se conformar com as regras do jogo. Só aquele que é capaz de falar a linguagem da arte recebe o título de poeta. A linguagem artística difere da linguagem vulgar pelo uso de termos, imagens e de figuras especiais que nem todos serão capazes de compreender. O eterno abismo entre o ser e a ideia só pode ser franqueado pelo arco-íris da imaginação. Os conceitos, prisioneiros das palavras, são sempre inadequados em relação à torrente da vida; portanto, apenas a palavra-imagem, a palavra figurativa, é capaz de dar expressão às coisas e, ao mesmo tempo, banhá-las com a luminosidade das ideias: ideia e coisa são unidas na imagem. Mas, enquanto a linguagem vulgar, em si mesma um instrumento prático e útil, está constantemente gastando as imagens contidas pelas palavras e adquirindo uma existência superficial própria (que só aparentemente é lógica), a poesia continua cultivando as qualidades figurativas, ou seja, portadoras de imagens, da linguagem, de maneira deliberada.

O que a linguagem poética faz é, essencialmente, jogar com as palavras. Ordena-as de maneira harmoniosa, e injeta mistério em cada uma delas, de modo tal que cada imagem passa a encerrar a solução de um enigma.

## A LINGUAGEM POÉTICA É UM JOGO DE LINGUAGEM

Na cultura arcaica, a linguagem dos poetas é o mais eficaz dos meios de expressão, desempenhando uma função muito mais ampla e vital do que a mera satisfação das aspirações literárias. Põe o ritual em palavras, é o árbitro das relações sociais, o veículo da sabedoria, da justiça e da moral. E faz tudo isso sem prejudicar seu caráter de jogo, pois o próprio ambiente da cultura primitiva é o de um círculo lúdico. Nessa fase, as atividades culturais realizam-se sob a forma de jogos sociais; mesmo as mais utilitárias gravitam em torno de um ou de outro dos grupos lúdicos. Mas, à medida que a civilização vai ganhando maior amplitude espiritual, as regiões nas quais o fator lúdico é fraco ou quase imperceptível desenvolvem-se à custa daquelas em que ele tem livre curso. O conjunto da civilização torna-se mais sério, e a lei e a guerra, o comércio, a técnica e a ciência perdem o contato com o jogo; mesmo o ritual, que primitivamente era seu campo de expressão por excelência, parece participar desse processo de dissociação. Por fim, resta apenas a poesia, como cidadela do jogo vivo e nobre.

O caráter lúdico da linguagem poética é tão evidente que quase se torna desnecessário ilustrá-lo com exemplos. Dada a imensa importância atribuída pelas culturas arcaicas à prática da poesia, não será surpresa para nós verificar que nessa fase sua técnica foi levada ao mais alto grau de rigor e de sofisticação. Baseia-se num meticuloso código de regras, absolutamente obrigatórias, mas que permitem uma variação quase infinita. O sistema é conservado e transmitido como uma nobre ciência. Não por acaso, é possível observar esse requintado culto da poesia sob formas muito semelhantes em povos tão afastados no tempo e no espaço que pouco ou nenhum contato podem ter tido com as civilizações mais ricas e mais antigas que, se não fosse isso, poderiam ter influenciado suas literaturas. Isso acontece, por exemplo, com a Arábia pré-islâmica e com a Islândia dos *Eddas* e das sagas. Sem levar em conta pormenores de métrica e prosódia, limitar-nos-emos a um único exemplo, bem próprio para ilustrar a relação entre a poesia e o jogo como linguagem secreta, a saber, o *kenttingar* nórdico. Quando o poeta diz "espinho da linguagem" em vez de língua, "chão do antro dos ventos" em vez de terra, "lobo das árvores" em vez de vento etc., está apresentando a seus auditores enigmas poéticos que são tacitamente resolvidos. O poeta e a audiência precisam conhecer centenas deles. As coisas importantes, como por exemplo o ouro, têm nomes poéticos às dúzias. Um dos escritos do primeiro *Edda*, o *Skaldskaparmal*, ou "Fala dos Poetas", oferece uma longa lista dessas expressões poéticas. Uma das utilizações importantes do *kenning* é como teste de conhecimento mitológico. Cada um dos deuses possui uma multiplicidade de pseudônimos, os quais encerram uma referência indireta a suas aventuras, a sua forma ou a seu parentesco cósmico. "Como se pode descrever Heimdall?" "Pode ser chamado 'Filho de Nove Mães' ou 'Guardião dos Deuses' ou 'Asen branco', 'Inimigo de Loki, 'O que procura o Colar de Freya', e muitas outras coisas."[19]

Nunca se perderam inteiramente as intimas relações entre a poesia e o enigma. Nos *skalds* islandeses o excesso de clareza é considerado uma falha técnica. Os gregos também exigiam que a palavra do poeta fosse obscura. Entre os trovadores, em cuja arte a função lúdica e mais patente do que em qualquer outra, são atribuídos méritos especiais ao *trobarclus* – o que à letra significa "poesia hermética".

As escolas líricas modernas, que se movem e residem em domínios geralmente inacessíveis e gostam de envolver o sentido numa palavra enigmática, permaneceram, portanto, fiéis à essência de sua arte. Com seu círculo restrito de leitores, que compreendem ou pelo menos conhecem sua linguagem especial, elas são grupos culturais fechados de linhagem muito antiga. Todavia, não é certo que a civilização que as rodeia seja capaz de apreciar suficientemente seus objetivos para formar o terreno em que a arte possa exercer a função vital que é sua razão de ser.

19 A hipótese segundo a qual o *kenningar* tem seu fundamento original na poesia não exclui necessariamente sua relação com os fenômenos do *tabu*. Ver Alberta A. Portengen, *De Oudgermaansche dichtertaal in haar etymologisch verband*, Leyden, 1915.

▶▶ *Detalhe de página do manuscrito* Edda, *o* Gylfaginning.

Þridie
Jafnhär
Haar.

# 8. A Função da Forma Poética, ou Mitopoética

## MODELO IMAGÉTICO

A partir do momento em que uma metáfora deriva seu efeito da descrição das coisas ou dos acontecimentos, em termos de vida e de movimento, fica aberto o caminho para a personificação. A representação em forma humana de coisas incorpóreas ou inanimadas é a essência de toda formação mítica e de quase toda a poesia. Mas o processo não segue rigorosamente o curso acima indicado. O que se passa não é primeiro a concepção de alguma coisa como destituída de vida e de corpo, e depois sua expressão como algo que possui um corpo, partes e paixões. Não: a coisa percebida é, antes de mais nada, concebida como dotada de vida e de movimento, e é essa sua expressão primária, não sendo, portanto, produto de uma reflexão posterior. Nesse sentido, a personificação surge a partir do momento em que alguém sente a necessidade de comunicar aos outros suas percepções. Assim, as concepções nascem enquanto atos da imaginação.

Haverá razões para chamar ao hábito inato do espírito, a essa tendência para criar um mundo imaginário de seres vivos (ou talvez um mundo de ideias animadas), um jogo da mente, ou jogo mental?

Tomemos como exemplo uma das formas mais elementares da personificação, as especulações míticas a respeito da origem do mundo e das coisas, nas quais a criação é concebida como obra de alguns deuses a partir do corpo de um gigante universal. Encontramos essa concepção no *Rigveda* e no primeiro *Edda*. Atualmente, a filologia tende a considerar os textos onde se encontra essa lenda como uma redação literária ocorrida em época relativamente tardia. O décimo hino do *Rigveda* nos oferece uma paráfrase mística de uma matéria mítica primordial, feita pelos sacerdotes sacrificadores, que a interpretaram em termos ritualísticos. O Ser primordial, Purusha (isto é, o homem) serviu de matéria para o universo[1]. Todas as coisas foram formadas a partir desse corpo, "os animais do ar, e as florestas e as aldeias"; "a lua veio de seu espírito; o Sol, de seu olho; de sua boca vieram Indra e Agni; de seu hálito, o vento; de seu umbigo, a atmosfera; de sua cabeça, o céu; de seus pés, a terra; e de seus ouvidos, os quatro quadrantes do horizonte; assim eles (os deuses[2]) fizeram os mundos". Queimaram Purusha como oferenda. O hino é uma mistura de antigas fantasias míticas e de especulações místicas de uma fase mais tardia da cultura religiosa. Note-se de passagem que num dos versos, no décimo primeiro, surge repentinamente a nossa já conhecida interrogação: "Quando eles dividiram Purusha, em quantas partes o dividiram? Como foi chamada sua boca, e seus braços, e suas coxas, e seus pés?"

É de maneira idêntica que Gangleri pergunta no *Snorra Edda*: "Qual foi o início? Como começou? O que havia antes?" E, numa série de motivos os mais diversos, segue-se uma descrição da origem do mundo: antes de mais nada, o gigante primordial Ymir nasce do choque entre uma corrente de ar quente e uma camada de gelo[3]. Os deuses matam-no e com sua carne fazem a terra, com seu sangue fazem os mares e os lagos, com seus ossos as montanhas, com seu cabelo as árvores, com seu crânio a atmosfera etc.

Nada disso parece ser um mito vivo, a primeira fase de sua expressão. Pelo menos no caso do exemplo tirado do *Edda*, trata-se de um material tradicional que passou do nível do ritual

1 *Die Lieder des Rigveda*, x, 90, 8, 13-14, 11, p. 131.

2 Os mitos cosmogênicos são sempre obrigados a postular um *primum agens* antes de toda existência.

3 Mais uma vez, para uma interpretação deveras distinta, deixe-me referir o leitor à obra de H.S. Bellamy, *Moons, Myths and Man*. (N. da T. para o inglês)

para o da literatura, e foi conservado como vestígio venerável de uma antiga cultura para a edificação das gerações vindouras. Conforme já dissemos, o *Gylfaginning*, onde tudo isso se verifica, parece em toda sua estrutura, em seu tom e nas tendências que manifesta, brincar com os velhos temas mitológicos, de uma maneira que dificilmente pode ser considerada séria. Devemos, portanto, perguntar-nos se a mentalidade responsável por essas personificações não se encontra desde o início comprometida com um certo espírito lúdico. Por outras palavras, recapitulando o que já dissemos acerca do mito em geral, parece-nos haver lugar para duvidar se de fato os hindus e os escandinavos primitivos alguma vez realmente chegaram a acreditar, com toda a força da convicção, em ficções como essa da criação do mundo a partir dos membros de um corpo humano. Seja como for, é impossível provar a realidade dessa crença. Podemos pelo menos ir até ao ponto de afirmar que é extremamente improvável.

Normalmente, temos tendência para considerar a personificação de ideias abstratas como um produto tardio da invenção literária, como no caso da alegoria, um recurso estilístico que a arte e a literatura de todas as épocas usaram até à exaustão. E não há dúvida de que, a partir do momento em que a metáfora poética deixa de se situar no plano do mito autêntico e original, deixando de fazer parte de alguma atividade religiosa, torna-se problemático, para não dizer ilusório, o valor de crença da personificação que encerra. A personificação passa, então, a ser usada de maneira perfeitamente consciente, como material do poema, mesmo quando as ideias, que contribui para formular, continuam sendo consideradas sagradas. O mesmo se pode afirmar dos primeiros casos de personificação que encontramos em Homero, como por exemplo, *Atê*, a Ilusão, que se insinua no coração dos homens, trazendo consigo as *Litai*, as feias e obscuras suplicações, todas filhas de Zeus.

As incontáveis personificações que se encontram em Hesíodo são igualmente amorfas, artificiais e incaracterísticas. A *Teogonia* oferece toda uma série de abstrações na descrição dos filhos da funesta Eris: Trabalho, Esquecimento, Fome, Dores, Homicídios e Assassinatos, Discórdias, Dissimulação, Inveja etc. Dois dos filhos nascidos de Styx, a filha do Oceano, e do titã Pallas, Kratos e Bia (Força e Violência) residem sempre na morada de

Zeus e o acompanham por toda a parte[4]. Serão todas as figuras meramente alegóricas, pálidas intangíveis do espírito? Talvez não. Há razões para crer que essa personificação de determinadas qualidades é mais própria dos estratos mais antigos da formulação religiosa, numa época em que os poderes e forças de que o homem primitivo se sentia rodeado não haviam ainda assumido forma humana. Antes de o espírito conceber os deuses de maneira antropomórfica, ele dá às coisas que o oprimem ou entusiasmam, tomado pela comoção que nele provocam as misteriosas, tremendas e ameaçadoras forças da vida e da natureza, nomes vagos e indefinidos, os quais evocam seres mais ou menos indistintos, mais do que a clara visão de figuras humanas[5].

É desse nível pré-histórico da atividade espiritual que parecem ter saído essas estranhas figuras primitivas, mas curiosamente literárias, com as quais Empédocles povoa o mundo subterrâneo: "esse lugar sem alegria onde o Crime e a Ira, e legiões de outros deuses funestos vagueiam na escuridão dos prados da tristeza, juntamente com a devoradora Doença e Podridão e todas as obras da Decomposição"[6]. "Também lá se encontravam a Terra-Mãe e a donzela do Sol de olhar penetrante, a sangrenta Luta e a Harmonia de olhar grave, a dama Bela e a dama Feia, a dama Rápida e a dama Lenta, a adorável Verdade e a Sombra de negras tranças"[7].

## PERSONIFICAÇÃO ABSTRATA

Os romanos, com sua consciência religiosa singularmente arcaica, conservaram essa faculdade primitiva da personificação (que não é exclusivamente antropomórfica) no costume dos chamados *indigitamenta*, rito oficial que consistia na criação de novas divindades, nas épocas de grande agitação popular, com o fim de apaziguar os surtos de emoção coletiva, procurando canalizá-los para as entidades sagradas. Era um brilhante truque psicológico para desfazer as tensões sociais mais perigosas. Assim

4 Hesíodo, *Teogonia*, 227s., 383s.

5 Cf. Gilbert Murray, The Early Greak Epic, em Robert Ranulph Marett (ed.), *Anthropology and the Classics*, , Oxford, 1908, p. 75.

6 *Fragmentos*, n. 121; cf. W. Capelle, *Die Vorsoktatíker*, p. 242.

7 *Fragmentos*, n. 122; cf. H. Diels, *Fragmente der Vorsokratiker*, II, p. 219.

surgiram divindades como Pallor e Pavor, o palor e o medo, ou Aius Locutius, a voz que tinha prevenido contra o perigo dos gauleses, ou Rediculus, que havia obrigado Aníbal à retirada, ou Domiduca, a que conduz em paz até ao lar. Também no *Antigo Testamento* encontramos exemplos de personificação no quarteto da Misericórdia, da Verdade, da Justiça e da Paz, no Salmo 85, onde elas se encontram e se beijam; na figura da Sabedoria do livro dos *Provérbios*, nos quatro cavaleiros do Apocalipse etc. Marcel Mauss faz referência a uma deusa da Propriedade entre os índios Haida da Colômbia Britânica, espécie de divindade da sorte, cuja função é trazer fortuna[8].

Em todos esses casos é lícito perguntar até que ponto a personificação deriva de, ou resulta de numa atitude de fé. Podemos mesmo ir mais longe: não será toda personificação, do princípio ao fim, simplesmente um jogo do espírito? Há exemplos de épocas mais recentes que nos levam a essa conclusão. São Francisco de Assis reverencia a Pobreza, sua noiva, num êxtase sagrado e no mais piedoso fervor. Mas se nos perguntarmos seriamente se São Francisco realmente acreditava num ser celeste e espiritual chamado Pobreza, que fosse efetivamente a ideia da pobreza, o resultado será a maior indecisão. Feita assim a sangue frio, a pergunta é demasiado direta, equivale a forçar o conteúdo emocional da ideia. A atitude de São Francisco era um misto de crença e de descrença. A Igreja não autorizava, pelo menos de maneira explícita, uma crença como essa. Certamente sua concepção da Pobreza oscilava entre a imaginação poética e a convicção dogmática, embora tendendo para esta última. A maneira mais sucinta de exprimir esse estado de espírito seria dizer que São Francisco brincava (ou jogava) com a figura da pobreza. Toda a vida do santo está cheia de puras figuras e fatores lúdicos, que constituem um de seus aspectos mais interessantes. Coisa semelhante se passava com Henrique Suso, o místico alemão do século seguinte, que em suas suaves fantasias místicas e líricas brincava com a ideia da Sabedoria eterna, à qual considerava sua amada. O domínio lúdico dos santos e dos místicos é mais amplo do que o do pensamento racional; é inacessível à especulação submetida a conceitos lógicos. Há sempre um ponto de encontro

8 *Essai sur le don*, p. 112.

entre o jogo e a santidade. O mesmo se verifica com a imaginação poética e a fé.

Já desenvolvi mais amplamente o problema do valor ideal das figuras alegóricas em alguns poetas, visionários e teólogos medievais em meu ensaio sobre as relações entre poesia e teologia em Alain de Lille[9]. Em minha opinião, é impossível estabelecer qualquer espécie de distinção rígida entre a personificação poética na alegoria e a concepção dos seres celestes, ou infernais, na teologia. Seria cometer grave injustiça para com um poeta-teólogo como Alain de Lille descrever todo o tesouro poético de seu *Anticlaudianus* ou *De planctu naturae*, tão rico em imagens, simplesmente como um "jogo" literário. Há demasiada profundidade em suas imagens, as quais são absolutamente inseparáveis da profundidade de seu pensamento filosófico e teológico. Por outro lado, ele mantém sempre plena consciência do caráter imaginário de suas concepções. Mesmo Hildegarde de Bingen não afirma a realidade metafísica das Virtudes que vê em suas visões, e chega mesmo a prevenir-nos contra essa ideia[10]. A relação entre as imagens vistas e as próprias virtudes, diz ela, é de "significação": *designare, praetendere, declarare, significare, praefigurare*. Apesar disso, na visão essas imagens movem-se como seres vivos. No fundo, na visão apresentada como experiência mística, também não há uma pretensão de realidade absoluta[11]. Tanto em Hildegarde como em Alain de Lille, a imaginação poética oscila constantemente entre a convicção e a fantasia, entre o jogo e a seriedade.

Sob todas as formas, das mais sagradas às mais literárias, desde o Purusha védico até às encantadoras figurinhas de *The Rape of the Lock* (O Rapto da Madeixa), a personificação é ao mesmo tempo uma função lúdica e um hábito espiritual da maior importância. Mesmo na civilização moderna, ela de maneira nenhuma se tornou um mero artifício literário, escolhido arbitrariamente. É um hábito do qual estamos longe de nos ter libertado, mesmo na vida cotidiana. Qual de nós não se viu várias vezes dirigindo-se a um objeto inanimado, por exemplo a um botão de colarinho recalcitrante, com a maior seriedade, atribuindo-lhe

9 Em alemão, para o Mededeelingen der Kon. Nederland Akademie van Wetenschappen, afd. Letterkunde, LXXIV, B, n. 6, 1932, p. 82s.

10 Ibidem, p. 89.

11 Ibidem, p. 90.

uma vontade perversa, censurando-o e injuriando-o por sua diabólica teimosia? Quem faz isso utiliza a personificação no sentido mais rigoroso da palavra. Contudo, não é habitual as pessoas confessarem sua crença no botão de colarinho como uma entidade ou uma ideia. O que acontece é simplesmente cair-se involuntariamente na atitude lúdica.

## PERSONIFICAÇÃO COMO HÁBITO GERAL

Se essa tendência inata do espírito para atribuir uma personalidade aos objetos com que lidamos na vida cotidiana tem, efetivamente, suas raízes no jogo, estamos então perante um problema dos mais importantes, que aqui só muito brevemente pode ser tratado. A atitude lúdica já estava presente antes da existência da cultura ou da linguagem humana, portanto o terreno no qual se inscrevem a personificação e a imaginação também já estava presente desde o passado mais remoto. Ora, a antropologia e a religião comparada dizem-nos que a personificação dos deuses e dos espíritos sob uma forma animal é um dos elementos mais importantes da vida religiosa primitiva. Na base de todo o complexo do totemismo está a imaginação teriomórfica. As duas metades de uma tribo não apenas se chamam, elas efetivamente são cangurus e tartarugas. Semelhante maneira de pensar está encerrada na ideia do *versipellis*, conhecida no mundo inteiro e que se refere ao homem que é capaz de mudar de pele, assumindo temporariamente a forma de um animal, como, por exemplo, o lobisomem. Está também implícita nas numerosas metamorfoses de Zeus em benefício de Leda, Europa, Semele, Danae etc., e nos amálgamas entre homem e animal do panteão egípcio. Não pode restar dúvida de que, para o selvagem, e também para o homem arcaico do Egito e da Grécia, essa representação do homem como animal era perfeitamente "séria", do mesmo modo que a criança não distingue muito claramente entre as duas espécies. No entanto, o selvagem, quando põe sua terrificante máscara e aparece como um animal, mostra que, afinal de contas, "sabe". A única interpretação com a qual nós, que já não somos completamente selvagens, podemos recriar esse estado de espírito é supor que a esfera lúdica, tal com a observamos na vida da criança, abarca toda a vida do selvagem, desde as mais sagradas emoções até aos divertimentos mais triviais e mais infantis. Seria excessiva ousadia sugerir que a melhor maneira de entender a presença do fator teriomórfico no ritual, na mitologia e na religião é em termos de atitude lúdica?

Há outro problema, ainda mais profundo, também derivado de nossa discussão da personificação e da alegoria, e era o que tínhamos em mente quando acima nos referimos a "um problema dos mais importantes". Poderemos ter certeza de que a filosofia e a psicologia atuais abandonaram inteiramente o modo de expressão alegórico? Muitas vezes penso que não, e que isso nunca será possível. Em sua terminologia, continua insinuando-se o imemorial pensamento alegórico, a personificação continua presente nos nomes atribuídos aos impulsos psíquicos e aos estados de espírito. A literatura psicanalítica está cheia dela. Mas talvez caiba perguntar se alguma vez foi possível a linguagem abstrata sem alegoria.

## OS ELEMENTOS DA LITERATURA SÃO FUNÇÕES LÚDICAS

Não são apenas os elementos do mito, são também os da poesia que se compreendem melhor quando pensados como funções lúdicas. Por que os homens subordinam as palavras à métrica, à cadência e ao ritmo? Se respondermos que é por causa da beleza ou da emoção, estaremos deslocando o problema para um terreno ainda mais difícil. Mas se respondermos que os homens fazem poesia porque sentem a necessidade do jogo social, já estaremos mais próximos do alvo. A palavra rítmica nasce dessa necessidade. Só na atividade lúdica da comunidade a poesia desempenha uma função vital e possui seu pleno valor, que se perdem à medida que os jogos sociais perdem seu caráter ritual ou festivo. Elementos como a rima e o dístico só adquirem sentido dentro das estruturas lúdicas intemporais e onipresentes de que derivam: golpe e contragolpe, ascensão e queda, pergunta e resposta ou, numa palavra, ritmo. Sua origem está inseparavelmente ligada aos princípios da canção e da dança, os quais, por sua vez, fazem parte da imemorial função do jogo. Todas as qualidades da poesia reconhecidas como próprias, como a beleza, o caráter sagrado, a magia, são, desde início, abrangidas pela qualidade lúdica primária.

Segundo os imortais modelos gregos, distinguimos na poesia três grandes gêneros: o lírico, o épico e o dramático. O lírico é o que permanece mais próximo da esfera lúdica, da qual todos derivam. Aqui, o lírico deve ser tomado em sentido extremamente amplo, incluindo, além do gênero enquanto tal, todos os modos que exprimem o arrebatamento. Na escala da linguagem poética, a expressão lírica é a mais distante da lógica e a mais próxima da música e da dança. É a linguagem da contemplação mística, dos oráculos e da magia. É nela que o poeta experimenta mais intensamente a sensação de ser inspirado de fora, é nela que se encontra mais próximo da suprema sabedoria, mas também da demência. O abandono total da razão e da lógica é característico da linguagem dos sacerdotes e dos oráculos entre os povos primitivos, chegando muitas vezes a ser uma algaraviada incompreensível. Émile Faguet refere-se algures a *le grain de sottise nécessaire au lyrique moderne* (o grão de estupidez necessário ao lírico moderno). Mas não e só o poeta lírico moderno que precisa dele; todo gênero tem a necessidade de mover-se fora das limitações do intelecto. Um dos traços fundamentais da imaginação lírica é a tendência para o exagero. A poesia precisa ser exorbitante. As fantasias cosmogônicas e místicas do *Rigveda* e o gênio sublime de Shakespeare encontram-se no uso das mais audaciosas imagens, porque Shakespeare, apesar de ter passado por toda a tradição do classicismo, retinha todo o ímpeto do vate arcaico.

Não é apenas no lírico que se encontra o desejo de apresentar as ideias mais mirabolantes possíveis. Essa é uma função lúdica típica, que se encontra tanto na vida da criança como em certas doenças mentais. Na correspondência entre Shaw e Terry aparece a estória de um garotinho que sai correndo do jardim, gritando: "Mamãe, mamãe, achei uma cenoura tão grande... tão grande como Deus!" E outra sobre um doente que diz ao psiquiatra que irão buscá-lo numa carruagem. "Certamente não é uma carruagem vulgar, não é?" "Claro que não, é uma carruagem de ouro!" "E como é puxada?" "Por quarenta milhões de veados de diamante!" Essas qualidades e quantidades absurdas são comuns nas lendas budistas. E a tendência megalomaníaca sempre se verificou entre os editores de mitos e de vidas de santos. A tradição hindu apresenta o grande asceta Cyavana em exercícios de tapas, completamente oculto sob um monte de formigas, deixando ver apenas seus olhos, que brilham como dois carvões em brasa. Visvamitra fica mil anos sobre as pontas dos dedos dos pés. O jogo com o maravilhoso, em número ou grau, encontra-se em grande quantidade de histórias de gigantes ou anões, desde os mitos primitivos até Gulliver. No *Snorra Edda*, Thor e seus companheiros encontram uma salinha ligada a um imenso quarto de dormir, na qual passam a noite. Na manhã seguinte, descobrem que estiveram dormindo no polegar da luva do gigante Skrymir[12].

Em minha opinião, o desejo de espantar o leitor através de um exagero sem limites ou da confusão das proporções não deve ser levado inteiramente a sério, quer o encontremos em mitos que fazem parte de um sistema de crenças, na literatura pura, ou nas fantasias das crianças. Em todos esses casos, trata-se do mesmo hábito lúdico do espírito. Sempre julgamos, involuntariamente, a crença do homem primitivo nos mitos por ele criados em função de nossos padrões científicos, filosóficos e religiosos. Há um elemento semi-humorístico, próximo do "faz de conta", que é inseparável do verdadeiro mito. Estamos perante aquele "elemento taumatúrgico da poesia" de que falava Platão[13].

## O DRAMA COMO JOGO

O fato de a poesia, no sentido mais amplo da *poiesis* grega, sempre se encontrar dentro da esfera do jogo, não significa que seu caráter essencialmente lúdico seja sempre conscientemente mantido. A epopeia perde sua relação com o jogo a partir do momento em que não se destina mais a ser recitada em ocasiões festivas, mas apenas a ser lida. E também a lírica deixa de ser compreendida como função lúdica a partir do momento em que desaparece sua união com a música. Só o drama, devido a seu caráter intrinsecamente funcional e ao fato de constituir uma ação, continua permanentemente ligado ao jogo. A própria linguagem reflete esse laço indissolúvel, sobretudo o latim e as línguas aparentadas, e também as germânicas. Nessas línguas, o drama é chamado "jogo", e interpretá-lo é "jogar". Pode parecer estranho, embora

12 Sturluson Snorri, *Gylfaginning*, c. 45. Ver também a captura da serpente Midgard, c. 48.

13 *Sofista*, 268d; τῆς ποιήσεως [...] τὸ θαυματοποιικὸν μόριον.

facilmente compreensível segundo o que anteriormente dissemos[14], que os gregos, os próprios criadores do teatro em sua forma mais perfeita, não aplicassem a palavra "jogo" nem ao drama propriamente dito nem à sua execução. Mas o fato de não existir em grego uma palavra única para designar tudo aquilo abrangido pela noção de jogo é suficiente para explicar esse vazio que se verifica em sua terminologia. A sociedade helênica estava de tal maneira impregnada de espírito lúdico que nunca os gregos pensaram que esse espírito fosse uma entidade especial e autônoma.

É evidente que tanto a tragédia como a comédia tiveram origem no jogo. A comédia ática deriva do *komos* licencioso das festividades dionisíacas. Foi só numa fase posterior que ela se transformou num exercício conscientemente literário e, mesmo aquela fase, na época de Aristófanes, conserva numerosos vestígios de seu passado dionisíaco. No decorrer do cortejo do coro, chamado parábase, o coro divide-se em filas e movimenta-se para trás e para a frente, volta-se para o público e aponta as vítimas, com frases de escárnio. O vestuário fálico dos atores assim como as máscaras animais com que os elementos do coro se disfarçam são vestígios de uma remota Antiguidade. Não é apenas por capricho que Aristófanes usa as vespas, os pássaros e as rãs como tema de suas comédias; o fundamento dessa escolha está em toda a tradição da personificação teriomórfica. Com suas censuras públicas, com a troça mordente que utilizam, as "velhas comédias" pertencem inteiramente ao domínio daquelas canções antifonais, ultrajantes e provocadoras, mas sempre festivas, a que antes fizemos referência. Foi recentemente descoberta por Robert Stumpfl uma linha evolutiva semelhante nas literaturas germânicas, com um alto grau de plausibilidade, embora sem apresentar provas definitivas, em sua obra *Die Kultspiele der Germanen als Ursprung mittelaterlichen Dramas*, que parte do ritual para chegar ao teatro, num exato paralelo do que se verifica na comédia grega.

Do mesmo modo, também a tragédia não é em sua origem uma reprodução voluntariamente literária do destino humano. Originalmente, era uma coisa muito distante da literatura destinada ao palco, era um jogo sagrado ou um ritual lúdico. Mas, com a passagem do tempo, a "representação" dos temas míticos tornou-se

14 Cf. supra, p. 111.

uma interpretação teatral, com mímica e diálogos, de uma série de acontecimentos que constituem uma história com enredo.

Desde o início, tanto a comédia como a tragédia se apresentam sob o signo da competição, a qual, conforme vimos, deve ser considerada um jogo, seja sob que circunstância for. Os dramaturgos gregos preparavam suas obras dentro de um espírito de competição para serem apresentadas na festa de Dionísio. É certo que o concurso não é organizado pelo Estado, mas este participa em sua direção. Havia sempre uma multidão de poetas de segunda e de terceira ordens competindo pelos prêmios. O público costumava estabelecer comparações, e as críticas eram extremamente severas. Em sua totalidade, o público compreendia todas as alusões e reagia plenamente às sutilezas de estilo e de expressão, participando de toda a tensão do concurso, do mesmo modo que uma multidão num jogo de futebol. Esperavam ansiosamente os novos coros, para os quais os cidadãos que neles participavam haviam ensaiado durante todo o ano.

O assunto real das peças também era agonístico. A comédia, por exemplo, discutia um assunto de interesse público ou atacava um indivíduo ou um ponto de vista, como nos ataques trocistas de Aristófanes a Sócrates e a Eurípides. A atmosfera do drama era de êxtase dionisíaco e de arrebatamento ditirâmbico. O ator, separado do mundo vulgar pela máscara que usava, sentia-se transformado numa outra personalidade, e esta era por ele mais propriamente encarnada do que simplesmente representada. O público era arrastado por ele para o mesmo estado de espírito. Em Ésquilo, a violência de uma linguagem requintada e as extravagâncias da imaginação e da expressão estão perfeitamente de acordo com as origens sagradas do teatro. Na esfera espiritual em que nasce o teatro, não há lugar para qualquer distinção entre o jogo e a seriedade. Nas tragédias de Ésquilo, a experiência da mais tremenda seriedade é apresentada sob uma forma lúdica. Em Eurípides, o tom oscila entre a seriedade e a frivolidade. O verdadeiro poeta, diz Sócrates, deve ser trágico e cômico ao mesmo tempo, e toda a vida humana deve ser entendida como uma mistura de tragédia e de comédia[15].

15 Platão, *Simpósio*, 223d; idem, *Filebo*, 50b.

▶▶ Medeia Mata seu Filho, *ânfora de Campania, 330 a.C.*

# 9. Formas Lúdicas da Filosofia

## O SOFISTA

No centro do círculo que procuramos descrever com nossa concepção do jogo, ergueu-se a figura do sofista grego. Este pode ser considerado um prolongamento da figura central da vida cultural da época arcaica, que sucessivamente apareceu sob as formas do profeta, do feiticeiro, do vidente, do taumaturgo e do poeta, e cuja melhor designação é a de vate. O sofista possui duas funções muito importantes em comum com o tipo mais antigo do reitor cultural: a de exibir seus extraordinários conhecimentos, os mistérios de sua arte e, ao mesmo tempo, a de derrotar seus rivais nas competições públicas. Nele estão presentes, portanto, os dois fatores principais do jogo social da sociedade arcaica: o exibicionismo e a aspiração agonística. É conveniente lembrar que, antes do aparecimento do sofista propriamente dito, Ésquilo designa com a palavra "sofista" os sábios heróis de antanho, como Prometeu e Palamedes, ambos os quais enumeram orgulhosamente todas as artes que inventaram para bem da humanidade. Devido ao fato de gabarem-se de seus conhecimentos. assemelham-se aos sofistas posteriores, como Hípias *polihistor*, o homem das mil artes, o mnemotécnico, o autarca econômico que se vangloria de ter fabricado todo o vestuário e objetos que usa, e que constantemente aparece em Olímpia, apresentando-se como o gênio universal, sempre pronto para discutir qualquer assunto (preparado de antemão!) e para responder a quaisquer perguntas que lhe façam, proclamando nunca ter encontrado rival[1]. Tudo isso se assemelha muito ao caso de Yãjnavalkya, o sacerdote solucionador de enigmas dos Brâmanas, que faz cair a cabeça de seu adversário[2].

As proezas dos sofistas são chamadas *epideixis* – exibição. Cada um deles tem, como acima sugerimos, um repertório, e recebe honorários por seus ensinamentos. Algumas de suas peças têm preço fixo, como as conferências de cinquenta dracmas de Pródico. Górgias ganhou tanto dinheiro com sua arte que pode dedicar uma estátua de si mesmo ao deus de Delfos, toda em ouro maciço. O sofista itinerante, como Protágoras, obtinha êxitos fabulosos. Era um autêntico acontecimento quando um sofista célebre visitava uma cidade. Era admirado como um ser milagroso, idolatrado como os heróis do atletismo. Em resumo, a profissão de sofista era bastante semelhante a de um esporte. A cada resposta bem dada, os espectadores riam e aplaudiam. Era um verdadeiro jogo apanhar o adversário numa rede de argumentos[3] ou aplicar-lhe um golpe devastador[4]. Era ponto de honra ser capaz de apresentar apenas perguntas em forma de dilema, às quais só era possível dar respostas erradas.

Quando Protágoras chama à sofística "uma velha arte" (*teknen palaian*)[5], ele toca no nó do problema. Trata-se efetivamente do velho jogo de perspicácia que, tendo começado nas culturas mais remotas, oscila entre o ritual mais solene e o divertimento puro e simples, por vezes elevando-se às alturas da sabedoria, outras, limitando-se a uma simples rivalidade. Werner Jaeger critica severamente "a maneira atual de descrever Pitágoras como uma espécie de feiticeiro ou clarividente", considerando essa opinião indigna de resposta[6]. Todavia, esquece que o feiticeiro, ou o que se queira chamar-lhe, é, tanto por natureza como do ponto de

1 Platão, *Hípias Menor*, 368-369.
2 Ver supra, p. 141-142.
3 Idem, *Eutidemo*, 303a.
4 πληγείς; ibidem., 303b-e.
5 Idem, *Protágoras*, 316d.
6 W. Jaeger, *Paideia*, 1, p. 221.

vista histórico, o irmão mais velho de todos os filósofos e sofistas, conservando ainda todos os vestígios desse antigo parentesco.

Os próprios sofistas tinham plena consciência do caráter lúdico de sua arte. Górgias considerava seu *Elogio de Helena* um jogo (*paignion*), e seu tratado *Da Natureza* foi chamado em retórica de um estudo lúdico[7]. Todos aqueles que se opõem a uma interpretação desse gênero, como é o caso de Capelle[8], esquecem que em todo o campo da eloquência sofística é impossível estabelecer uma distinção nítida entre o jogo e a seriedade, e que o termo "jogo" se adapta perfeitamente à natureza original de tudo isso. Além disso, a opinião segundo a qual a descrição dos sofistas por Platão é uma caricatura ou uma paródia[9], só é parcialmente verdadeira. É preciso não esquecer que todos os aspectos mais frívolos e insinceros do sofista são elementos essenciais de sua figura, lembrando suas origens. Pertence por natureza à categoria do nômade; vida errante e parasitismo são patrimônios hereditários.

Apesar disso, esses mesmos sofistas foram os responsáveis pelo meio em que se formou a concepção helênica da educação e da cultura. A sabedoria e a ciência dos gregos não eram produtos da escola, no sentido que atualmente damos à palavra. Ou seja, não eram produtos secundários de um sistema educacional destinado a preparar os cidadãos para funções úteis e proveitosas. Para os gregos, os tesouros do espírito eram frutos do ócio – *skolé*, – e para o homem livre todo o tempo durante o qual não lhe era exigida qualquer prestação de serviços ao Estado, à guerra ou ao ritual era tempo livre, de modo que dispunha mesmo de bastante lazer[10]. A palavra "escola" tem por trás dela uma história curiosa. Originalmente, significava "ócio", adquirindo depois o sentido exatamente oposto de trabalho e preparação sistemática, à medida que a civilização foi restringindo cada vez mais a liberdade que os jovens tinham de dispor de seu tempo, e levando estratos cada vez mais amplo de jovens para uma vida cotidiana de rigorosa aplicação, da infância em diante.

A sofística, tecnicamente considerada como uma forma de expressão, apresenta todas as semelhanças com o jogo primitivo

7 H. Gomperz, *Sophistik und Rethorik*, Leipzig, 1912, p. 17, 33.
8 W. Capelle, *Die Vorsoktatíker*, p. 344.
9 Cf. W. Jaeger, op. cit., p. 398.
10 Cf. R.W. Livingstone, *Greek Ideals and Modern Life*, p. 64.

que encontramos no caso do predecessor do sofista, o vate. O sofisma propriamente dito está intimamente relacionado com o enigma, é um truque de combatente. A palavra grega problema, em seu sentido concreto original (πρόβλημα), designava ou qualquer coisa que se usa para defesa pessoal, como, por exemplo, um escudo, ou qualquer coisa que se joga aos pés do outro para ele a apanhar, isto é, uma aposta ou desafio. Ambos os significados, tomados abstratamente, aplicam-se bem à arte do sofista[11]. Suas perguntas e argumentos são outros tantos problemata, precisamente nesse sentido. Os *jeux d'esprit*, em que se procura surpreender os outros com perguntas ardilosas, ocupavam um lugar importante na conversação entre os gregos. As diversas espécies em que se dividiam esses jogos foram sistematizadas, recebendo nomes técnicos, entre os quais o sorites, *apophaskon*, *outis*, *pseudomenos*, *antistrephon* etc. Clearco, discípulo de Aristóteles, escreveu uma *Teoria do Enigma*, dedicada principalmente à espécie chamada *griphos*: um jogo humorístico de perguntas e respostas, recebendo-se no fim uma recompensa ou um castigo. "O que é que fica sempre o mesmo em toda a parte e em nenhuma?" Resposta: "O tempo." "Tu não és o que eu sou. Eu sou um homem, portanto tu não és um homem." Ao que se diz ter Diógenes respondido: "Se queres que isso seja verdade, é melhor começares por mim."[12] Crisipo escreveu um tratado dedicado apenas a certos sofismas. Todas essas perguntas ardilosas assentam na condição de que o adversário aceite tacitamente a validade lógica de jogo, sem estragar tudo com objeções, como fez Diógenes. As proposições eram às vezes estilisticamente ornamentadas com rimas, repetições, paralelismos e outros artifícios.

É sempre extremamente fluida a transição entre essas brincadeiras e a pomposa peroração do sofista e do diálogo socrático. O sofisma é aparentado tanto ao enigma vulgar quanto ao enigma sagrado e cosmogônico. Eutidemo, no diálogo platônico de mesmo nome, às vezes brinca com truques lógicos e gramaticais perfeitamente infantis[13], outras vezes resvala na profundidade da cosmologia e da epistemologia[14]. As afirmações mais profundas

11 Cf. Platão, *Sofista*, 261b.
12 C. Prantl, *Geschichte der Logik*, I, p. 492.
13 Platão, *Eutidemo*, 293c.
14 Idem, *Crátilo*, 386d.

dos filósofos pré-socráticos, como, por exemplo, a conclusão dos Eleatas de que não existe "nem gênese, nem movimento, nem pluralidade", são apresentadas sob a forma de um jogo de perguntas e respostas. Mesmo uma dedução tão abstrata, como aquela que conclui pela impossibilidade de formular um juízo universalmente válido, é feita a partir de um simples sorites, ou cadeia de perguntas. "Quando se abana um saco de trigo, qual é o grão que faz barulho? É o primeiro?" "Não." "É o segundo?" "Não." E assim sucessivamente.

## ORIGEM DOS DIÁLOGOS FILOSÓFICOS

Os próprios gregos percebiam o quanto estavam "jogando" em tais matérias. No *Eutidemo*, Platão apresenta Sócrates desdenhando os artifícios da sofística como uma brincadeira pueril com a doutrina. "Essas bobagens", diz ele, "nada ensinam sobre a natureza das coisas; aprende-se unicamente a enganar as pessoas com sutilezas e equívocos. É a mesma coisa do que levar alguém ao erro, ou tirar-lhe a cadeira no momento em que vai sentar-se." "Quando dizes que queres fazer desse rapaz um sábio", continua ele, "estás brincando ou falando a sério?"[15] No *Sofista*, Teeteto é obrigado pelo Estrangeiro de Eleia a admitir que o sofista pertence àquela espécie de pessoas "que se dedicam a brincadeiras" (τῶη τῆς παιδιᾶς μετεχόντων)[16]. Parmenides, instado a pronunciar-se sobre o problema da existência, chama a essa tarefa "jogar um jogo difícil" (πραγματειώδη παιδιὰν παίζειν)[17], e imediatamente penetra nos mais profundos problemas ontológicos, seguindo sempre o modelo do jogo de perguntas e respostas. "O Um não pode ter partes, e é ilimitado, portanto destituído de forma; não está em parte alguma, não se move, é intemporal e incognoscível." Em seguida, o argumento é invertido, e depois outra vez, e uma vez mais ainda[18]. O argumento anda para trás e para a frente, como uma lançadeira, e em seu movimento a epistemologia assume a forma de um nobre jogo. O elemento

15 *Eutidemo*, 287b, 283b.
16 *Sofista*, 235a.
17 *Parmênides*, 137b.
18 Ibidem, 142b, 155e, 165e.

lúdico não é próprio apenas dos sofistas, pois aparece igualmente em Sócrates e Platão[19].

Segundo Aristóteles, Zenão de Eleia foi o primeiro a escrever um diálogo na forma interrogativa própria dos filósofos de Megara e dos sofistas. Essa forma empregava uma técnica destinada a pegar em falso os adversários. Diz-se que Platão se inspirou sobretudo em Sófron para a composição dos diálogos. Ora, esse Sófron era um autor de farsas (mimos), e Aristóteles chama claramente ao diálogo uma forma de mimos[20], o qual por sua vez é uma forma de comédia. Por isso não devemos nos surpreender por ver Sócrates e Platão classificados entre os malabaristas e taumaturgos, juntamente com os sofistas[21]. Se tudo isso não é suficiente para revelar a presença de um elemento lúdico na filosofia, há provas mais do que suficientes nos próprios diálogos de Platão. O diálogo é uma forma de arte, uma ficção, dado que evidentemente a verdadeira conversação, por mais requintada que pudesse ser entre os gregos, nunca poderia ter correspondido exatamente à forma do diálogo literário. Nas mãos de Platão, o diálogo é uma coisa leve e aérea, completamente artificial. A estrutura narrativa do *Parmênides*, que é quase igual à de um conto, demonstra isso suficientemente, assim como o início do *Crátilo* e o tom descontraído e informal desses dois diálogos e de muitos outros. É evidente aqui uma certa semelhança com o *mimos*. No *Sofista*, os princípios fundamentais da filosofia pré-socrática são apresentados à maneira de *scherzi*[22], e o mito de Epimeteu e Prometeu é contado no *Protágoras* de maneira francamente humorística[23].

"Quanto à figura e aos nomes desses deuses", diz Sócrates no Crátilo, "há uma explicação ao mesmo tempo cômica e séria, pois os deuses apreciam o humor" – πιλοπαίσμονες γὰρ καί οἱ θεοί. Em outra parte, no mesmo diálogo afirma também: "Se eu tivesse assistido à conferência de cinquenta *dracmas* de Pródico, logo o terias sabido, mas só assisti à de um *dracma*!"[24] E diz ainda, no mesmo evidente tom satírico, pois aqui joga com etimologias

19 Cf. C. Prantl, op. cit., I, p. 9.
20 Aristóteles, *Poética*, 1447b.
21 Cf. Hermann Reich, *Der Mimus*, Berlim, 1903, p. 354.
22 *Sofista*, 242c-d; cf. *Crátilo*, 440.
23 *Crátilo*, 406c.
24 Ibidem, 384b.

absurdas: "Observem agora o truque especial que guardo para tudo o que não consigo resolver!"[25] E finalmente: "Durante muito tempo me espantei com minha própria sabedoria, e não acredito nela." Mas o que dizer quando o *Protágoras* termina com a inversão dos pontos de vista, ou quando no *Menexeno* não fica bem claro se o discurso funerário é proferido a sério ou não?

Os diversos personagens de Platão consideram suas investigações filosóficas um agradável passatempo. Os jovens gostam de discutir, os velhos gostam de ser venerados[26]. "Isso, diz Cálicles, é a pura verdade, conforme tu mesmo compreenderás se deixares agora a filosofia e te voltares para coisas superiores. Porque a filosofia é muito estimável quando praticada com moderação na juventude, mas é perniciosa para aqueles que se abandonam a ela por mais tempo do que o conveniente."[27]

Assim, os próprios pensadores que lançaram os imperecíveis fundamentos da filosofia e da ciência consideravam sua atividade uma distração de juventude. A fim de demonstrar definitivamente os erros fundamentais dos sofistas, suas deficiências lógicas e éticas, Platão não hesitou em adotar seu estilo de diálogo ligeiro e descontraído, pois por mais que aprofundasse a filosofia, nunca deixava de considerá-la um nobre jogo. Se tanto ele como Aristóteles consideravam os argumentos falaciosos e os jogos de palavras dos sofistas merecedores de uma refutação tão séria e completa, só podia ser porque seu próprio pensamento filosófico não se havia ainda desprendido da esfera lúdica arcaica. Mas cabe talvez perguntar se algum dia a filosofia poderá fazê-lo.

## SOFISTAS E RETORES

Podemos esboçar grosseiramente as sucessivas fases da filosofia da seguinte maneira: num passado muito remoto, ela se iniciou a partir do jogo de enigmas sagrado, que era ao mesmo tempo um ritual e um divertimento festivo. Do lado da religião, deu origem à profunda filosofia e teosofia dos Upanishads e dos pré-socráticos;

25 Ibidem, 409d.
26 *Parmênides*, 128e.
27 *Górgias*, 484c; cf.*Menexeno*, 234a; e também Louis Méridier, *Platon, Oeuvres complètes*, v. 1, Paris, 1931, p. 52.

do lado do jogo, produziu o sofista. Não há uma distinção absoluta entre os dois lados. Em sua busca da verdade, Platão eleva a filosofia a um nível que só ele seria capaz de atingir, mas sempre daquela forma leve que era e é o elemento próprio da filosofia. Ao mesmo tempo, ela é cultivada sob as formas inferiores da habilidade sofística e da argúcia intelectual. Na Grécia, o fator agonístico era de tal modo forte que permitiu à retórica desenvolver-se à custa da filosofia pura, a qual ficou oculta pela sombra da sofisticação, que se exibia como cultura do homem comum. Górgias é uma figura típica dessa deterioração da cultura: afastou-se da verdadeira filosofia para desperdiçar seu espírito no louvor e no abuso da palavra brilhante e da falsa agudeza. Depois de Aristóteles, o pensamento filosófico declinou, dado exagero da emulação e um estreito espírito de doutrina. No final da Idade Média, verificou-se um declínio semelhante, quando à época da grande escolástica, que procurava compreender o sentido intimo das coisas, seguiu-se uma fase em que bastavam simplesmente as palavras e as fórmulas vazias.

Em todos esses aspectos, torna-se difícil determinar com um mínimo de rigor o elemento lúdico. Às vezes, uma brincadeira infantil ou um dito de espírito superficial só por muito pouco não chegam a ser profundos. O célebre tratado de Górgias *Sobre o Não-Ser*, no qual é categoricamente rejeitado todo conhecimento sério em favor de um niilismo radical, é um fenômeno lúdico tão característico quanto o *Elogio de Helena*, o qual ele mesmo explicitamente considera um jogo. A ausência de qualquer separação nítida e consciente entre o jogo e o conhecimento verifica-se no fato de os estóicos tratarem exatamente da mesma maneira os sofismas absurdos baseados numa armadilha da linguagem e as investigações, extremamente sérias da escola de Mégara[28].

Quanto ao resto, preponderavam a discussão e a declamação, que constantemente eram objeto de competição pública. A oratória era uma forma de exibicionismo, um pretexto para dar espetáculo e ostentar as palavras. A competição verbal era para o grego a forma literária indicada para resolver as questões críticas. É assim que Tucídides apresenta o dilema da paz e da guerra nos discursos de Arquidamo e Estelanadas; outras questões

28 C. Prantl, op. cit., p. 494.

são tratadas por Alcibíades, Cléon e Diodotos. É também assim que ele apresenta o problema do poder e do direito sob a forma de um jogo de perguntas e respostas extremamente sofístico, a propósito da quebra da neutralidade cometida contra a ilha de Meles. Nas *Nuvens*, Aristófanes satiriza a mania das discussões públicas pomposas em seu duelo entre os Logos justo e injusto.

A antilogia, ou raciocínio duplo, era uma das preferidas dos sofistas. Além de abrir um vasto campo para o jogo, essa forma permitia-lhes exprimir a eterna ambiguidade de todos os juízos formulados pelo espírito humano: tudo pode ser apresentado de duas maneiras opostas. E, de fato, aquilo que conserva relativamente pura e legítima a arte de ganhar com as palavras é o seu caráter lúdico. Só quando, com sua pirotecnia verbal, defende um ponto de vista intrinsecamente imoral, como a "moral dos chefes" de Cálicles[29], é que o sofista se transforma num falsificador do saber, a não ser, evidentemente, que se considere o próprio hábito agonístico em si mesmo como falso ou imoral. Todavia, para a generalidade dos sofistas e mestres de retórica, a finalidade principal não era a verdade ou o desejo da verdade, e sim a pura satisfação pessoal de ter razão. Eram animados pelo instinto primitivo da competição e da luta pela glória. Alguns dos biógrafos de Nietzsche[30] censuram-no por ter feito reviver a velha atitude agonística da filosofia mas, se efetivamente ele o fez, limitou-se a reconduzir a filosofia a suas origens primitivas.

## AS DISCUSSÕES

Não pretendemos penetrar no difícil problema de saber até que ponto o próprio processo do raciocínio é marcado por regras lúdicas, ou seja, se é válido apenas dentro de uma certa área na qual se aceita a obrigatoriedade dessas regras. Poder-se-á afirmar que em toda lógica, e especialmente no silogismo, há sempre um acordo tácito no sentido de aceitar a validade dos termos e conceitos, tal como se faz com as peças do jogo de xadrez? Deixemos que outros resolvam o problema. O que aqui se pretende é apenas indicar

29 *Górgias*, 483a – 484d.

30 H.L. Miéville, *Nietzsche el la volonté de puissance*, Lausanne, 1934; Charles Andler, *Nietzsche: Sa vie et sa pensée*, Paris, 1920, I, p. 141; ibidem, III, p. 162.

com extrema brevidade as indubitáveis características lúdicas da arte da declamação e da discussão que se seguiu à época helênica. Não se requerem detalhes elaborados, pois o fenômeno sempre se verifica sob as mesmas formas, e sua evolução no mundo ocidental depende em grande parte do ilustrado exemplo grego.

O introdutor da arte da declamação e da retórica na vida e na literatura romanas foi Quintiliano. Nunca antes houvera um alvoroço pelas discussões e discursos para além das escolas de retórica da Roma imperial. Dião Crisóstomo, mestre de retórica, refere-se aos filósofos de rua que, como o tipo mais vulgar do sofista, enchiam a cabeça dos escravos e dos marinheiros com sua miscelânea de aforismos, piadas e conversa fiada, não desprovidas de propaganda sediciosa. Disso veio o decreto de Vespasiano, banindo de Roma todos os filósofos. Mas o espírito popular continuava apreciando os sofismas que estavam em moda. Constantemente, os espíritos mais graves lançavam seus avisos; Agostinho adverte contra "a nociva ambição e os esforços pueris para apanhar em falso o adversário"[31]. Piadas como esta: "Você tem cornos, pois se não perdeu corno algum é porque ainda os tem!" ecoam através de toda a literatura das Escolas, parecendo nunca ter perdido seu sabor. Certamente, era difícil para a maioria detectar a falácia lógica em que assentavam essas proposições.

O caráter lúdico da filosofia durante a Idade das Trevas verifica-se na conversão dos visigodos do arianismo para o catolicismo em Toledo, no ano 589, que assumiu a forma de um verdadeiro torneio teológico, com altos dignitários de ambos os lados. Outro exemplo igualmente flagrante do caráter esportivo da filosofia durante essa época nos é dado pelo cronista Richer de Reims[32], que narra um episódio da vida de Gerbert d'Aurillac, mais tarde papa Silvestre II. Um certo Ortrie, escolástico da catedral de Magdeburgo, invejando a celebridade da sapiência de Gerbert, envia a Reims um de seus subordinados, encarregado de assistir secretamente às lições de Gerbert e tentar surpreendê-lo na enunciação de uma opinião falsa, para depois poder denunciá-lo ao imperador Oton II. O espião interpreta mal os ensinamentos de Gerbert, e comunica aquilo que julgou ter ouvido. No ano seguinte, em 980,

31 *De doctrina christiana*, II, p. 31.

32 Richer de Reims, *Historiarum liber* (Mon. Germ. Hist. Seriplores), IV, III, c. 55-65.

o imperador arranja maneira de reunir os dois letrados em Ravena, e leva-os a discutir perante uma seleta assistência até que o Sol se ponha e os assistentes não possam mais de cansaço. O ponto culminante da discussão foi quando Ortric acusou o adversário de considerar a matemática uma parte da física[33], quando na realidade Gerbert havia afirmado serem ambas equivalentes e simultâneas.

## A ACADEMIA DE CARLOS MAGNO

Seria um esforço recompensador tentar descobrir se não haveria um caráter lúdico fundamental naquilo a que se chamou o Renascimento Carolíngeo, essa pomposa exibição de erudição, poesia e pietismo sentencioso cujos principais participantes se adornavam com nomes clássicos ou bíblicos: Alcuíno como Horácio, Angilberto como Homero, e o próprio imperador Carlos Magno como Davi. A cultura de corte tem uma tendência especial para adotar a forma de jogo, dado o fato de mover-se dentro de um círculo restrito. O respeito que se sentia na presença do imperador era por si só suficiente para impor toda a espécie de regras e ficções. Na "Academia Palatina" de Carlos Magno, o objetivo expresso era o estabelecimento de uma *Athenae novae*, mas na realidade essa digna aspiração era suavizada pelos mais elegantes divertimentos. Os cortesãos competiam entre si na composição de versos e no sarcasmo recíproco. Suas tentativas de atingir a elegância clássica de modo algum excluíam a presença de certos aspectos de inspiração muito antiga. "O que é a escrita?", pergunta Pepino, filho de Carlos Magno, e Alcuíno responde: "É a guardiã da ciência." "O que é a palavra?" – "A traição do pensamento." "Onde se originou a palavra?" – "Na língua." "O que é a língua?" – "Um chicote no ar." "O que é o ar?" – "É o guardião da vida." "O que é a vida?" – "A alegria dos felizes, a dor dos infelizes, a espera pela morte." "O que é o homem?" – "O escravo da morte, o hóspede de um só lugar, um viajante que passa."

Esse tom não é para nós inteiramente desconhecido. Trata-se do velho jogo de perguntas e respostas, do concurso de enigmas, a resposta com o sentido oculto numa fórmula. Em resumo,

33 Ambas as palavras devem ser entendidas no sentido medieval.

encontramos aqui uma vez mais todas as características do jogo do saber, o mesmo dos antigos hindus, dos árabes pré-islâmicos e dos escandinavos.

## AS ESCOLAS DO SÉCULO XII

Cerca do final do século XI, as jovens nações do ocidente foram invadidas por uma sede insaciável de conhecimento da vida e de todas as coisas existentes. Essa sede de conhecimento vai pouco depois encontrar uma forma institucional na Universidade, uma das maiores criações da civilização medieval, e vai atingir na escolástica sua mais elevada expressão. Os inícios dessa intensa fermentação espiritual foram marcados por aquela agitação quase febril que parece ser inseparável de todas as renovações fundamentais da cultura. Nessas épocas, é inevitável que o elemento agonístico adquira grande preponderância e se manifeste ao mesmo tempo das mais diversas maneiras. Vencer seu oponente pela razão ou pela foça da palavra torna-se um esporte comparável à profissão das armas. O surgimento dos torneios em sua forma mais antiga e mais violenta, quer por grupos de cavaleiros errando pelos campos e dedicando-se à destruição recíproca, quer por cavaleiros solitários em busca de adversários à altura (os precursores históricos do cavaleiro errante mais tarde popularizado pela literatura), coincidiu no tempo com a epidemia, deplorada por Pedro Damião, de controversistas vagabundos que andavam por todo o lado em busca de vitórias, tal como os sofistas gregos de antanho. Nas Escolas do século XII, reinava a mais violenta rivalidade, que chegava aos maiores extremos do insulto e da calúnia. Os autores eclesiásticos dão-nos por vezes um rápido esboço da vida nas escolas dessa época, em que salta aos olhos a importância dos jogos de argúcia e de argumentação. Alunos e mestres procuram enganar-se uns aos outros com "armadilhas de palavras e redes de sílabas", com mil e um estratagemas e sutilezas. Os mestres mais famosos são idolatrados, cada um se gaba de tê-los visto ou de ter estudado sob sua direção[34]. Alguns

34 Hugo de Sancto Victore, *Didascalicon*, edição Migne P.L. t. CLXXVI, p. 773d, 803; idem, *De Vanitate Mundi Et Rerum Transeuntium Usu Libri Quatuor*, P.L. CLXXVI, p. 709; John of Salisbury, *Metalogicus*, I. c. 3 e *Policraticus*, V, c. 15.

deles ganham muito dinheiro, tal como os sofistas da Grécia. Roscelino, em sua venenosa calúnia contra Abelardo, descreve este último como estando a contar todas as noites o dinheiro ganho com seus falsos ensinamentos, e a gastá-lo todos os dias em deboches. O próprio Abelardo declara que se dedicou a seus estudos apenas para ganhar dinheiro, e que na realidade ganhou muitíssimo. Sua brusca passagem do ensino da física (ou seja, da filosofia) para a interpretação das Sagradas Escrituras foi o resultado de uma aposta feita com seus colegas, que o haviam desafiado a isso[35]. Desde sempre preferira as armas da dialética às da guerra, e viajou por todos os lugares onde florescia a arte da eloquência até o momento em que "instalou o acampamento de sua escola" no monte de Santa Genoveva, para, a partir daí, "assediar" seu rival, que ocupava a cátedra de Paris[36]. Essa mistura de retórica, guerra e jogo verifica-se igualmente nas competições escolásticas entre os teólogos muçulmanos[37].

A competição pode ser considerada um dos traços mais marcantes de toda a evolução da escolástica e das universidades. Durante muito tempo, a moda dominante nas discussões filosóficas foi o problema dos "universais", que era sempre seu tema central e conduziu a uma profunda divisão entre realistas e nominalistas. Tal fato foi certamente determinado por fatores essencialmente agonísticos, originando-se na necessidade fundamental de constituir partidos opostos a propósito de todas as questões controversas. O espírito de partido é um elemento inseparável do desenvolvimento cultural. É possível que muitas vezes o problema objeto da discussão possua uma importância relativamente pequena, embora no caso referido ele fosse absolutamente crucial dentro da problemática filosófica, e a controvérsia a que deu origem até hoje não foi resolvida. Todo o funcionamento da universidade medieval era eminentemente agonístico e lúdico. As intermináveis querelas, correspondendo às atuais discussões científicas e filosóficas em revistas etc., o solene cerimonial que ainda hoje é uma característica tão importante na vida universitária, o agrupamento dos especialistas em *nationes*, as divisões e subdivisões, os cismas, os abismos intransponíveis

35 Abelardo, *Opera*, I, p. 7, 9, 19; II, 9. 3.
36 Ibidem, I, p. 4.
37 Por essa informação devo agradecer ao professor C. Snouck Hurgronje.

entre as diversas orientações, todos esses fenômenos são próprios da esfera da competição e das regras lúdicas. Erasmo tem plena consciência disso no momento em que lamenta, numa carta a seu adversário Noel Bédier, a estreiteza de espírito das Escolas, que simplesmente se limitam a trabalhar sobre o material que lhes foi deixado por seus predecessores, e nas diversas controvérsias recusam tomar em consideração todo ponto de vista que não esteja de acordo com suas posições habituais. "Em minha opinião", escreve ele, "é perfeitamente desnecessário que vocês procedam nas Escolas exatamente da mesma maneira que quando jogam cartas ou dados, fazendo que todo e qualquer desrespeito às regras estabelecidas seja suficiente para estragar o jogo. Numa discussão de estudiosos, entretanto, nada haveria de ultrajante ou temerário em apresentar ideias novas" [38].

## O CARÁTER AGÔNICO DA CIÊNCIA

Todo conhecimento, incluindo evidentemente a filosofia, é por natureza profundamente polêmico, e é impossível compreender qualquer polêmica a não ser em termos agonísticos. As épocas em que a humanidade fez as descobertas culturais mais importantes foram geralmente marcadas pelas mais violentas controvérsias. Foi o que se deu no século XVII, no momento em que as ciências da natureza passaram por uma fase de glorioso esplendor, ao mesmo tempo em que se verificava um enfraquecimento da autoridade dos escritores antigos e um acentuado declínio da religiosidade. Todos passaram a ocupar posições bem definidas, cada um fazia parte de uma ou outra das facções em que se dividia o campo do saber. Era preciso ser cartesiano ou anticartesiano, contra ou a favor de Newton, tomar partido por *les modernes* ou por *les anciens*, contra ou a favor do achatamento da Terra nos pólos, da vacinação etc. No século XVIII, verificou-se um intenso comércio intelectual entre os sábios de diversos países, embora felizmente as limitações tecnológicas da época tenham impedido a exuberância caótica de material impresso que

38 *Opus epistolarum des. Erasmi Roterodami, v. VI: 1525-1527*, n. 1581, p. 621s, ed. Allen.

atualmente é uma característica tão aflitiva. Era uma época que se prestava maravilhosamente às lutas intelectuais mais sérias ou mais superficiais. Juntamente com a música, a peruca, o racionalismo frívolo, a graça do estilo rococó e o encanto dos salões, esses combates intelectuais constituiram um aspecto essencial da ludicidade que todos reconhecem no século XVIII, e que frequentemente nos sentimos tentados a invejar-lhe.

# 10. Formas Lúdicas da Arte

## MÚSICA E JOGO

Conforme vimos, o elemento lúdico é de tal modo inerente à poesia, e todas as formas de expressão poética estão de tal modo ligadas à estrutura do jogo que é forçoso reconhecer entre ambos a existência de um laço indissolúvel. O mesmo se verifica, e ainda em mais alto grau, quanto à ligação entre o jogo e a música. Salientamos num capítulo anterior que em diversas línguas se chama "jogo" à manipulação dos instrumentos musicais, como na língua árabe, por um lado, e por outro, nas línguas germânicas e eslavas. Dado que dificilmente se poderia atribuir a um empréstimo ou a uma simples coincidência essa identidade entre oriente e ocidente, torna-se necessário supor a existência de alguma profunda razão psicológica para explicar esse símbolo tão claro da afinidade entre a música e o jogo.

Por mais natural que nos pareça essa afinidade, está longe de ser fácil explicá-la de maneira clara, e o máximo que podemos fazer é enumerar os elementos que ambos possuem em comum. Conforme dissemos, o jogo situa-se fora da sensatez da vida prática, nada tem a ver com a necessidade ou a utilidade, com o dever ou com a verdade. Ora, tudo isso pode aplicar-se também à música. Além disso, as formas musicais são determinadas por valores que transcendem as ideias lógicas, que transcendem até nossas ideias sobre o visível e o tangível. Esses valores musicais só podem ser compreendidos através das designações que a eles aplicamos, termos específicos como ritmo e harmonia, que se aplicam igualmente ao jogo e à poesia. Não resta dúvida de que o ritmo e a harmonia são fatores comuns, em sentido exatamente idêntico, à poesia, à música e ao jogo. Mas, enquanto na poesia as próprias palavras elevam o poema, pelo menos em parte, do jogo puro e simples para a esfera da ideia e do juízo, a música nunca chega a sair da esfera lúdica. É precisamente devido à sua intima relação, ou antes, à sua indissolúvel união com a recitação musical que a poesia desempenha uma função litúrgica e social tão importante nas culturas arcaicas. Todo ritual autêntico é obra de canto, dança e jogo. Atualmente, perdeu-se o sentido do jogo ritual e sagrado; nossa civilização exauriu-se com a idade, tornando-se excessivamente sofisticada. Mas nada contribui mais para nos fazer recuperar esse sentido como a sensibilidade musical. Sentindo a música, somos capazes também de sentir o ritual. Quando se ouve música, quer ela se destine a exprimir ideias religiosas, quer não, há uma fusão entre a percepção do belo e o sentimento do sagrado, na qual é inteiramente dissolvida a distinção entre o jogo e a seriedade.

## MÚSICA PARA PLATÃO E ARISTÓTELES

É importante compreender exatamente em que medida e por que razões as ideias de jogo, trabalho e prazer estético possuem relações inteiramente diferentes no pensamento grego e no nosso. A palavra *mousiké* tem uma amplitude muito maior do que a nossa "música". Além de abranger o canto e a dança com acompanhamento musical, abrangia também todas as artes e habilidades presididas por Apolo e as musas[1]. Essas são chamadas

1 Muitas páginas poderiam ser dedicadas à etimologia da palavra *musa,* que preserva sua raiz em várias línguas. O grego *mousa* é tido como derivação do verbo μάειν (*maeín*), "procurar obter", "almejar", "ansiar", e ainda do significado literal de "invenção" como algo buscado e desejado. Pode referir-se ainda originalmente à emoção do frenesi e seus derivados (μεμαώς: excitado; μαίνεσθαι: ▸

artes "musicais", para distingui-las das artes plásticas e mecânicas que não pertencem ao domínio das musas. No pensamento grego, tudo o que é "musical" se relaciona intimamente com o ritual, sobretudo com as festas, nas quais, evidentemente, o ritual possui sua função específica. Talvez não haja uma descrição mais lúcida das relações entre o ritual, a dança, a música e o jogo do que nas *Leis* de Platão[2]. Os deuses, diz ele, cheios de piedade pela raça humana, condenada ao sofrimento, ordenaram que se realizassem as festas de ação de graças como descanso para suas preocupações, e deram-lhes Apolo, as musas e Dionísio como companheiros dessas festas, a fim de que essa divina comunidade festiva restabelecesse a ordem das coisas entre os homens. A isso segue-se a tão citada explicação platônica do jogo: como todas as criaturas jovens são incapazes de conservar em repouso seus corpos e suas vozes, e como precisam movimentar-se constantemente e fazer ruídos de alegria, precisam correr, saltar, dançar e emitir todas as espécies de gritos. Mas, enquanto todas as outras criaturas desconhecem a distinção entre a ordem e a desordem, os mesmos deuses que lhes foram dados como companheiros da dança concederam aos homens a percepção do ritmo e da harmonia, a qual é invariavelmente acompanhada de prazer. Não seria possível indicar de maneira mais clara a existência de uma relação entre a música e o jogo. Mas essa ideia, apesar de sua importância, tem no pensamento grego um obstáculo constituído pela peculiaridade semântica a que anteriormente fizemos referência; o fato de a palavra que designa o jogo *paidiá* – ser sempre, devido à sua etimologia, tomada no sentido de jogo de crianças, de infantilidade. Portanto, foi preciso que as formas mais elevadas fossem expressas por termos específicos como ágon, competição, *skolazein*, ter o seu lazer, preguiçar, *diagogué*

▷furioso; μανία: frenético; μάντις: vidente). Todos esses significados são compreendidos no verbo inglês *muse*, como mostram as formas cognatas em outras línguas: desejo implica meditar, meditação; meditação implica lazer, e ambos juntos resultam no estado de *bemusement* ("entretido"), e quando nesse estado você é muito bem capaz de resmungar e murmurar. Daí μύζειν, "murmurar"; em norueguês *mussa*, *mysja*, sussurro; em italiano *mussàre* (dar-se a gracejos e efusões amorosas; falar suavemente, sussurrar); também *musàre*, "ficar boquiaberto", implica uma condição intensa de reflexão e questionamento. Compare o *muso*, "boca"; daí "focinho". O elemento "lazer" está dado diretamente no *Musse* alemão, ociosidade, e indiretamente em *amusement*. (N. da T. da edição em inglês.)

2 *Leis*, II, 653.

(literalmente, "passar", mas, de maneira aproximada, podendo ser traduzido como "passatempo"), palavras de onde se encontra inteiramente ausente o elemento lúdico essencial. Foi assim que o espírito grego não conseguiu realizar a unidade fundamental de todas essas ideias num único conceito geral, como na palavra latina *ludus*, claramente concebida, e nas palavras que designam o jogo nas línguas europeias mais modernas. É por essa razão que Platão e Aristóteles precisam alongar-se tanto sobre o problema de saber se e até que ponto a música é mais do que jogo. O texto platônico acima referido continua como segue: "Aquilo que não encerra utilidade nem verdade nem valor simbólico, mas também não acarreta consequências nefastas, pode ser apreciado mediante o critério do encanto (*charis*) que possui e pelo prazer que provoca. Esse prazer, dado que não tem como consequência um bem ou um mal dignos de nota, constitui um jogo – *paidiá*."[3]

Todavia, convém notar que Platão se refere apenas aos recitais de música, isto é, à música tal como hoje a concebemos. Em seguida, acrescenta que devemos procurar na música coisas mais elevadas do que esse prazer. Aristóteles[4] diz que não é fácil determinar a natureza da música, assim como o proveito que tiramos de seu conhecimento. Talvez seja por causa do jogo[5] e da recreação que desejamos a música, tal como desejamos dormir e beber, que também não são em si mesmos coisas importantes ou sérias (*spoudaia*), mas agradáveis e capazes de afastar as preocupações. É certo que muitos usam a música para esse fim e que para estas três coisas, a música, a bebida e o sono, acrescentam a dança. Ou deveríamos antes dizer que a música conduz à virtude na medida em que, tal como a ginástica, é capaz de exercitar o corpo, alimenta uma certa ética e nos permite gozar as coisas de maneira adequada? Ou por último – o que é uma terceira função, segundo Aristóteles –, não contribuirá ela para a recreação mental (*diagogué*) e para a aquisição de conhecimentos (*fronesis*)?

A palavra *diagogué* é extremamente significativa. Ela designa o "passar" ou o "gastar" do tempo, mas traduzi-la por "passatempo" só é aceitável quando se tem perante o trabalho e o ócio

3 *Leis*, II, 667e.
4 *Política*, VIII, 1399a.
5 Παιδιά, que aqui poderia traduzir-se por "divertimento"ou por "distração".

a mesma atitude que Aristóteles. "Hoje em dia, diz ele, a maior parte das pessoas faz música por prazer, mas os antigos lhe atribuíam um lugar na educação (*Paideia*), porque a Natureza não quer apenas que trabalhemos bem, quer igualmente que utilizemos bem o ócio (σχολάζειν δύνασθαι καλῶς)"[6]. Para Aristóteles, a preguiça ou ócio é o princípio do universo. É uma coisa preferível ao trabalho, e é, sem dúvida, o fim (*telos*) de todo trabalho. Essa inversão de uma relação por nós bem conhecida pode parecer estranha para quem não souber que na Grécia o homem livre não precisava trabalhar para ganhar a vida, e portanto dispunha de tempo para dedicar-se a nobres ocupações de caráter educativo. Para ele, o problema era como ocupar sua *skolé*, seu tempo livre. Não deveria ser no jogo, porque nesse caso o jogo seria o fim último da existência e isso para Aristóteles era impossível, pois a *paidiá* pura e simples não passa de brincadeira infantil. O jogo pode servir para descansar do trabalho, como uma espécie de tônico, na medida em que dá repouso à alma. Mas o lazer não parece conter toda a alegria nem todo o prazer da vida. Ora, a felicidade, ou seja, o fim da necessidade de lutar por aquilo que não se tem, é o *telos*. Mas nem todos os homens a encontram nas mesmas coisas e, aliás, ela é superior quando aqueles que a gozam são melhores e quando suas aspirações são mais nobres. Portanto, fica claro que precisamos educar-nos para a *diagogué* e aprender certas coisas, mas não, note-se bem, em nome do trabalho, e sim em nome delas próprias. Era por esse motivo que nossos antepassados recomendavam a música como *paideia*, como educação, a cultura, como algo que não é necessário nem útil, como ler e escrever, mas serve simplesmente para gastar o tempo livre.

Verificamos nessa exposição uma distinção entre o jogo e a seriedade muito diferente da nossa, e um critério de avaliação de ambos que também não é o mesmo que o nosso. A *diagogué* adquire imperceptivelmente o significado daquelas preocupações intelectuais e estéticas que são próprias do homem livre. As crianças, diz Aristóteles[7], não são ainda capazes dela, pois a *diagogué* é um fim último, uma perfeição, e a perfeição é inacessível ao que é imperfeito. O gozo da música aproxima-se desse fim último

6 *Política*, VIII, 1337b.
7 Ibidem, VIII, 1339a, 29.

da ação, devido ao fato de não ser procurado em função de um bem futuro, mas em função de si mesmo.

Essa concepção da música coloca-se numa esfera intermédia entre um nobre jogo e a "arte pela arte". Todavia, não podemos afirmar com segurança que o ponto de vista de Aristóteles dominava a concepção grega da natureza e do significado da música. Havia um outro ponto de vista, mais simples e mais popular, que atribuía à música uma função técnica, psicológica e, sobretudo, moral ,perfeitamente definida. Pertencia às artes miméticas, e a consequência da mimese é despertar sentimentos éticos de caráter positivo ou negativo[8]. Cada melodia, cada tom e cada atitude na dança *representa* alguma coisa, revela ou retrata alguma coisa, e conforme a coisa retratada seja boa ou má, bela ou feia, assim também a música será qualificada. É nisso que reside seu valor ético e educativo, pois a experiência da mimese desperta os sentimentos imitados[9]. É assim que as melodias olímpicas despertam o entusiasmo, e outros ritmos e melodias sugerem a cólera, a calma, a coragem, a contemplação etc. Enquanto os sentidos do tato e do gosto não têm nenhum efeito ético, e o da vista tem muito pouco, a melodia, por sua própria natureza, exprime um *ethos*. Os diversos modos, em especial, são veículos de significados éticos. O modo lídio produz tristeza, e o modo frígio acalma; de maneira semelhante, a flauta excita, tendo cada instrumento uma função ética diferente. Para Platão, mimese é um termo geral que descreve a atitude espiritual do artista[10]. O imitador, *mimetes*, ou seja, tanto o artista criador como o executante, não sabe se a coisa que imita é boa ou má. Para ele, a mimese é um simples jogo, não é trabalho sério[11]. Isso acontece mesmo com os poetas trágicos, afirma; eles também são *mimetikoi*, imitadores. Temos que deixar de lado um problema pouco claro, o de saber que significa realmente essa definição um tanto depreciadora do trabalho criador. Para nós importa apenas que Platão entendia a criatividade como jogo.

8 Platão, *Leis*, II, 668.

9 Aristóteles, *Política*, VIII, 1340a.

10 *República*, X, 602b.

11 εἶναι παιδιάν τινα καί οὐ σπουδὴν τὴν μίμησιν.

## APRECIAÇÃO DA MÚSICA

Essa digressão sobre o valor atribuído a música pelos gregos mostrou claramente como, em seu esforço para definir a natureza e a função da música, o pensamento humano sempre caminhou em direção à esfera do puro jogo. Esse fato fundamental, a de que toda atividade musical possui um caráter essencialmente lúdico, é sempre implicitamente aceito, embora nem sempre seja explicitamente formulado. Nas fases mais primitivas da cultura, as diversas propriedades da música eram distinguidas e definidas com uma certa ingenuidade rude. Os homens exprimiam o arrebatamento provocado pela música sagrada em termos de coros e esferas celestes etc. Nessas épocas, além de sua função religiosa, a música era louvada, sobretudo, como um passatempo edificante, como um artifício sublime, ou simplesmente como um divertimento agradável. Só bem tardiamente a música passou a ser apreciada e abertamente reconhecida como algo extremamente pessoal, fonte de algumas das experiências emocionais humanas mais profundas e uma das coisas mais belas da vida. Durante muito tempo teve uma função puramente social e lúdica e, embora a competência técnica dos executantes fosse muito admirada, os compositores eram pouco considerados, e sua arte era classificada entre as tarefas domésticas. Aristóteles considera-os gente de baixa extração, e quase até nossa época sempre foram uma espécie de vagabundos, juntamente com os jograis, os acrobatas, os atores etc. No século XVII, os príncipes tinham seus músicos tal como tinham seus estábulos, e a orquestra da corte era um assunto doméstico entre outros. Sob Luís XIV, a *musique du roi* exigia o cargo de compositor permanente, e os *vingt-quatre violons* do rei eram também atores. Um dos músicos, Bocan, também era mestre de dança, e todo mundo sabe que mesmo Haydn ainda usava libré na corte dos Esterházy e diariamente recebia suas ordens do príncipe. Se por um lado o público aristocrático dessa época era sem dúvida extremamente culto, por outro lado eram extremamente reduzida sua reverência pela majestade da arte e seu respeito pelos executantes. A atitude atual do público de concertos, de silêncio sacramental e respeito mágico pelo maestro, data de há bem pouco tempo. As gravuras que retratam concertos no século XVIII mostram o público entregue à conversação elegante, e ainda há trinta anos era frequente na vida musical francesa o espetáculo ser interrompido por críticas dirigidas à orquestra ou ao maestro. A música era ainda em grande parte um divertimento, e o que nela era mais admirado era o virtuosismo. De maneira alguma as criações dos compositores eram consideradas como sua propriedade sagrada, sobre a qual tinha direitos inalienáveis; os intérpretes abusavam de tal maneira da cadência livre que tiveram de ser tomadas certas medidas, como, por exemplo, no caso de Frederico, o Grande, que proibiu os cantores de procurarem embelezar as composições a ponto de alterar seu caráter original.

Poucas são as atividades humanas tão imbuídas de espírito competitivo como a música, e assim foi sempre desde o duelo entre Marsyas e Apolo. Wagner imortalizou essas batalhas vocais em seus *Meistersinger*. E há exemplos posteriores à época dos *Meistersinger*, como a competição entre Haendel e Scarlatti promovida pelo cardeal Ottoboni em 1709, sendo o cravo e o órgão as armas do duelo. Em 1717, Augusto II, o Forte, rei da Polônia e eleitor da Saxônia, tentou organizar uma competição entre Bach e um tal Marchand, mas este último não compareceu. Em 1726, toda a sociedade londrina estava em alvoroço por causa da competição entre as duas cantoras italianas, Faustina Bordoni e Francesca Cuzzoni. Chegou a haver gente esbofeteada, e as vaias eram frequentes. É extraordinária a facilidade com que na vida musical se formam grupos e facções. O século XVIII está cheio de duelos do gênero, Bononcini contra Haendel, Glück contra Piccini, os Bouffons parisienses contra a ópera. O partidarismo musical chega, às vezes, a originar uma longa e violenta querela, como aquela que se estabeleceu entre wagnerianos e brahmsianos.

O romantismo, que sob tantos aspectos estimulou nossa consciência estética, foi também o principal promotor do reconhecimento, em círculos cada vez mais amplos, da música como uma das coisas mais valiosas da vida. Mas esse reconhecimento não implicou o desaparecimento de qualquer das funções mais antigas da música. O elemento agonístico continua tendo a mesma importância de sempre. Encontrei nos jornais a notícia de um concurso internacional que se realizou pela primeira vez em Paris em 1937: o prêmio, oferecido pelo falecido senador Henry de Jouvenel, se destinava à melhor interpretação do sexto noturno para piano de Fauré.

Se é certo que tudo o que se relaciona com a música está situado no interior da esfera lúdica, o mesmo se pode afirmar, e em mais alto grau, da irmã gêmea da música, a dança. Quer se trate das danças sagradas ou mágicas dos selvagens, ou das danças rituais gregas, ou da dança do rei Davi diante da arca da Aliança, ou simplesmente da dança como um dos aspectos de uma festa, ela é sempre, em todos os povos e em todas as épocas, a mais pura e perfeita forma de jogo. É certo que nem todas as formas de dança apresentam essa qualidade lúdica em toda a sua plenitude. Ela se verifica mais facilmente na dança de roda ou de figura, mas também está presente na dança individual, como, aliás, acontece em todos os casos em que a dança seja uma exibição de movimento rítmico, como no minueto ou na quadrilha. A substituição das danças de roda e de figura pela dança a dois, quer assuma a forma das voltas da valsa e da polca, quer os movimentos para trás e para a frente, e mesmo as acrobacias da dança atual, talvez deva ser considerada um sintoma de relaxamento ou de empobrecimento cultural. Há boas razões para afirmar isso, que podem ser encontradas na história da dança e nos elevados padrões de beleza e de estilo a que ela chegou em épocas mais antigas, e ainda hoje chega nos casos em que a dança assume uma forma artística, como no balé. Mas, quanto ao resto, não há dúvida que as danças modernas tendem a fazer desaparecer o elemento lúdico.

São tão íntimas as relações entre o jogo e a dança que mal se torna necessário ilustrá-las. Não é que a dança tenha alguma coisa de jogo, mas, sim, que ela é uma parte integrante do jogo: há uma relação de participação direta, quase de identidade essencial. A dança é uma forma especial e especialmente perfeita do próprio jogo.

## MÚSICA, ARTES PLÁSTICAS E JOGO

Passando da poesia, da música e da dança para as artes plásticas, verifica-se serem menos evidentes as relações com o jogo. O espírito helênico viu com toda a clareza a diferença fundamental existente entre os dois campos da produção e da experiência estéticas, ao colocar algumas das artes sob a proteção das musas e negar essa dignidade a algumas outras, entre as quais se contam aquelas que classificamos como artes plásticas. Quando acontecia de as mesmas serem colocadas sob a proteção divina era sob a de Hefesto ou de Atena Ergane, a Atena do trabalho. Os artistas plásticos não recebiam uma admiração e uma atenção que se pudesse comparar à que era dedicada aos poetas. Não quer isso dizer que as honras prestadas a um artista se medissem pelo fato de ele pertencer a uma Musa ou não, pois, conforme já vimos, o status social do músico, regra geral, era muito baixo.

A distinção entre as artes plásticas e as artes musicais corresponde, *grosso modo*, à aparente ausência de características lúdicas nas primeiras em contraste com sua acentuada presença nas segundas. Não será preciso ir muito longe para descobrir a razão desso fato. Para se tornarem esteticamente operantes, as artes das musas ou artes "musicais" precisam ser executadas perante um público. A obra de arte desse tipo, mesmo estando já composta ou escrita, só adquire vida própria quando é interpretada, isto é, quando é objeto de uma representação ou *productio* no sentido literal do termo, quando é apresentada a um público. As artes "musicais" são fundamentalmente ação e são apreciadas enquanto tais de cada vez que a ação é repetida na interpretação. Aparentemente essa afirmação é desmentida pelo fato de haver uma Musa especial para a astronomia, outra para a epopeia e outra para a história; mas convém lembrar que a atribuição de uma função específica a cada uma das nove musas foi obra de uma época tardia, e que pelo menos a epopeia e a história (respectivamente os domínios de Calíope e Clio) originariamente faziam parte da profissão do vate e que, enquanto tais, não se destinavam a ser lidas ou estudadas, e sim a ser recitadas em estrofes, com um solene acompanhamento musical. Nelas, a ação era tão essencial como na música e na dança e, tal como essas, precisavam ser interpretadas. Além disso, o elemento ação não se perde quando se passa da poesia ouvida para a lida. Essa ação, que é a alma de todas as artes protegidas pelas musas, pode perfeitamente receber o nome de jogo.

O caso das artes plásticas é completamente diferente. O próprio fato de estarem ligadas à matéria e às limitações formais que daí decorrem é suficiente para impedir irremediavelmente a liberdade do jogo e negar-lhes aquele voo pelos espaços de que a música e a poesia são capazes. Quanto a tal aspecto, a situação da dança é muito especial, pois é ao mesmo tempo musical e plástica: musical porque seus elementos principais são o ritmo e o movimento, e plástica porque está inevitavelmente ligada à matéria. Sua interpretação depende das limitações do corpo humano, e sua beleza é a do próprio corpo em movimento. A dança é uma criação plástica como a escultura, mas apenas por um momento. Tem em comum com a música, que a acompanha e que é sua condição necessária, o fato de depender de sua capacidade de repetição.

Além dessa oposição intrínseca, há também, entre as artes plásticas e as artes "musicais", uma oposição afetiva e operacional. O arquiteto, o escultor, o pintor, o desenhador, o ceramista e o artista decorativo, todos eles geralmente gravam na matéria um certo impulso estético mediante um trabalho longo e penoso. Sua obra possui duração e é constantemente visível. Ao contrário da música, o efeito emocional de sua arte não depende de uma forma especial de interpretação pelo próprio artista ou por outros. Uma vez terminada, a obra, muda e imóvel, produzirá seu efeito enquanto houver olhos para contemplá-la. A ausência de qualquer espécie de ação pública para a realização da obra de arte plástica parece não deixar lugar para o fator lúdico. Por mais possuído que o artista plástico esteja por seu impulso criador, é-lhe necessário trabalhar como artesão, com seriedade e atenção, corrigindo-se constantemente. No momento da "concepção", sua inspiração pode ser livre e veemente, mas o momento da execução depende da habilidade da mão doadora de forma. Portanto, se na execução da obra de arte plástica tudo parece indicar a ausência do elemento lúdico, em sua contemplação não há qualquer lugar para tal elemento, pois onde não há ação visível não pode haver jogo.

Se o caráter de trabalho produtivo, de artesanato cuidadoso e de indústria já diminui o fator lúdico nas artes plásticas, tal fato é ainda mais acentuado pela própria natureza da coisa, que é determinada em grande medida por sua finalidade prática, a qual não depende absolutamente nada do impulso estético. A pessoa encarregada de fazer alguma coisa encontra-se perante uma tarefa séria e de responsabilidade, o que exclui qualquer ideia de jogo. É preciso construir um edifício, um templo ou uma residência, que valha por sua função no ritual ou por sua adequação ao uso humano. Ou então é preciso fazer um vaso, uma peça de vestuário, uma imagem, cada um dos quais pode não corresponder à ideia que o objeto quer reproduzir simbolicamente ou por imitação.

Portanto, a produção da arte plástica desenrola-se completamente fora da esfera lúdica, e sua exibição é necessariamente parte de um ritual, de uma festividade ou de um acontecimento social. A inauguração de estátuas, a colocação de pedras fundamentais, as exposições etc. não são por si mesmas parte integrante do processo criador, e em sua maioria são fenômenos recentes. As artes "musicais" prosperam num ambiente de alegria coletiva, mas o mesmo não acontece com as artes plásticas.

## QUALIDADE SAGRADA DAS OBRAS DE ARTE

Apesar dessa diferença fundamental, é possível encontrar nas artes plásticas vestígios do fator lúdico. Nas culturas arcaicas, a obra de arte tinha em grande parte seu lugar e sua função no ritual, como objeto dotado de significação sagrada. Tanto edifícios como estátuas, roupas e armas ricamente ornamentadas podiam se relacionar com a vida religiosa. Eram objetos dotados de poder mágico, carregados de valor simbólico, representando muitas vezes uma entidade mística. Ora, o ritual e o jogo são tão estreitamente aparentados que seria muito estranho não encontrarmos as qualidades lúdicas do ritual refletidas, de algum modo, na produção e na apreciação das obras de arte. Não sem alguma hesitação, atrevo-me a sugerir aos especialistas da Antiguidade clássica a possível existência de uma ligação semântica entre o ritual, a arte e o jogo, oculta por detrás da palavra grega *agalma* (αγαλμα), derivada de uma raiz verbal de significado muito complexo, no centro do qual se encontra a ideia de exultação ou jubilação, comparável ao alemão *frohlocken*, frequentemente utilizado em sentido religioso. Na periferia, há outros sentidos como "celebrar", "fazer resplandecer", "exibir", "regozijar-se", "adornar". O significado central do substantivo é o de ornamento, peça de exibição, objeto precioso, em resumo, uma coisa bela que é uma alegria para todo o sempre. A *algamata nuxtos* é um nome poético atribuído às estrelas. Finalmente, já bastante longe de tudo isso, *agalma* significa estátua, especialmente a estátua de um deus. Atrevo-me a sugerir que a palavra adquiriu esse significado através de um termo intermédio que significa "dádiva votiva". Se efetivamente os gregos designavam a imagem de um deus, e portanto a essência da arte sacra, com um termo que exprimia uma jubilosa oferenda (exultante e exaltante), estamos aqui muito perto daquele ambiente de jogo sagrado que é tão característico do ritual arcaico. Eu hesitaria em tirar outras conclusões definitivas dessa observação.

Há muito tempo, foi proposta por Schiller uma teoria que pretendia explicar a origem das artes plásticas em função de um "instinto lúdico" (*Spieltrieb*) inato[12]. É evidente que não se pode negar a existência de uma necessidade quase instintiva, espontânea, de ornamentar as coisas, e que seria possível considerá-la uma função lúdica. É uma necessidade bem conhecida por todos aqueles que, de lápis na mão, alguma vez tiveram que assistir a uma reunião aborrecida. Irrefletidamente, quase sem ter consciência do que fazemos, brincamos com linhas e planos, curvas e massas, e desse distraído garatujar vão surgindo arabescos fantásticos, estranhas formas animais ou humanas. Deixemos para os psicólogos a tarefa de atribuir aos "impulsos" inconscientes que quiserem essa suprema arte do tédio e da inanição. Inegável é ser ela uma função lúdica de ordem inferior, semelhante às brincadeiras dos primeiros anos da vida da criança, num momento em que a estrutura superior do jogo organizado ainda não está plenamente desenvolvida. Mas é impossível considerar uma função psíquica como essa a explicação suficiente da origem dos motivos ornamentais na arte, e muito menos da criação plástica em seu todo. Não se pode aceitar que as divagações sem objetivo das mãos pudessem alguma vez ter dado origem a uma coisa como o estilo. Além disso, essa necessidade plástica de maneira alguma se satisfaz com a simples ornamentação de uma superfície, pois se orienta em três direções: a decoração, a construção e a imitação. Se considerássemos toda arte derivada de um hipotético "instinto lúdico", evidentemente seríamos obrigados a fazer o mesmo com a arquitetura e a pintura. Seria absurdo considerar simples rabiscos as pinturas rupestres de Altamira, e atribuí-las ao "instinto lúdico" equivaleria a considerá-las assim. Quanto

12 *Über die aesthetische Erziehung des Menschen*, 1795, 14ª. carta. (Trad. bras., *A Educação Estética do Homem*, 4. ed. São Paulo: Iluminuras, 1995.)

à arquitetura, essa hipótese simplesmente não tem cabimento algum, porque nessa arte o impulso estético está longe de ser o impulso dominante, como provam as construções das abelhas e dos castores. Embora atribuamos ao jogo um significado importante como fator inicial de cultura, a origem da arte não pode ser explicada em função de um instinto lúdico, por mais inato que esse seja. É certo que quando contemplamos certos exemplos dos riquíssimos tesouros das artes plásticas achamos difícil afastar a ideia de jogo e de fantasia, de criatividade lúdica do espírito ou das mãos. O grotesco das máscaras de dança dos povos selvagens, a monstruosa confusão de figuras dos totens, as distorções caricaturais das formas humanas e animais, todos esses exemplos parecem sugerir que o jogo associa-se a elas. Mas elas não deveriam senão sugerir.

## O FATOR COMPETIÇÃO NAS ARTES PLÁSTICAS

No entanto, se no terreno das artes plásticas o fator lúdico parece ter uma importância muito menor do que nas que chamamos artes "musicais", ou arte das musas, o problema muda da figura quando passamos da criação das obras de arte para a maneira como elas são recebidas pelo meio social. Aqui, verificamos imediatamente que a habilidade plástica é um objeto de competição tão importante como qualquer outro. Na apreciação da arte também está presente aquele impulso agonístico cuja importância vimos ser imensa em diversos domínios da cultura. O desejo de desafiar um rival a realizar uma difícil e aparentemente impossível proeza de habilidade artística vem desde as origens da própria civilização. É o equivalente das diversas competições que encontramos nos domínios do conhecimento, da poesia e da coragem. Mas poderemos afirmar taxativamente que as obras-primas da habilidade artística, expressamente encomendadas, tiveram para a arquitetura a mesma importância que o concurso de enigmas teve para a filosofia, ou os duelos de canto e versificação para a poesia? Em outras palavras, será que as artes plásticas evoluíram na e através da competição? Antes de responder, é preciso ter bem presente que é praticamente impossível distinguir absolutamente entre a competição para produzir alguma coisa e a competição para realizar uma ação qualquer. As demonstrações de força e habilidade, como o feito de Ulisses, atravessando com uma flecha os buracos de uma dúzia de achas, pertencem inteiramente à esfera lúdica. Essas proezas não são obras de arte no sentido em que hoje as entendemos, mas ser capaz de praticá-las é uma considerável maestria. Na fase arcaica da cultura, e mesmo depois, a palavra "arte" abrange quase todas as formas de destreza humana, e não apenas as que são criadoras. Essa conexão geral nos permite reencontrar o fator lúdico também nas obras-primas, no sentido mais restrito do termo, e não apenas nos diversos tipos de *tour de force*. Ainda hoje continua havendo esse tipo de competição em concursos como o Prêmio de Roma, que são uma forma especializada da imemorial competição, e nos quais cada um procura afirmar sua superioridade sobre todos os rivais e em todos os domínios. A arte e a técnica, a destreza e a capacidade criadora, estavam para o homem arcaico unidos no eterno desejo de ganhar. No grau mais baixo da escala social da competição situam-se as *keleismata*, ordens jocosas dadas pelo simposiarca grego aos participantes dos festins, semelhantes ao *poenitet* de uma época posterior. Os jogos de prendas e os de atar e desatar nós pertencem à mesma categoria. Nesse último caso, temos certamente vestígios de um costume sagrado oculto por detrás do jogo. Quando Alexandre, o Grande, cortou o nó górdio, comportou-se como um desmancha-prazeres em todos os sentidos, pois infringiu tanto as regras do jogo como as da religião.

São necessárias mais algumas explicações sobre o papel da competição na evolução da arte. Praticamente todos os exemplos conhecidos de competições em que foram dadas mostras de uma habilidade espantosa pertencem mais à mitologia, à lenda e à literatura do que propriamente à história da arte. O gosto pelo exorbitante e o miraculoso encontra seu terreno mais fértil nas histórias fantásticas contadas acerca dos artistas do passado. Os grandes portadores de cultura dos tempos primitivos, segundo as mitologias, inventaram todas as artes e ofícios que hoje constituem os tesouros da civilização em consequência de uma ou outra espécie de conquista, muitas vezes com risco da própria vida. Os *Vedas* dão a seu deus *faber* um nome especial: *Tvashtar*, ou seja, aquele que faz. Foi ele que forjou o raio (*vajra*) para Indra. Participou de um concurso de destreza com os três *rbhu* ou artífices divinos, os quais fizeram os cavalos de Indra, o carro dos Asvins e a vaca milagrosa de Brhaspati. Os gregos tinham uma lenda sobre Politecnos e sua esposa Aedón, os quais se gabavam de amar-se mais entre si do que Zeus e Hera, ao que Zeus lhes enviou Eris (a Emulação), que os induziu a competir um com o outro em toda a espécie de trabalhos artísticos. Os anões artífices da mitologia nórdica pertencem à mesma tradição, assim como Wieland, o Ferreiro, cuja espada era tão afiada que era capaz de cortar novelos de lã flutuando num rio. Assim também Dédalo, que sabia fazer de tudo: construiu o Labirinto, fez estátuas que caminhavam, e uma vez, perante o problema de fazer passar um fio pelas sinuosidades de uma concha, resolveu-o amarrando o fio a uma formiga. Aqui, a proeza técnica encontra-se ligada ao enigma; mas, enquanto o bom enigma encontra solução num contato espiritual inesperado e surpreendente, numa espécie de curto-circuito mental, a proeza muitas vezes se perde no absurdo, como na lenda da corda de areia usada para coser pedaços de pedra.[13] E uma análise correta só pode chegar à conclusão de que os milagres dos santos do cristianismo estão na continuação dessa arcaica linha de pensamento. Não é preciso ir muito longe em hagiografia para encontrar sinais inequívocos das relações entre os relatos de milagres e o espírito lúdico.

Além de ser um tema dos mais frequentes no mito e na lenda, o artesanato competitivo desempenhou um papel perfeitamente claro no desenvolvimento efetivo das artes e das técnicas. A competição em destreza, narrada pelo mito, que se estabeleceu entre Politecnos e Aedón, teve de fato seus correspondentes na realidade histórica, como a competição entre Parrhasios e seu rival na ilha de Samos, para ver quem era capaz de executar a melhor representação da luta entre Ajax e Ulisses, ou a que se realizou nas festas pítias entre Panainos e Timágoras de Cálcis. Um outro exemplo é o da competição entre Fídias, Policleto e outros para a execução da mais bela estátua de uma amazona. O caráter autenticamente histórico desses duelos é comprovado por diversos epigramas e inscrições. No pedestal de uma estátua de Nice pode ler-se: "Isto foi feito por Panainos..., que foi também o autor do acrotério do templo, tendo com isso ganho o prêmio"[14].

13 *The Story of Ahikar*, ed. F.C. Conybeare, J. Rendel Harris and Agnes Smith Lewis, Cambridge, 1913.

14 V. Ehrenberg, *Ost und West*, p. 76.

Tudo aquilo que se relaciona com o exame e a disputa pública deriva, em última análise, das formas arcaicas da competição, nas quais era preciso realizar uma obra de qualquer espécie. Esse tipo de competição técnica era tão frequente nas corporações medievais como na universidade do mesmo período. Podiam ser encarregados da tarefa, indiferentemente, um indivíduo ou um grupo. De tal modo todo o sistema das corporações estava enraizado nos rituais do paganismo que, naturalmente, se caracterizava pela presença de um forte elemento agonístico. A obra-prima que dava ao artesão o direito de entrar para a corporação dos mestres parece só bastante tardiamente ter passado a constituir um costume fixo e obrigatório, tendo sua origem em formas imemoriais de rivalidade social. As próprias corporações só em parte eram um produto de necessidades econômicas; só depois do século XI, com o ressurgimento da vida urbana, as corporações de artífices e comerciantes passaram a predominar, substituindo as velhas formas de associação baseadas no ritual. O sistema das corporações conservou até ao fim numerosos aspectos lúdicos de origem arcaica em formalidades, como as cerimônias de iniciação, os discursos, as insígnias, os banquetes etc. Mas pouco a pouco foram sendo substituídos por prosaicos interesses econômicos.

Há dois exemplos de competição em arquitetura no famoso livro de esboços de Villard de Honnecourt, arquiteto francês do século XIII: "Esse presbitério, diz a legenda de um dos desenhos, foi criado por Villard de Honnecourt e Pierre de Corbie em mútua competição" – *invenerunt inter se disputando*. Em outro desenho, uma tentativa de conseguir o moto contínuo, diz ele: "Maint jor se sunt maistre despute de faire torner une ruee par li seule." (Durante muitos dias os mestres discutiram a maneira de fazer uma roda girar sozinha.)[15]

Qualquer um que não possua informação suficiente sobre a extensa história da competição em todas as sociedades poderá ser levado a pensar que as formas de arte competitiva que ainda hoje sobrevivem são inspiradas unicamente por considerações de utilidade e eficiência. Quando se oferece um prêmio ao melhor projeto de um edifício público, ou uma bolsa ao melhor estudante de um instituto de arte, parece ser suficiente o desejo de

15 *Album de Villard de Honnecourt*, ed. H. Omont, p. XXIX, fol. 15.

estimular a criatividade, de descobrir os maiores talentos e obter o melhor resultado prático. Não obstante, por detrás de todos esses objetivos de caráter prático está sempre subjacente a função lúdica originária da competição enquanto tal. É claro que é impossível determinar até que ponto o princípio de utilidade pesou mais do que a paixão agonística em certas circunstâncias históricas, como por exemplo quando a cidade de Florença organizou, em 1418, um concurso para o projeto da cúpula da catedral, de cujos catorze concorrentes foi Brunelesco o vencedor. Mas essa obra magnífica dificilmente poderia ser atribuída simplesmente a preocupações "funcionais". Dois séculos antes, a mesma cidade de Florença possuía sua famosa "floresta de torres", sendo cada uma delas um monumento ao orgulho de uma das casas nobres e um desafio às restantes. Atualmente, os historiadores da arte e da guerra concordam em considerar as torres florentinas mais como "torres de jactância" (*Prunktürme*) do que obras seriamente destinadas a uma finalidade defensiva. A cidade medieval oferecia um amplo espaço para a magnificência em suas ideias do jogo.

▸▸ *Fauno e Dafne praticando a flauta pan, cópia romana de original grego de Eliodoro (II-III a.C.).*

# 11. Civilização Ocidental "Sub Specie Ludi"

## O FATOR LÚDICO NA CULTURA TARDIA

Não foi difícil mostrar a presença extremamente ativa de um certo fator lúdico em todos os processos culturais, como criador de muitas das formas fundamentais da vida social. O espírito de competição lúdica, enquanto impulso social, é mais antigo do que a cultura, e a própria vida está toda penetrada por ele, como por um verdadeiro fermento. O culto teve origem no jogo sagrado, a poesia nasceu do jogo e dele se nutriu, a música e a dança eram puro jogo. O saber e a filosofia encontraram expressão em palavras e formas derivadas das competições religiosas. As regras da guerra e as convenções da vida aristocrática eram baseadas em modelos lúdicos. Daí se conclui necessariamente que, em suas fases primitivas, a cultura é um jogo. Não quer isso dizer que ela nasça *do* jogo, como um recém-nascido se separa do corpo da mãe. Ela surge *no* jogo, e *como* jogo, para nunca mais perder esse caráter.

Aceitando esse ponto de vista como correto, e parece difícil não aceitá-lo, o problema que imediatamente se apresenta é o seguinte: podemos fundamentar tal asserção? De fato, a civilização nunca se separa da esfera do jogo? Até que ponto será possível verificar a presença do elemento lúdico em épocas culturalmente mais desenvolvidas, requintadas e sofisticadas do que os períodos primitivos que até agora têm sido o objeto principal de nossa atenção? Por mais de uma vez estabelecemos um paralelo entre os exemplos do elemento lúdico na cultura arcaica e outros tirados do século XVIII e de nossa própria época. Sobretudo o século XVIII nos pareceu ser uma época cheia de elementos lúdicos e de ludicidade. Ora. para nós esse século é como se fosse apenas anteontem. Como seria possível termos perdido toda afinidade espiritual com um passado tão recente? É necessário terminar este livro procurando determinar em que medida o espírito lúdico continua vivo em nossa época, nas diferentes partes do mundo. Vamos nos aproximar desta quetão final com um rápido olhar a certos períodos da civilização ocidental, desde o Império Romano.

## O ELEMENTO LÚDICO NA CULTURA ROMANA

A cultura do Império Romano é merecedora de toda a atenção, quanto mais não seja devido ao contraste estabelecido entre si e a cultura helênica. À primeira vista, a sociedade romana parece possuir muito menos características lúdicas do que a grega. A essência da Antiguidade latina pode ser resumida em qualidades como a sobriedade, a honestidade, a austeridade, o pensamento prático de ordem econômica e jurídica, a falta de imaginação e uma superstição completamente destituída de estilo. Suas ingênuas formas de culto trazem um cheiro de terra lavrada e de lareira. No tempo da República, a atmosfera da cultura ainda era a de um clã, de uma comunidade tribal, estágio do qual, a bem dizer, pouco se havia distanciado. A extrema preocupação com o Estado apresenta todas as características do culto caseiro, da adoração do *genius* (o espírito que habitava o lar). As concepções religiosas são pouco imaginativas e expressas de maneira muito pobre. A tendência para a personificação de toda e qualquer ideia que surge no espírito nada tem a ver com a capacidade de abstração, é mais um modo primitivo de pensamento, muito próximo ao dos jogos infantis. Figuras como Abundantia, Concordia, Pietas, Pax, Virtus etc. não são cristalizações de um pensamento social altamente desenvolvido, são as ideias rudes e materialistas de uma comunidade primitiva que procura proteger seus interesses mediante um comércio positivo com os poderes superiores. Nada mais natural, assim, do que a importância de que se revestem as festividades no seio desse sistema de garantias religiosas. Não é por acaso que os romanos reservaram sempre para esses rituais o nome de *ludi*, porque era exatamente isso que eles eram, isto é, jogos. A importância do elemento lúdico na civilização romana está bem presente em sua estrutura acentuadamente ritualística, só que aqui os jogos não se revestiam da vivacidade de colorido e da brilhante imaginação que apresentam nas civilizações grega ou chinesa.

Roma cresceu até se tornar um império e um empório mundiais. Foi ela que recebeu o legado do Velho Mundo que a havia precedido, a herança do Egito, do helenismo e de metade do Oriente. Foi uma cultura alimentada pela superabundância de muitas outras culturas. A administração pública e o direito, a construção de estradas e a arte da guerra atingiram um estado de perfeição a que o mundo ainda não tinha assistido, e a literatura e a arte se enxertaram eficazmente no tronco helênico. Mas os alicerces desse majestoso edifício político continuaram permaneceram arcaicos. A razão de ser do Estado continuava assentado no terreno das obrigações ritualísticas. A partir do momento em que um político se apossava do poder supremo, sua pessoa e a ideia de sua autoridade eram imediatamente transpostas para o ritual. Ele se tornava Augusto, o portador do poder divino, a encarnação da essência do sagrado, o salvador, o restaurador, o propiciador da paz e da prosperidade, o prodigalizador e a garantia da abundância e do bem-estar. Todos os ansiosos desejos de prosperidade material e de preservação da vida próprios da tribo primitiva eram projetados no líder, que a partir daí passava a ser reconhecido como a epifania da divindade. Ou seja, ideias arcaicas envoltas numa nova e majestosa roupagem. O herói portador de cultura das épocas primitivas e ressuscitado através da identificação do príncipe romano como Hércules ou Apolo.

A sociedade que professava e propagava essas ideias era, sob muitos aspectos, uma sociedade extremamente adiantada. Os adoradores da divindade do imperador eram homens que haviam passado por todos os requintes da filosofia, da ciência e do gosto da Grécia, para chegar a uma atitude de ceticismo e descrença. Quando Virgílio e Horácio glorificam, em sua poesia extremamente cultivada, a nova era que começa, não podemos nos impedir de pensar que sua obra é um verdadeiro jogo cultural.

O Estado nunca é, pura e simplesmente, uma instituição utilitária. Ele se congela na superfície do tempo como as flores de gelo no vidro de uma janela, e é tão imprevisível, tão perecível e aparentemente tão inflexivelmente determinado pelo perfil de sua figura como elas. O que na realidade ocorre é a encarnação, no aglomerado de poder chamado Estado, de um impulso cultural surgido da colaboração de energias de origem completamente diferente umas das outras. Posteriormente, o Estado procura encontrar razões para sua existência, indo buscá-las na glória de uma determinada linhagem ou na excelência de um determinado povo. Na maneira como proclama o princípio que o anima, muitas vezes o Estado revela sua natureza fantástica, chegando mesmo aos extremos do absurdo e do comportamento suicida. O Império Romano tinha todos os traços dessa irracionalidade fundamental, a qual procurava disfarçar arrogando-se direitos sagrados. Sua estrutura social e econômica era frágil e estéril. Todo o sistema da acumulação de reservas, da administração pública e da educação estava concentrado nas cidades, e não nos interesses do povo ou do Estado enquanto tal, mas apenas em benefício de uma minoria vivendo à custa de um proletariado deserdado. Na Antiguidade, a unidade municipal sempre havia sido o núcleo, o centro ideal de toda a cultura e vida social, e assim continuava sendo, sem que disso tomassem consciência as classes dirigentes e cultas. Assim, os imperadores não paravam de construir cidades, às centenas, indo até aos limites do deserto, e não surgiu nem uma voz que perguntasse se esses centros tinham qualquer possibilidade de se tornarem organismos naturais ou de se tornarem órgãos de uma vida nacional sadia. Contemplando os eloquentes vestígios dessas grandiosas edificações de cidades, surge-nos no espírito uma dúvida: se a função dessas cidades como centros culturais teve, em algum momento, relação com seu pomposo esplendor. A julgar pela índole geral das conquistas culturais da Roma antiga, e apesar da magnificência do planejamento e da construção dessas cidades, elas nunca poderiam ter sido artérias importantes para a circulação de bens e serviços nem poderiam ter conservado muito do que havia de melhor na cultura da Antiguidade.

Templos para uma religião em decadência, petrificada em formas tradicionais e permeada de superstição; salas e basílicas para uma administração e um judiciário que, devido às circunstâncias políticas e econômicas, iam pouco a pouco degenerando, sufocados por um sistema de escravidão, extorsão, corrupção e nepotismo patrocinado pelo Estado; circos e anfiteatros para jogos bárbaros e sanguinários, um teatro libertino, banhos públicos para um culto do corpo mais debilitante do que fortificante – nada disso é próprio de uma civilização sólida e duradoura. Na maior parte dos casos, tratava-se apenas de exibicionismo, diversão ou glória fútil. O Império Romano era apenas uma fachada, corroída por dentro. A riqueza que permitia a liberdade dos mecenas, cujas inscrições jactanciosas dão uma impressão de magnificência, assentava-se realmente em bases muito frágeis, prontas a ruir ao primeiro golpe mais forte. A distribuição de alimentos nunca funcionou devidamente, e era o próprio Estado que minava o organismo em sua saúde e riqueza.

Um brilho falso cobre toda essa civilização. As artes, as letras e a religião parecem comprometer-se continuamente, com uma insistência suspeita, de que tudo vai bem para Roma e seus filhos, que a abundância está assegurada e que a vitória está garantida para além de qualquer sombra de dúvida. É essa a linguagem que falam os altivos edifícios, as colunas, os arcos triunfais, os altares com seus afrescos e frisos, os murais e os mosaicos das residências. O sagrado e o profano estão completamente misturados na arte decorativa romana. Figuras de deuses caseiros apresentados com certa graça brincalhona e sem um estilo rígido aparecem rodeadas de alegorias tranquilizadoras com sóbrios atributos comuns de luxo e abundância, distribuídos por gênios propícios. Há em tudo uma certa falta de seriedade, de refúgio no idílico, que demonstra a decomposição de uma cultura. O elemento lúdico impõe-se fortemente, mas não desempenha mais sua função orgânica na estrutura da sociedade. Apenas uma civilização em declínio produz uma arte como essa.

Também a política dos imperadores baseia-se nessa constante necessidade de proclamar em altas vozes o bem-estar do Império e de todos os povos que o habitam. Só em pequena medida os objetivos dessa política eram racionais – mas alguma vez terá sido diferente? É claro que a conquista de novos territórios visa garantir a prosperidade e a segurança mediante a obtenção de novas regiões fornecedoras, e levando as fronteiras do Império para cada vez mais longe de seu vulnerável coração. A defesa da *Pax Augusta* é, em si mesma, um objetivo definido e racional. Mas a motivação utilitária está submetida a um ideal religioso. Os desfiles triunfais, as coroas de louros e a glória marcial não são meios para atingir um fim, são uma missão sagrada que o céu exige do imperador[1]. O *triunfus* é muito mais do que a celebração solene de uma vitória militar, é um ritual através do qual o Estado se recupera das tensões da guerra e consagra o restabelecimento do bem-estar. Na medida em que a base de toda política é a aquisição e a conservação do prestígio, esse ideal agonístico primitivo permeia toda a estrutura colossal do Império Romano. Todas as nações pretendem que as guerras que empreenderam foram outras tantas gloriosas lutas pela preservação de sua existência. No que tange às guerras púnicas e gálicas, a República poderia justificar essa pretensão. O mesmo se verifica com o Império, no momento em que os bárbaros o cercam por todos os lados. Mas o problema importante é sempre o de saber se o impulso bélico não é em grande medida agonístico, isto é, mais motivado pelo desejo do poder e da glória que por necessidades defensivas.

O exemplo mais claro da presença do elemento lúdico na sociedade romana é o grito por *panem et circenses*. Para ouvidos modernos, a tendência dominante é detectar nesse grito pouco mais do que a necessidade de uma subvenção e de entrada livre nos cinemas sentida por um proletariado desempregado. Mas seu significado é mais profundo do que isso. A sociedade romana não podia viver sem os jogos. Eles eram tão necessários para sua existência como o pão, pois eram jogos sagrados e o direito que o povo tinha a eles era um direito sagrado. Sua função essencial não era a simples celebração da prosperidade que o grupo social havia já conseguido, e sim sua consolidação, assim como a garantia de mais prosperidade no futuro, através do ritual. Os grandes e sangrentos jogos romanos eram uma sobrevivência do fator lúdico arcaico sob uma forma despotencializada. Pouca gente, dentre a embrutecida multidão de espectadores, tinha um mínimo de consciência das características religiosas inerentes a

1 Cf. Mikhael Ivanovitch Rostovtzeff, *Social and Economic History of the Roman Empire*, Oxford, 1926.

esses espetáculos, e a liberalidade do imperador nessas ocasiões se limitava a uma simples distribuição de esmolas, em escala gigantesca, a um proletariado miserável. Mais significativo, portanto, da importância atribuída à função lúdica pela cultura romana, é o fato de nenhuma das inúmeras cidades novas, literalmente construídas sobre a areia, ter deixado de erigir um anfiteatro, muitas vezes destinado a ser o único vestígio de uma brevíssima glória municipal a perdurar através dos séculos. Na cultura hispânica, as touradas são uma continuação direta dos *ludi* romanos, embora tenha sido precedida por formas mais próximas do torneio medieval do que a corrida atual, que se parece muito com os combates de gladiadores da Antiguidade.

## ESPÍRITO PÚBLICO E ESPÍRITO DO *POTLATCH*

A distribuição de presentes à população urbana não era monopólio do imperador. Durante os primeiros séculos do império, milhares de cidadãos de todas as regiões do país competiam na fundação e doação de salas, banhos públicos, teatros, na distribuição de alimentos, na instituição de novos jogos, sendo tudo isso registrado para a posteridade através de orgulhosas inscrições. Como qualificar o espírito que animava toda esta frenética atividade? Deveremos considerar essa munificência à luz da caridade cristã, como sua precursora? Nada poderia encontrar-se mais longe da verdade. O objetivo dessa liberalidade e as formas de que se reveste falam uma linguagem totalmente diferente. Poderemos, então, atribuí-la ao espírito público, no sentido moderno? Sem dúvida, o prazer da dádiva na Antiguidade era uma coisa mais próxima do espírito público do que da caridade cristã. Mas o que mais fielmente corresponde à mania de fazer doações grandiosas é o espírito do *potlatch*. Em todos os casos, o que se discerne é apenas a generosidade em favor da honra e da glória, com o fim de fazer mais do que o vizinho, e tal característica revela claramente o imemorial pano de fundo ritual e agonístico da civilização romana.

Também na literatura e na arte de Roma, o elemento lúdico está inequivocamente presente. A primeira caracteriza-se pelo panegírico enfático e pela retórica vazia, e a segunda, pela decoração superficial, mal ocultando a pesada estrutura, e pelas paredes ornadas de quadrinhos de época, degenerando numa lânguida elegância. São caracteres como esses que marcam a última fase da cultura da Roma antiga com uma frivolidade inextirpável. A vida tornou-se um jogo cultural; continua presente a forma ritual, mas evolou-se o espírito religioso. Todos os impulsos espirituais mais profundos abandonam essa cultura superficial, procurando refúgio nas religiões dos mistérios. E quando finalmente o cristianismo separa a civilização romana de seu fundamento ritual, este murcha rapidamente.

Falta ainda indicar uma prova curiosa da tenacidade do elemento lúdico na Roma antiga, que é a sobrevivência do princípio dos *ludi* no Hipódromo de Bizâncio. Na era cristã, a mania das corridas de cavalos foi completamente separada de suas origens rituais, continuando as corridas a ser um dos centros da vida social. As paixões populares, que antes eram satisfeitas com sangrentos combates entre homens e animais, tinham agora que se contentar com as corridas de cavalos, que passaram a ser um simples prazer profano, já sem caráter sagrado, mas ainda capaz de atrair todo o interesse do público. O circo, no sentido mais literal da palavra, passou a ser não apenas o centro das corridas, mas também das rivalidades políticas e mesmo religiosas. As Sociedades de Corridas, conhecidas pelas quatro cores dos condutores de carros, eram, mais do que simplesmente organizadoras das competições, instituições políticas reconhecidas. Os partidos eram chamados *demes*, e seus líderes eram os *demarcas*. Os generais que regressavam triunfalmente de uma campanha vitoriosa celebravam seu *triumphus* no Hipódromo, ocasião em que o imperador se mostrava ao povo e era administrada a justiça. Essa mistura de feriado e vida pública pouco tinha a ver com a unidade arcaica do jogo e do ritual, que dantes era vital para o desenvolvimento da cultura. Era o epílogo de uma civilização em decadência.

## O ELEMENTO LÚDICO DA CULTURA MEDIEVAL

Tratei em outra obra[2] de modo tão extenso sobre os elementos lúdicos na Idade Média que basta aqui acrescentar algumas

2 Cf. *Herbst des Mittelalters*.

palavras. A vida medieval estava saturada de jogo. Ora havia jogos populares desenfreados, permeados de elementos pagãos que haviam perdido seu significado sagrado para se transformarem em puro gracejo e bufonaria; ora os solenes e pomposos jogos da cavalaria, os jogos sofisticados do amor cortês etc. Poucas dessas formas possuíam ainda alguma função criadora autêntica, a não ser no caso do ideal do amor cortês, que conduziu ao *dolce stil nuovo* e à *Vita Nuova* de Dante. Porque a Idade Média herdou da Antiguidade clássica suas grandes formas culturais nos domínios da poesia, do ritual, do saber, da filosofia, da política e da guerra, e essas formas eram fixas. A cultura medieval era, sob muitos aspectos, rude e pobre, mas não pode ser considerada primitiva. Sua tarefa era a elaboração de material tradicional, cristão ou clássico, e assimilá-lo sob uma forma nova. Só quando não se enraizava na Antiguidade, nem era alimentado pelo espírito eclesiástico ou greco-romano, havia lugar para uma intervenção do fator lúdico e para a criação de alguma coisa inteiramente nova. Foi o que aconteceu sempre que a civilização medieval se inspirou diretamente em seu passado celto-germânico ou em camadas ainda mais antigas. O sistema da cavalaria foi construído dessa maneira embora os estudiosos medievais tenham encontrado exemplos semelhantes nos heróis troianos e outros da Antiguidade clássica, assim como muitos aspectos do feudalismo. Na consagração dos cavaleiros, nas cerimônias de investidura, nos torneios, na heráldica, nas ordens de cavalaria, nos votos, isto é, em todas as coisas relacionadas com o mundo arcaico, o fator lúdico exerce plenamente sua função, como autêntica força criadora. Uma análise mais detalhada mostraria sua presença em outros campos, como, por exemplo, no direito e na administração da justiça com seu constante uso de símbolos, gestos pré-fixados, fórmulas rígidas, estando o desenlace de um julgamento muitas vezes na dependência da exatidão da pronúncia de uma palavra ou de uma sílaba. Os casos de processos contra animais, coisa totalmente incompreensível para o espírito moderno, são exemplos desse extremo formalismo. Em resumo, a Idade Média conheceu uma influência extraordinária do espírito lúdico, não quanto à estrutura interna das instituições, que era de origem predominantemente clássica, mas quanto ao cerimonial, através do qual essa estrutura era expressa e ornamentada.

## ELEMENTO LÚDICO DA CULTURA RENASCENTISTA

Passemos agora a um rápido exame do Renascimento e da época do humanismo. Se houve alguma vez uma minoria plenamente consciente de sua superioridade, que se esforçou por se separar do vulgo para viver a vida como se fosse um jogo de perfeição artística, essa minoria foi a elite cultural do Renascimento. Mais uma vez, aqui é necessário sublinhar que o jogo não exclui a seriedade. O espírito do Renascimento estava muito longe de ser frívolo, e a vida como imitação da Antiguidade era um jogo levado inteiramente a sério. A veneração pelos ideais do passado em matéria de criação plástica e de investigação intelectual caracterizava-se por uma violência, uma profundidade e uma pureza que ultrapassavam tudo o que podemos imaginar. Seria difícil dar exemplos de espíritos mais sérios do que os de Leonardo da Vinci e Miguel Ângelo e, no entanto, é uma atitude lúdica que caracteriza toda a atmosfera espiritual do Renascimento. Essa busca da beleza e da nobreza da forma, ao mesmo tempo sofisticada e espontânea, é um exemplo de jogo cultural. Os esplendores do Renascimento não são mais do que uma mascarada alegre e solene, que se adorna com um passado fantástico e ideal. As figuras, alegorias e emblemas mitológicos, encontradas Deus sabe onde e cheias de todo um peso de significado histórico e astrológico, movimentam-se como as peças de um jogo de xadrez. As decorações fantasiosas da arquitetura e das artes gráficas renascentistas, com seu uso abundante de motivos clássicos, são muito mais conscientemente lúdicas do que as dos miniaturistas medievais que de vez em quando introduzem uma cena humorística em suas iluminuras. Há duas idealizações lúdicas por excelência, duas "Idades de Ouro do Jogo", como poderíamos chamar-lhes a nova vida na literatura e nas festas públicas. Seria difícil encontrar um poeta que encarnasse o espírito lúdico de maneira mais pura do que Ariosto, em cuja obra se exprime todo o ambiente da cultura renascentista. Houve alguma poesia tão desenvolta e tão absolutamente lúdica como a de Ariosto? Delicada e elusivamente, ele flutua entre o patético-heróico e o cômico, numa esfera distante da realidade, mas povoada de figuras alegres e deliciosamente vivas, todas elas aninhadas na inesgotável e gloriosa alegria de sua voz, que testemunha a identidade entre o jogo e a poesia.

A palavra Humanismo desperta imagens menos coloridas, ou mais sérias, se se quiser, do que o Renascimento. No entanto, tudo o que dissemos sobre o lúdico do Renascimento se aplica também ao humanismo. Era ainda, em maior grau, exclusivo de um círculo de iniciados e de pessoas conhecedoras. Os humanistas cultivavam um ideal de vida formulado no mais rigoroso acordo com uma Antiguidade imaginária. Chegaram até a conseguir exprimir sua fé cristã em latim clássico, o que lhe deu mais do que um toque de paganismo. Muitas vezes foi exagerada a importância dessas tendências pagãs, mas não há dúvida de que o cristianismo dos humanistas era mesclado de um certo artifício, mesmo de um certo artificialismo, de algo não inteiramente sério. A linguagem dos humanistas nunca chegou a ter um tom absolutamente cristão. Calvino e Lutero nunca puderam suportar o tom usado pelo humanista Erasmo para falar das coisas sagradas. Erasmo! todo o seu ser parece irradiar o espírito lúdico. E não é apenas nos *Colóquios* e no *Elogio da loucura* que ele se manifesta, mas também nos *Adágios*, essa espantosa coleção de aforismos coligidos na literatura grega e latina e comentados com uma levíssima ironia e um humor incomparável. Suas inúmeras cartas, e às vezes seus mais profundos tratados de teologia, estão cheios daquele espírito mordaz sem o qual ele nunca consegue passar inteiramente.

Quem examinar a multidão de poetas renascentistas que vão desde os *grands rhétoriqueurs* como Jean Molinet e Jean Lemaire de Belges até aos produtos da plenitude do Renascimento como Sannazaro ou Guarino, os criadores das novas pastorais que tanto estiveram em moda, não pode deixar de encontrar em seu gênio um caráter essencialmente lúdico. Não pode haver mais intensa presença do jogo do que na obra de Rabelais, que é a própria encarnação do espírito lúdico. O ciclo do *Amadis de Gaula* reduz a aventura heroica a pura farsa, ao passo que Cervantes continua sendo até hoje o grande mágico do riso e das lágrimas. No *Heptameron* de Margarida de Navarra temos uma estranha mistura de lascívia e platonismo. Mesmo a escola jurídica dos humanistas, em seu esforço de dar ao direito um certo estilo e beleza estética, evidencia o poderoso espírito lúdico da época.

## CONTEÚDO LÚDICO DO BARROCO

Uma coisa que se tornou moda, ao falar do século XVII, é extender o termo "barroco" para muito além de seu campo de aplicação original. Em vez de simplesmente designar um estilo arquitetônico e escultórico mais ou menos definido, o "barroco" passou a abranger um vasto complexo de ideias mais ou menos vagas acerca da essência da civilização do século XVII. Essa moda teve início entre os estudiosos alemães, cerca de quarenta anos atrás, adquirindo popularidade sobretudo através de *A Decadência do Ocidente* de Spengler. A pintura, a poesia, a literatura, e até a política e a teologia, em resumo, todos os domínios da arte e do saber do século XVII passaram a ser medidos com uma certa ideia preconcebida do "barroco". Alguns aplicam o termo ao início da época, marcada por uma imaginação exuberante, e outros ao rigor majestoso das fases mais tardias. De uma maneira geral, esse termo está associado à ideia do exagero consciente, de alguma coisa voluntariamente imponente, deliberadamente irreal. As formas barrocas são, no sentido forte da expressão, formas artísticas. Mesmo quando representam temas sagrados, há um fator estético deliberado que se impõe de tal maneira que torna difícil para a posteridade acreditar que o tratamento do tema tenha brotado de uma emoção religiosa sincera.

Essa tendência geral para o exagero, tão característica do barroco, encontra sua mais pronta explicação no conteúdo lúdico do impulso criador. Para apreciar plenamente as obras de Rubens, Bernini ou do príncipe dos poetas holandeses, Joost van den Vondel, é preciso estarmos prontos para apreciar essa forma de expressão *cum grano salis*. Em relação a isso, há uma objeção possível: que essa afirmação pode aplicar-se à maior parte da criação poética e artística; mas isso seria mais uma prova de nossa afirmação central, a da importância fundamental do jogo. Mas o elemento lúdico manifesta-se no barroco no mais alto grau. Seria inútil tentarmos averiguar até que ponto o artista pretende que sua obra seja completamente séria, em primeiro lugar porque ninguém seria capaz de determinar com exatidão total quais são as intenções de um artista e, em segundo lugar, porque as intenções subjetivas de um artista têm muito pouca importância. Uma obra de arte é uma coisa *sui generis*. É o que se verifica no caso de Hugo

Grotius, por exemplo. Hugo Grotius era um homem destituído de humor e animado por um amor sem limites pela verdade. Dedicou sua obra-prima, o imortal monumento de seu espírito, *De jure belli et pacis*, ao rei de França, Luís XIII. E a dedicatória é um exemplo flagrante da mais enfática extravagância barroca, versando sobre a universalmente reconhecida e inestimável justiça do rei, capaz de eclipsar a grandeza da Roma antiga etc. Será que Grotius pensava tudo isso? Será que ele mentiu? Não, ele simplesmente escreveu a dedicatória segundo a moda da época.

Seria difícil encontrar outro século tão marcado pelo espírito do tempo como o século XVII. O estilo geral da maneira de viver, do pensamento e da aparência exterior é profundamente marcado pelo que nos habituamos, à falta de termo melhor adequado, a chamar "barroquismo", e um dos exemplos mais típicos é o vestuário da época. Deve salientar-se, que esse estilo característico se verifica mais no vestuário masculino do que no feminino e, sobretudo, no traje completo de corte. A moda masculina apresenta uma ampla margem de variação ao longo do século. Mostra uma tendência para afastar-se cada vez mais da simplicidade e da naturalidade até 1665, momento em que essa deformação chegou ao auge. O gibão tornou-se tão curto que não passava das axilas, ficando três quartos da camisa aparecendo entre o gibão e a calça, tendo essa última se tornado tão exageradamente curta e larga que ficou irreconhecível. O *rhingrave* a que se refere Molière e outros tinha toda a aparência de uma pequena saia e era geralmente interpretado como tal, até que há vinte anos atrás foi descoberto num guarda-roupa inglês um espécime dessa peça de vestuário, verificando-se que afinal de contas se tratava de uma calça. Esse traje fantástico era todo coberto de fitinhas, lacinhos e rendinhas, mesmo em volta dos joelhos. Apesar de todo esse ridículo, a elegância e a dignidade salvavam-se graças à capa, ao chapéu e à peruca.

A peruca constitui um capítulo à parte, não só na história do vestuário como também na história da civilização. Não há exemplo mais flagrante do caráter lúdico do impulso cultural do que a peruca tal como era usada nos séculos XVII e XVIII. Só uma visão histórica muito imperfeita permitiu que se chamasse ao século XVIII a idade da peruca, pois, na realidade, ela era muito mais característica no século XVII, e muito mais curiosa. É uma autêntica ironia que a seríssima época de Descartes, Pascal e Spinoza, de Rembrandt e de Milton, da fundação de colônias em todo o mundo, dos ousados navegadores, dos mercadores aventureiros, do florescer da ciência e dos grandes moralistas, seja ao mesmo tempo a época de um objeto tão cômico como a peruca. Por volta da década de 1620, podemos seguir, através da pintura, a passagem dos cabelos curtos às longas cabeleiras, e logo depois da metade do século a peruca passa a ser obrigatória para todos os que pretendem identificar-se como nobres, conselheiros, jurisconsultos, militares, eclesiásticos ou mercadores. Até os almirantes a usam como último toque de seu traje de gala. Na década de 1660, chega-se à forma suntuosa e esquisita, a chamada *allonge*, peruca de fundo largo, exemplo inultrapassável em esplendor, exagero e ridículo da loucura da moda da época. Mas não basta fazer troça dessa duradoura moda da peruca, que merece a maior atenção. O ponto de partida é, evidentemente, o fato de as longas cabeleiras usadas nas décadas de 1630 e 1640 exigirem da maioria dos homens mais do que a natureza lhes havia oferecido. A peruca começou por ser um substituto para a falta de cabelo, uma imitação da natureza, portanto. Mas logo que a peruca passou a ser um elemento da moda corrente, ela rapidamente abandonou toda pretensão de imitar as cabeleiras naturais, tornando-se um autêntico elemento de estilo. Estamos, portanto, quase desde o início, perante uma obra de arte. A peruca emoldurava o rosto à maneira de um quadro, e acontece que o emolduramento das obras pictóricas é mais ou menos contemporâneo da moda da peruca. Serviu para isolar o rosto, dando-lhe um ar falsamente nobre, como se o elevasse a um poder mais alto. É, portanto, o apogeu do barroco. No tipo *allonge*, as dimensões tornam-se perfeitamente hiperbólicas, mas o conjunto da moda conserva uma elegância, uma grandeza cheia de naturalidade que quase chega a ser majestosa, inteiramente adequada para exprimir o estilo e a época do jovem Luís XIV. Nesse caso, é preciso reconhecer, apesar de toda estética, que se alcança um efeito de verdadeira beleza: a peruca *allonge* é um exemplo de arte aplicada. Mas convém não esquecer, ao contemplar os retratos da época, que a ilusão de beleza por eles provocada é incomparavelmente maior do que jamais poderá ter sido para os contemporâneos que viam os modelos vivos (demasiado vivos) dessa arte. A pintura e a gravura são extremamente lisonjeiras, visto deixar escondido um aspecto sórdido – a deplorável falta de limpeza da época.

O que há de notável na moda da peruca não é somente que, apesar de antinatural, incômoda é anti-higiênica, ela tenha durado um século e meio, o que basta por si só para mostrar que ela não nasceu de um simples capricho, mas que ela se tenha pouco a pouco afastado da forma do cabelo natural, tornando-se cada vez mais estilizada. Essa estilização dá-se de três maneiras: com pó, caracóis ou laços. No momento da passagem do século, só se usava peruca empoada, desaparecendo as perucas pretas, castanhas ou louras para dar lugar a um branco ou cinzento uniforme. Continua a ser um mistério quais as razões culturais ou psicológicas do hábito de empoar as perucas, mas não há dúvida de que os retratos mostram essa moda de maneira muito favorável. Depois, em meados do século XVIII, a peruca passa a ter caracóis pesados e regulares sobre as orelhas, com o topete muito alto e um laço na nuca. Desapareceu toda e qualquer pretensão de imitar a natureza; a peruca passou a ser um puro e simples ornamento.

Faltam dois aspectos a serem mencionados de passagem. As mulheres só usavam peruca quando a ocasião assim o exigia, mas de maneira geral seus penteados seguiam a moda masculina, até o momento em que, perto do final do século XVIII, ultrapassou todos os limites da extravagância e do artificialismo. O outro aspecto é que o domínio da peruca nunca chegou a ser absoluto, mesmo quando as classes mais pobres começaram a seguir a moda com perucas de algodão ou qualquer outro material. Mas, enquanto os atores trágicos representavam o teatro clássico usando peruca segundo a moda da época, já desde o início do século XVIII é relativamente frequente ver retratos de jovens usando cabelo comprido natural, sobretudo na Inglaterra. Em minha opinião, isso indica a existência de uma corrente subterrânea de sentido oposto, em direção à liberdade e à facilidade, ao à vontade deliberado, que se afirma com Watteau e percorre todo o século XVIII como um protesto contra o artificialismo, uma desforra de tudo o que era natural e inocente. O que aqui transparece são as sementes do rousseaunismo e do romantismo. Seria uma tarefa das mais interessantes e importantes investigar essa mesma tendência em outros domínios da cultura, e certamente se estabeleceriam numerosas ligações com o jogo. Mas essa pesquisa nos levaria longe demais. Basta aqui que nossa longa digressão sobre a peruca mostre que esse fenômeno é um dos exemplos mais flagrantes da intervenção do elemento lúdico na cultura.

A Revolução Francesa pôs fim à moda da peruca, sem, todavia, tê-la eliminado bruscamente. A história dos penteados e das barbas na época subsequente é uma mina de interessantes ensinamentos, que até aqui quase não foi explorada. Mas esse é outro aspecto que temos de nos abster de analisar.

## O ELEMENTO LÚDICO DO ROCOCÓ

Se verificamos no período a que chamamos barroco a presença de um vivo elemento lúdico, com muito mais razão devemos encontrá-lo no período rococó que se seguiu. Também esse termo sofreu uma ampliação geral de significado, talvez um pouco menos em inglês, que tem menos tendência para abstrações nebulosas do que certas línguas continentais. Mas mesmo que seja tomado simplesmente no sentido de um determinado estilo artístico, a palavra rococó possui tantas associações com o jogo e com o lúdico em geral que quase poderia servir para defini-los. Não haverá, além disso, na própria ideia de "estilo" em arte, a aceitação implícita de um certo elemento lúdico? Não será o próprio surgimento do estilo um jogo do espírito em busca de novas formas? O estilo depende dos mesmos elementos que o jogo, do ritmo, da harmonia, da mudança e da repetição regular, da tensão e da cadência. O estilo e a moda estão mais aparentados do que a estética ortodoxa habitualmente admite. Na moda, o impulso estético é adulterado por toda espécie de emoções extrínsecas, o desejo de agradar, a vaidade, o orgulho, ao passo que no estilo ele é cristalizado numa forma pura. Mas o estilo e a moda, e portanto a arte e o jogo, poucas vezes foram reunidos tão inseparavelmente como no rococó, exceto, talvez, na cultura japonesa. Os exemplos podem ir desde uma peça de porcelana de Meissen ou um idílio pastoral (tendo este atingido um requinte de delicadeza só comparável às obras de Virgílio), ou um quadro de Watteau ou Lancret, ou um interior do século XVIII, ou o ingênuo entusiasmo pelo exotismo que introduziu na literatura encantadoras e sentimentais figuras de turcos, indianos e chineses: mas em toda essa diversidade a impressão de jogo não desaparece nem um só momento.

Mas há aspectos mais profundos da qualidade lúdica da civilização setecentista. A arte da política nunca foi tão abertamente um jogo como nessa época de cabalas secretas, intrigas e aventuras que produziu figuras como Alberoni, Ripperda e Teodoro Neuhoff, rei da Córsega. Ministros e príncipes, tão irresponsáveis como onipotentes, livres que estavam de quaisquer incômodos tribunais internacionais, podiam a qualquer momento jogar com os destinos de seus países, com um sorriso nos lábios e termos corteses, como se estivessem apenas movimentando uma pedra de jogo de xadrez. Foi uma sorte para a Europa que as consequências dessa política de vistas curtas fossem limitadas por outros fatores, como a lentidão das comunicações e o poder relativamente reduzido dos instrumentos de destruição de que dispunham. Mas, mesmo assim, os resultados desse jogo político foram suficientemente desastrosos.

Quanto ao domínio cultural, em toda a parte encontramos um ambicioso espírito de emulação, que se manifesta nos clubes, nas sociedades secretas, nos salões literários, nos grupos artísticos, nas irmandades, círculos e conventículos. Todo interesse ou ocupação que se possa imaginar servia de motivo para a associação voluntária. Colecionar coisas raras e curiosidades naturais era a paixão dominante. Não significa que todos esses impulsos fossem destituídos de valor, pois, pelo contrário, foi precisamente o abandono total ao jogo que os tornou elementos extremamente fecundos do ponto de vista cultural. O espírito lúdico inspira também as controvérsias literárias e científicas, que constituíam uma parte importante das distrações mais elevadas da elite internacional que as promovia. O seleto público leitor para o qual Fontenelle escreveu seus *Entretiens sur la pluralité des mondes* (Conversas Sobre a Pluralidade dos Mundos) estava constantemente desagregando-se e reaglutinando-se em função desta ou daquela questão controversa. Toda a literatura setecentista é feita de figuras puramente lúdicas: abstrações, pálidas alegorias, máximas morais fúteis. A obra-prima da literatura lúdica, o *Rape of the Lock*, de Pope, só poderia ter surgido nessa época.

O nosso século demorou muito a reconhecer o elevado nível da arte do século XVIII. O século XIX não tinha mais qualquer espécie de sensibilidade para suas qualidades lúdicas, deixando simplesmente de ver a seriedade subjacente. No luxo e na exuberância da ornamentação rococó, a época vitoriana não soube ver mais do que artifício e fraqueza, deixando de apreciar a ornamentação musical que oculta a linha reta. Não soube compreender que, por detrás de todo esse requinte, o espírito da época estava procurando um caminho para o regresso à natureza, mas um caminho dotado de um estilo. Preferiu ignorar o fato de nas obras-primas da arquitetura daquele século a ornamentação jamais prejudicaria as linhas sóbrias e severas dos edifícios, preservando sempre a nobre dignidade de suas proporções harmoniosas. Foram poucos os períodos artísticos que souberam equilibrar o jogo e a seriedade de maneira tão graciosa como o rococó, e conseguiram harmonizar tão perfeitamente o elemento plástico e o elemento musical.

A música, como já sugerimos, é a expressão mais alta e mais pura da *facultas ludendi*. Talvez não seja ousadia atribuir a suprema importância da música setecentista ao perfeito equilíbrio existente entre seu conteúdo lúdico e seu conteúdo estético. Enquanto fenômeno puramente acústico, a música foi apurada e enriquecida de diversas maneiras. Os velhos instrumentos foram aperfeiçoados, novos instrumentos foram inventados, e o resultado foi a orquestra adquirir maior volume de som e maior amplitude de modulação. As vozes femininas passaram a desempenhar um papel mais importante nos espetáculos musicais. À medida que a música instrumental ia adquirindo preponderância sobre a música simplesmente vocal, sua dependência em relação às palavras foi diminuindo, tornando-se mais sólida sua situação de arte independente. Também contribuiu para tal fato a secularização da vida, que se tornava cada vez maior. A prática da música por si mesma adquiriu um lugar cada vez mais importante, embora, dado que as composições eram sobretudo encomendadas para fins litúrgicos ou festivos, ela estivesse longe de desfrutar da publicidade verificada nos tempos atuais.

Tudo isso mostra claramente o conteúdo lúdico da música do século XVIII, sua função como jogo social. Mas, até que ponto se poderá considerar lúdico seu conteúdo estético? A resposta poderia ser um desenvolvimento da concepção que já apresentamos, segundo a qual as próprias formas musicais são formas lúdicas. Tal como o jogo, a música assenta na aceitação voluntária e na rigorosa aplicação de um sistema de regras convencionais: ritmo, tonalidade, melodia, harmonia etc. Isso continua sendo verdade mesmo quando são abandonadas todas as regras por nós conhecidas. O caráter convencional dos valores musicais é uma coisa evidente para todos aqueles que têm conhecimento da imensa diversidade da música nas várias partes do mundo. Não há nenhum princípio acústico uniforme que estabeleça uma ligação entre a música javanesa ou chinesa e a ocidental, ou entre a medieval e a moderna. Cada civilização possui suas convenções musicais próprias, e, regra geral, o ouvido só aceita as formas acústicas a que está habituado. Essa diversidade constitui uma nova demonstração de que a música é essencialmente um jogo, um contrato válido dentro de certos limites definidos, que não tem nenhuma finalidade útil que não seja dar prazer, relaxamento e uma elevação do espírito. A necessidade de uma preparação extenuante do intérprete e do compositor, a exatidão e o rigor do cânone do que é ou não permitido, o fato de cada música proclamar que é a única norma válida de beleza são todas características típicas de sua qualidade lúdica. E é precisamente essa qualidade que torna suas leis mais rigorosas do que as de qualquer outra arte. Toda e qualquer infração das regras estraga imediatamente o jogo.

O homem das épocas arcaicas tinha plena consciência de que a música era uma força sagrada capaz de despertar emoções e, além disso, era um jogo. Só muito mais tarde ela passou a ser apreciada como uma contribuição importante para a vida e a expressão da vida; em resumo, como uma arte no sentido atual da palavra. Apesar de sua fecundidade musical, mesmo o século XVIII tinha uma concepção muito elementar da função emocional da música, como se vê através de sua banal interpretação por Rousseau, em termos de sons imitativos da natureza. O surgimento tardio de uma psicologia da música é bastante elucidativo quanto à nossa referência a um certo equilíbrio entre o conteúdo lúdico e o conteúdo estético na música do século XVIII. Mesmo Bach e Mozart pouca consciência podiam ter de estarem praticando algo mais do que o mais nobre dos passatempos, *diagogué*, no sentido de Aristóteles, pura diversão. E não terá sido precisamente essa sublime ingenuidade que lhes permitiu alcançar a máxima perfeição?

## A QUALIDADE LÚDICA DO ROMANTISMO

Poderia parecer inteiramente lógico recusar ao período que se seguiu ao rococó todo e qualquer vestígio do elemento lúdico. A época do neoclassicismo e dos alvores do romantismo está associada à mais extrema seriedade, a figuras melancólicas, a uma tristeza impenetrável, a uma sociedade lacrimejante, enfim, características que parecem excluir a própria possibilidade do jogo. Mas um exame mais atento mostra que se passa precisamente o contrário. Se jamais um estilo e um *Zeitgeist* surgiram através do jogo, isso ocorreu nos meados do século XVIII. Quanto ao neoclassicismo, o espírito europeu, que constantemente recorre à Antiguidade como sua grande fonte de ideais, sempre soube encontrar nos clássicos o que precisava em cada época dada. Pompeia ergueu-se oportunamente de seu túmulo para enriquecer com novos temas uma época que tendia.para uma graciosidade fria e lapidar, para numa macieza marmórea. O classicismo de Adam, Wedgwood e Flaxman nasceu do gosto leve e lúdico do século XVIII.

O romantismo possui tantas faces quantas eram suas vozes. Considerado como uma corrente ou um movimento surgido por volta de 1750, pode ser definido como uma tendência para remeter toda a vida emocional e estética para um passado idealizado, em que tudo aparece como que através de uma névoa, carregado de mistério e de terror. Ora, o próprio recortar desse espaço ideal para o pensamento constitui por si só um processo lúdico. Contudo, há outros aspectos a considerar. Praticamente podemos ver como o romantismo nasce através do jogo, como fenômeno literário e histórico. As cartas de Horace Walpole constituem seu certificado de nascimento. Sua leitura nos enche da crescente convicção de que esse homem notável, que mais do que ninguém merece ser considerado o pai do romantismo, no fundo era extremamente classicista em suas opiniões e tendências. Para ele, que mais do que ninguém contribuiu para dar forma e substância ao romantismo, este não ia além de um passatempo. Escreveu *O Castelo de Otranto*, esse primeiro e estranhíssimo exemplo de romance de terror, em ambiente medieval, em parte por capricho e em parte por fastio. O *bric-à-brac* de antiguidades "góticas" que enchia sua casa de Strawberry Hill não constituía a seus olhos nem arte nem relíquias sagradas, mas apenas simples "curiosidades". Pessoalmente, de modo algum era partidário do estilo "gótico", que considerava *trifling*, uma bagatela, e desprezava os que o eram. Limitava-se simplesmente a brincar um pouco com os estados de alma.

Na mesma época do diletantismo gótico, o sentimentalismo vai ganhando terreno na vida e na literatura europeias. O reinado dessa trêmula condição, que durou pelo menos um quarto de século, num mundo cujo pensamento e cuja ação estavam muito longe da delicadeza de alma de heroínas lacrimosas, tem seu melhor termo de comparação no ideal do amor cortês dos séculos XII e XIII. Em ambos os casos, verifica-se que toda a classe alta era dominada por um ideal excêntrico e artificial da vida e do amor. É claro que a elite do século XVIII era muito mais ampla do que a do mundo feudal aristocrático, no período que vai de Bertran de Born até Dante. O sentimentalismo é uma das primeiras rodas literárias em que o aristocrata é manifestamente substituído pelo burguês. Todos os ideais sociais e educacionais da época faziam parte de sua bagagem intelectual. Mesmo assim, há uma flagrante semelhança entre os dois casos. Todas as emoções pessoais, do berço ao túmulo, são elaboradas em alguma forma artística. Tudo gira em torno do amor e do casamento. Talvez em nenhuma outra época, a felicidade conjugal tenha sido objeto de tamanha idealização fervorosa, tendo o amor não correspondido e o amor interrompido pela morte como bons contendores. Ao contrário dos trovadores, contudo, os romanticos adulteram o seu ideal com todo tipo de condição tirada da vida "real": as questões de educação, muito em voga na época; as relações entre pais e filhos; palpitações à beira dos leitos de enfermos; descrições patéticas de luto, morte e decadência – tudo isso constituia o pábulo diário do público leitor.

Quão longe foram "em seriedade"? Quem professou o estilo de época mais sincera e profundamente: os humanistas do século precedente, ou os românticos e sentimentais dos séculos XVIII e XIX? Parece inegável que os primeiros defendiam com mais convicção os ideais clássicos como única norma válida do que os devotos do gótico faziam com sua vaga visão de um passado de sonho. Quando Goethe escreveu sua Dança da Morte (*Totentanz*) com esqueletos dançando ao luar num cemitério, estava apenas se divertindo. Apesar disso, o sentimentalismo é, em minha opinião, mais profundo. O patrício do século XVII que se vestia com o que pensava serem trajes "antigos" a fim de posar para seu retrato sabia muito bem que estava mascarando-se de senador romano. Estava fora de questão a possibilidade de viver efetivamente o modelo de virtude cívica proclamado por suas vestes. Mas, enquanto há sem dúvida um elemento lúdico predominante na *Totentanz* de Goethe, os leitores de Julie e Werther procuravam muito a sério viver de acordo com o ideal sentimentalista, saindo-se muitas vezes horrivelmente bem. Por outras palavras, o sentimentalismo era uma *imitatio* mais autêntica do que a pose ciceroniana ou platônica dos humanistas e de seus sucessores do barroco. O fato de um espírito livre como Diderot ser capaz de entusiasmar-se com o exibicionismo sentimental da *Maldição Paterna* de Greuze, e de Goethe e mesmo Napoleão se entusiasmarem com a poesia de Ossian, parece constituir uma prova de nossa afirmação.

E, contudo, o esforço de adaptação da vida e do pensamento ao código sentimental não pode ter sido tão profundo como isso nos levaria a supor. O ideal era constantemente desmentido pelos fatos brutais da vida individual e da história contemporânea. Sob forma diferente do puro cultivo literário da sensibilidade, talvez fosse apenas em comoventes cenas da vida familiar e na contemplação da natureza (sobretudo em suas formas tempestuosas) que o sentimentalismo se exercesse plenamente.

Quanto mais nos aproximamos de nossa época, mais difícil se torna determinar objetivamente o valor de nossos impulsos culturais. Surge um número crescente de dúvidas quanto ao caráter lúdico ou sério de nossas ocupações, e com essas dúvidas aparece uma incômoda sensação de hipocrisia, como se a única coisa de que pudéssemos ter certeza fosse o "faz de conta". Mas convém não esquecer que esse equilíbrio instável entre a seriedade e o fingimento é parte integrante da cultura enquanto tal, e que o fator lúdico faz parte do núcleo central de todo ritual e de toda religião. Portanto, é inevitável que sempre voltemos a cair nessa ambiguidade fundamental, que só se torna efetivamente perturbadora nos fenômenos culturais de caráter não ritualístico. Assim, não há nada que nos impeça de interpretar como jogo qualquer fenômeno cultural que se apresente como inteiramente sério. Mas, na medida em que o romantismo e outros movimentos semelhantes se afastam do ritual, é inevitável que a interpretação que deles procuramos fazer seja acompanhada pela mesma incômoda ambiguidade.

## NO SÉCULO XIX, PREDOMINA A SERIEDADE

Parece haver pouco lugar para o jogo no século XIX. Tendências contrárias ao que entendemos por jogo tornaram-se crescentemente dominantes. Já no século XVIII, o utilitarismo, a eficiência prosaica e o ideal burguês do bem-estar social (elementos que foram fatais para o barroco) haviam deixado uma forte marca na sociedade. Essas tendências foram exacerbadas pela Revolução Industrial e suas conquistas no domínio da tecnologia. O trabalho e a produção passam a ser o ideal da época, e logo depois o seu ídolo. Toda a Europa vestiu roupa de trabalho. Assim, as dominantes da civilização passaram a ser a consciência social, as aspirações educacionais e o critério científico. Com o imenso desenvolvimento técnico e industrial, da máquina a vapor à elétrica, vai ganhando terreno a ilusão de que o progresso consiste na exploração da energia solar. Em consequência, pôde aparecer, e mesmo ser acreditado, o lamentável engodo do marxismo, segundo o qual o mundo é governado por forças econômicas e interesses materiais. Esse grotesco exagero da importância dos fatores econômicos foi condicionado por nossa adoração do progresso tecnológico, que, por sua vez, sendo fruto do racionalismo e do utilitarismo, destruíram os mistérios e absolveram o homem da culpa e do pecado. Mas esqueceram de libertá-lo da insensatez e da miopia, e a única coisa de que ele passou a ser capaz foi de adaptar o mundo à sua própria banalidade.

Esse é o aspecto mais negativo do século XIX. As grandes correntes do pensamento da época, sob todos os pontos de vista, eram adversas ao fator lúdico na vida social. Nem o liberalismo nem o socialismo contribuíram para ele em alguma coisa. A ciência analítica e experimental, a filosofia, o reformismo, a igreja e o Estado, a economia, tudo no século XIX se revestia da mais extrema seriedade. Mesmo em arte e em literatura, depois de passado o entusiasmo romântico, a imemorial associação com o jogo passou a ser considerada pouco respeitável. O realismo, o naturalismo, o impressionismo e todas as outras monótonas escolas literárias e artísticas eram mais destituídas de espírito lúdico do que qualquer dos estilos anteriores. Jamais se tomou uma época tão a sério, e a cultura deixou de ter alguma coisa a ver com o jogo. *As formas exteriores já não se destinavam a criar a aparência, ou a ficção, se se quiser, de um modo de vida ideal e mais elevado.* Não há sintoma mais flagrante da decadência do fator lúdico do que o desaparecimento de todos os aspectos imaginativos, fantasiosos e fantásticos do vestuário masculino após a Revolução Francesa. As calças compridas, que eram até então o traje típico dos camponeses, pescadores e marinheiros de muitos países (como se vê pelas figuras da *Commedia dell'Arte*), passaram de repente a ser a moda para cavalheiros, juntamente com uma certa desordem do cabelo que exprimia o *pathos* da revolução. O estilo despenteado também atingiu a moda feminina, conforme pode ver-se no retrato da rainha Luísa da Prússia, por Schadow. Se a moda excêntrica conheceu ainda uma última convulsão nos excessos dos *incroyables* e das *merveilleuses* (incríveis e maravilhosas) e nos trajes militares da era napoleônica (exibicionistas, românticos e pouco práticos), a fantasia estava condenada a desaparecer inteiramente da moda. A partir daí, o vestuário masculino tornou-se cada vez mais amorfo e incolor, sujeito a cada vez menos transformações. O elegante cavalheiro de antanho, resplandecente no traje de gala que refletia sua dignidade, passa agora a ser um cidadão respeitável. O vestuário deixou de permitir que ele brincasse de herói ou de guerreiro. Com a cartola, é como se ele se coroasse com o símbolo de sua sobriedade. Só em extravagâncias mínimas o elemento lúdico se afirma no vestuário masculino, em variações imperceptíveis como calças justas, gravata larga e colarinho alto. Depois, desaparece todo vestígio de elemento decorativo, do qual resta apenas uma sombra no traje de cerimônia. Desaparecem completamente as cores alegres, e os tecidos suntuosos são substituídos por tecidos rudes de origem escocesa. A casaca, que outrora fora elemento indispensável no guarda-roupa de todo cavalheiro, terminou sua carreira secular como traje próprio dos criados de restaurante, cedendo lugar ao paletó. Praticamente deixou de haver variações, a não ser na moda esportiva. Se alguém hoje decidisse vestir-se à maneira de 1890, no máximo daria a impressão de ter um alfaiate um pouco esquisito.

Esse nivelamento e democratização da moda masculina está longe de ser destituído de importância. Ele é expressão de toda a transformação espiritual e social ocorrida desde a Revolução Francesa.

A moda feminina não seguiu, evidentemente, essa simplificação e uniformização da moda masculina. Nesse caso, o elemento estético e a atração sexual são tão importantes que a evolução do vestuário feminino se colocou num plano totalmente diferente, e assim o fato de ter seguido um caminho diferente não tem nenhum significado especial. O que se deve salientar é o fato de, apesar de todas as troças de que foram alvo as extravagâncias e loucuras do vestuário das senhoras desde a Idade Média, este tem sofrido muito menos transformações e dado origem a muito menos excessos do que a dos homens. Basta pensar no período que vai de 1500 a 1700: mudanças violentas e constantes na moda masculina, e uma considerável estabilidade na feminina. Até certo ponto, é o que seria de esperar: o código da decência levava a evitar uma moda muito solta, ou muito curta, ou muito baixa, impedindo grandes modificações na estrutura fundamental do traje feminino – saia até os pés e corpete. Só no início do século XVIII surgiu na moda feminina um elemento lúdico. Enquanto o período rococó assistia ao aparecimento de toucados monumentais, o espírito do romantismo se manifesta no quase *negligé*, no olhar lânguido, no cabelo solto, nos braços nus e na revelação do tornozelo ou mesmo mais. É estranho que o decote fosse aceito vários séculos antes dos braços nus, conforme vemos nas proibições fulminantes dos moralistas medievais. A partir do Diretório, a moda feminina ultrapassa a do homem tanto na frequência quanto na extensão das mudanças. Só nos tempos arcaicos se encontra algo comparável às crinolinas de 1860 e às ancas postiças de 1880. Depois, no novo século, a evolução da moda seguiu direção oposta, levando o vestuário feminino para uma simplicidade que já não se verificava desde o ano de 1300.

# 12. O Elemento Lúdico da Cultura Contemporânea

Evitemos perder tempo discutindo o que se entende por "contemporâneo". Escusado seria dizer que sempre que nos referimos a algum momento do tempo, ele já se tornou passado histórico, um passado que parece desfazer-se à medida que dele nos afastamos. Há fenômenos que a geração mais nova considera parte do "passado" e que para os mais velhos continuam fazendo parte de "nosso tempo", não só porque os mais velhos ainda recordam pessoalmente esses fenômenos, mas, sobretudo, porque eles ainda fazem parte de sua cultura. Essa diferença quanto ao sentido do tempo depende menos da geração a que se pertence do que do conhecimento que se possui das coisas antigas e novas. Um espírito de formação histórica incluirá em sua ideia do que é "moderno" e "contemporâneo" uma parte do passado muito maior do que fará um espírito que miopemente considera apenas o momento que passa. Assim, nossa concepção da "cultura contemporânea" abrange uma boa parte do século XIX.

O problema que aqui nos interessa é o seguinte: em que medida a cultura atual continua se manifestando através de formas lúdicas? Até que ponto a vida dos homens que participam dessa cultura é dominada pelo espírito lúdico? Conforme vimos, o século XIX perdeu grande número dos elementos lúdicos que caracterizavam as épocas anteriores. Terá esse desvio sido compensado, ou terá ele aumentado?

## O ESPORTE

À primeira vista poderia parecer que certos fenômenos da vida social moderna mais do que compensam a perda das formas lúdicas. O esporte e o atletismo, enquanto funções sociais, têm vindo constantemente a aumentar sua influência, conquistando territórios novos em escalas nacional e internacional.

Conforme mostramos, as competições em habilidade, força e perseverança sempre ocuparam um lugar dos mais importantes em todas as culturas, quer em relação ao ritual ou simplesmente como divertimento. A sociedade feudal só se interessava pelos torneios, sendo o resto apenas divertimento popular e nada mais. Ora, o torneio, com sua encenação extremamente dramática e sua pompa aristocrática, dificilmente pode ser considerado um esporte. Desempenhava uma das funções próprias do teatro, sendo que apenas a classe mais alta, numericamente reduzida, nele tomava parte. Essa unilateralidade da vida esportiva medieval devia-se em grande parte à influência da igreja: o ideal cristão não favorecia a prática organizada do esporte e o cultivo de exercícios físicos, a não ser na medida em que esses últimos contribuíam para a educação aristocrática. Fato semelhante se verifica no Renascimento, quando há numerosos exemplos de prática de exercícios físicos tendo em vista a perfeição, mas sempre por iniciativa de indivíduos isolados, nunca de grupos ou classes. Aliás, a importância atribuída pelos humanistas ao saber e à erudição contribuía para perpetuar o velho desprezo pelo corpo, do mesmo modo que o zelo moralista e o severo intelectualismo da Reforma e da Contrarreforma. A aceitação dos jogos e dos exercícios físicos como valores culturais importantes só surgiu no final do século XVIII.

É evidente que as formas básicas da competição esportiva se mantêm constantes através dos tempos. Em algumas dessas forma, as provas de força e velocidade constituem a própria essência da competição, como nas corridas a pé e de patins, de carros e de cavalos, no levantamento de peso, na natação, no mergulho, no tiro ao alvo etc.[3] Embora os seres humanos tenham praticado essas atividades desde o início dos tempos, só em pequena medida elas costumam assumir a forma de jogos organizados. Mas todo aquele que não esquecer o princípio agonístico que as anima terá forçosamente de considerá-las jogos no sentido pleno da palavra – isto é, atividades que podem ser extremamente sérias. Aliás, há outras formas de competição que se tornaram "esportes" sujeitos a um sistema de regras, como é o caso dos jogos de bola.

O que aqui nos interessa é a transição do divertimento ocasional para a existência dos clubes e da competição organizada. A pintura holandesa do século XVII nos mostra citadinos e camponeses entretidos em seu jogo de *kolf*, mas tanto quanto eu saiba não há notícia da organização desse jogo em clubes e competições expressamente marcadas. É evidente que uma organização regular surge mais facilmente quando há dois grupos que jogam um contra o outro. Sobretudo os grandes jogos de bola exigem a existência de equipes permanentes, o que constitui o ponto de partida do esporte moderno. O processo se desenvolve espontaneamente nos encontros entre aldeias ou escolas diferentes, ou entre dois bairros de uma mesma cidade etc. É compreensível até certo ponto que o processo se tenha iniciado na Inglaterra do século XIX, embora seja muito discutível se as tendências específicas do espírito anglo-saxão podem ou não ser consideradas sua causa eficiente. Todavia, não há dúvida que a estrutura da vida social inglesa lhe foi altamente favorável, com os governos locais autônomos encorajando o espírito de associação e de solidariedade, e a ausência de serviço militar obrigatório fornecendo ocasião para o exercício físico, além de impor sua necessidade. As formas da organização escolar agiam no mesmo sentido, e finalmente a geografia do país e a natureza do terreno, predominantemente plano e oferecendo em toda a parte os melhores campos de jogo nos prados comunitários, os *commons*, também tiveram a maior importância. Foi assim que a Inglaterra se tornou o berço e o centro da moderna vida esportiva.

3 No *Beowul* encontra-se uma divertida variante do concurso de natação, na qual o fim a atingir é manter o rival debaixo d'água até que se afogue.

## O ESPORTE DEIXA A ESFERA DO JOGO

Desde o último quartel do século XIX que os jogos, sob a forma de esportes, vêm sendo tomados cada vez mais a sério. As regras se tornam cada vez mais rigorosas e complexas, são estabelecidos recordes de altura, velocidade ou de resistência superiores a tudo quanto antes fora conseguido. Todo o mundo conhece as deliciosas gravuras da primeira metade do século XIX que mostram os jogadores de *cricket* usando cartola. Esse contraste dispensa comentários.

Ora, a sistematização e regulamentação cada vez maior do esporte implica a perda de uma parte das características lúdicas mais puras. Isso se manifesta nitidamente na distinção oficial entre amadores e profissionais (ou "cavalheiros e jogadores", como já foi hábito dizer-se), que implica uma separação entre aqueles para quem o jogo já não é jogo e os outros, os quais, por sua vez, são considerados superiores apesar de sua competência inferior. O espírito do profissional não é mais o espírito lúdico, pois lhe falta a espontaneidade, a despreocupação[4]. Isso afeta também os amadores, que começam a sofrer de um complexo de inferioridade. Uns e outros vão levando o esporte cada vez mais para longe da esfera lúdica propriamente dita, a ponto de transformá-lo numa coisa *sui generis*, que nem é jogo nem é seriedade. O esporte ocupa, na vida social moderna, um lugar que ao mesmo tempo acompanha o processo cultural e dele está separado, ao passo que nas civilizações arcaicas as grandes competições sempre fizeram parte das grandes festas, sendo indispensáveis para a saúde e a felicidade dos que nelas participavam. Essa ligação com o ritual foi completamente eliminada, o esporte se tornou profano, foi "dessacralizado" sob todos os aspectos e deixou de possuir qualquer ligação orgânica com a estrutura da sociedade, sobretudo quando é de iniciativa governamental. A capacidade das técnicas sociais modernas para organizar manifestações de massa com um máximo de efeito exterior no domínio do atletismo não impediu que nem as Olimpíadas nem o esporte organizado das Universidades norte-americanas nem os campeonatos internacionais tenham contribuído um mínimo que fosse para elevar o

4 Comparar com o dictum de G.K. Chesterton: "Se uma coisa vale a pena ser feita, vale a pena fazê-la imperfeitamente." (N. da T. em inglês.)

esporte ao nível de uma atividade culturalmente criadora. *Seja qual for sua importância para os jogadores e os espectadores, ele é sempre estéril, pois nele o velho fator lúdico sofreu uma atrofia quase completa.*

Provavelmente essa opinião seja contrária à atitude popular atualmente dominante, segundo a qual o esporte constitui a apoteose do elemento lúdico em nossa civilização. Acontece que essa atitude popular está errada. E outro exemplo da tendência fatal para o excesso de seriedade são os jogos não atléticos baseados no cálculo, como o xadrez e os jogos de cartas.

## JOGOS DE TABULEIRO E DE CARTAS COMO ESPORTE

Desde os tempos mais primitivos, a humanidade tem conhecido grande número de jogos de tabuleiro, sendo que as sociedades primitivas lhes atribuíam grande importância devido ao predomínio do fator sorte. Mas quer sejam jogos de azar ou de habilidade, sempre se encontra neles um elemento de seriedade. Não se caracterizam por uma atmosfera de alegria, sobretudo quando o elemento sorte tem uma importância mínima, como no xadrez, nas damas, no gamão, no jogo do estratégia (como o halma) etc. Apesar disso, todos esses jogos cabem dentro da definição do jogo que apresentamos no primeiro capítulo. Foi só em data recente que a publicidade deles tomou conta, anexando-os ao esporte através de campeonatos públicos, torneios mundiais, recordes registrados e noticiário de imprensa caracterizado por um estilo próprio, extremamente ridículo para o leigo inocente.

Os jogos de cartas diferem dos jogos de tabuleiro na medida em que jamais chegam a eliminar completamente o fator sorte. Quanto mais este predomina, mais eles tendem a cair na categoria dos jogos de azar e, como tais, são pouco próprios para competições públicas ou para serem praticados em clubes. Por outro lado, os jogos de cartas mais intelectualizados dão ampla oportunidade para a manifestação das tendências associativas, e, aliás, é aqui que se manifesta mais fortemente o elemento de seriedade ou até de excesso de seriedade. Desde os tempos da quadrilha até aos do uíste e do *bridge*, os jogos de cartas passaram por um processo de aperfeiçoamento cada vez maior, e só com o *bridge* as técnicas sociais modernas se apoderaram inteiramente do jogo. A proliferação de manuais, de sistemas e de preparação profissional fez do *bridge* um jogo extremamente sério. Um recente artigo de jornal calculava os ganhos atuais do casal Culbertson em mais de duzentos mil dólares. Gasta-se uma quantidade tremenda de energia mental na paixão universal pelo *bridge*, sem que o resultado tangível seja mais do que a troca de quantias em dinheiro relativamente pouco importantes. O todo da sociedade não recebe dessa fútil atividade grande benefício ou prejuízo, e parece difícil considerá-la uma atividade elevada no sentido da *diagogué* aristotélica. A habilidade para o *bridge* é um talento estéril, aguçando as faculdades mentais de maneira muito unilateral e sem de modo algum enriquecer o espírito, consumindo uma quantidade de energia intelectual que poderia ter melhor aplicação. Creio que, na melhor das hipóteses, o que podemos dizer é que poderia ser aplicada de maneira pior. Aparentemente a importância do *bridge* na sociedade contemporânea indica um imenso fortalecimento do fator lúdico. Mas as aparências iludem, pois no verdadeiro jogo é preciso que o homem jogue como uma criança. Poderá isso ser afirmado de um jogo tão complexo como o *bridge*? Caso contrário, esse jogo perdeu suas qualidades essenciais.

## ESPORTE DE MASSA NA VIDA COMERCIAL

Procurar ver se há um conteúdo lúdico na confusão da vida moderna pode levar-nos a conclusões contraditórias. No caso do esporte, temos uma atividade nominalmente classificada como jogo, mas levada a um grau tal de organização técnica e de complexidade científica que o verdadeiro espírito lúdico se encontra ameaçado de desaparecimento. Todavia, há outros fenômenos que parecem apontar no sentido oposto ao da tendência para o excesso de seriedade. Certas atividades, cuja razão de ser dependem inteiramente do interesse material e que em sua fase inicial não tinham nada a ver com o jogo, desenvolvem o que só podemos chamar de formas lúdicas como característica secundária. O esporte e o atletismo nos mostraram um enrijecimento tendentes à seriedade, mas sendo sentidos ainda como jogo; agora, chegamos a uma degeneração dos jogos pelo negócio, mas sendo eles considerados sérios. Esses dois fenômenos estão ligados pela força dos hábitos agonísticos, ainda universalmente dominantes, embora sob formas diferentes das de outrora.

O impulso dado ao princípio agonístico, que parece estar novamente levando o mundo em direção do jogo, deriva principalmente de fatores externos e independentes da cultura propriamente dita, numa palavra, dos meios de comunicação, que tornaram toda espécie de relações humanas extraordinariamente fáceis. A técnica, a publicidade e a propaganda contribuem em toda a parte para promover o espírito de competição, oferecendo em escala nunca igualada os meios necessários para satisfazê-lo. É claro que a competição comercial não faz parte das imemoriais formas sagradas do jogo. Ela surge apenas a partir do momento em que o comércio passa a criar campos de atividade no qual cada um precisa esforçar-se por ultrapassar o próximo. A rivalidade comercial torna imediatamente necessária a adoção de regras limitativas, nomeadamente as barreiras alfandegárias. Conservou um caráter primitivo até bem tarde, só se tornando realmente intensa com o advento dos modernos meios de comunicação, da propaganda e da estatística. É claro que já numa fase anterior se havia introduzido na competição comercial um certo elemento lúdico, que veio a ser estimulado pela estatística com uma ideia originária da vida esportiva, a do recorde comercial. Na acepção originária, o recorde era simplesmente um memorando, uma nota que o dono de uma estalagem escrevia numa parede, registrando o fato de tal ou tal corredor ou viajante ter sido o primeiro a chegar depois de percorrer um certo número de quilômetros. As estatísticas de vendas e de produção não podiam deixar de introduzir na vida econômica um certo elemento esportivo. A consequência disso é haver hoje um aspecto esportivo em quase todo triunfo comercial ou tecnológico: o navio de maior tonelagem, a travessia mais rápida, a maior altitude etc. Ao menos uma vez, houve aqui um elemento puramente lúdico que conseguiu dominar as preocupações meramente utilitárias, pois os especialistas nos informam que as unidades menores, como os navios e aviões menos monstruosos, tornam-se, a longo prazo, mais eficientes. Os negócios se transformam em jogo. Esse processo vai ao ponto de algumas das grandes companhias procurarem deliberadamente incutir em seus operários o espírito lúdico, a fim de acelerar a produção. Aqui a tendência se inverte: o jogo se transforma em negócio. Um dirigente industrial, no momento de receber uma distinção honorífica da Academia do Comércio de Roterdã, diz o seguinte:

Desde minha entrada nesta companhia tem havido uma autêntica corrida entre os técnicos e o departamento de vendas. Os primeiros procuram produzir mercadoria em quantidade tal que o departamento de vendas seja incapaz de vendê-la completamente, enquanto os membros do segundo procuram vender tanto que os técnicos se vejam na impossibilidade de acompanhar o ritmo. Essa corrida jamais parou, às vezes tendo uns à frente, em outras, os outros. Tanto meu irmão como eu nunca consideramos o negócio como um trabalho e sim como um jogo, cujo espírito sempre nos temos esforçado por incutir no pessoal mais jovem.

É claro que no discurso havia um toque de humorismo. Mas há muitos casos de grandes empresas que constituem suas próprias associações esportivas, chegando até a contratar operários em função de sua habilidade para o futebol e não de sua competência profissional. Mais uma vez, o processo se inverte.

## O LÚDICO NA ARTE MODERNA

É mais difícil definir o elemento lúdico da arte contemporânea do que o do comércio. Conforme procuramos mostrar no décimo capítulo, é evidente a presença de um aspecto lúdico no processo de criação e "produção" da obra de arte. Tal fato era perfeitamente claro nas artes das musas ou "musicais". Verificamos nas artes plásticas a existência de um certo sentido lúdico, inseparável de todas as formas de decoração, isto é, vimos que a função lúdica se verifica especialmente quando o espírito e a mão se movem livremente. E ela se afirma sobretudo na obra-prima expressamente encomendada, o *tour de force*, a prova palpável da habilidade do artista. O problema agora é saber se desde os finais do século XVIII o elemento lúdico se tornou mais ou menos importante na arte.

Através de um processo gradual que durou vários séculos, a arte foi perdendo sua função vital na sociedade, tornando-se cada vez mais uma ocupação autônoma própria de certos indivíduos chamados artistas. Um dos marcos dessa emancipação foi a vitória do quadro emoldurado sobre o painel e o mural, e o da gravura sobre a miniatura e a iluminura. No Renascimento, deu-se a idêntica passagem do social ao individual, quando a função principal do arquiteto passou da construção de igrejas e palácios para a de residências particulares, das galerias magnificentes para os escritórios e dormitórios. A arte se tornou mais íntima, e ao mesmo tempo mais isolada, dependendo de um só indivíduo e de seu gosto pessoal. E foi de maneira semelhante que a canção e a música de câmara, destinadas à satisfação de aspirações estéticas pessoais, começou a dominar as formas artísticas de caráter mais público, tanto em importância quanto, muitas vezes, em intensidade de expressão.

Além dessas transformações formais, houve outra, ainda mais profunda, na função e na apreciação da arte, que passou a ser cada vez mais amplamente reconhecida como um valor cultural independente e elevado. Até o século XVIII, a arte ocupou na escala dos valores culturais um lugar inferior, sempre considerada como um ornamento especialmente requintado da vida dos privilegiados. Talvez o gozo estético fôsse tão intenso como hoje, mas era interpretado em termos de exaltação religiosa ou como uma espécie de curiosidade, cujo fim último era o divertimento e a distração. O artista era considerado um artesão, ao passo que o cientista e o erudito tinham pelo menos o status de membros das classes abastadas.

A grande mudança teve início em meados do século XVIII, como resultado dos novos impulsos estéticos, que assumiam tanto a forma clássica quanto a romântica, embora a corrente romântica fosse a mais forte. Ambas contribuíram para produzir uma exaltação sem precedentes da fruição estética, que mais fervorosa se torna devido ao fato de constituir um substituto da religião. Essa é uma das fases mais importantes da história da cultura, mas não é possível aqui descrever integralmente essa apoteose da arte, e, assim, limitamo-nos a assinalar que a linha dos hierofantes da arte corre ininterruptamente de Winckelman a Ruskin, e mesmo depois deste. A apreciação e o conhecimento da arte eram privilégio de uma minoria; foi só próximo aos fins do século XIX, graças em grande parte à reprodução fotográfica, que a apreciação da arte se tornou acessível à imensa massa das pessoas de educação média. A arte tornou-se propriedade pública, e o amor da arte passou a ser de bom-tom; a ideia do artista como ser superior foi ganhando aceitação, e o público em geral foi agitado por uma tremenda onda de esnobismo, ao mesmo tempo em que o impulso criador era deformado por uma busca desesperada da originalidade. Essa constante procura de formas novas e nunca vistas levou a arte pela ladeira do impressionismo até às excrescências do século XX. A arte está muito mais sujeita do que a ciência à influência deletéria da técnica moderna. A mecanização, a publicidade e o desejo de fazer sensação atingem muito mais fortemente a arte porque, regra geral, essa produz diretamente para o mercado e pode escolher livremente entre todas as técnicas que no momento se encontrem disponíveis.

Nenhum desses aspectos nos permite apontar um elemento lúdico na arte contemporânea. Desde o século XVIII, o próprio fato de ser reconhecida como um fator cultural parece ter levado a arte a perder e não a ganhar alguma coisa em ludicidade. Mas, o resultado final será um ganho ou uma perda? A resposta parece ser, como nos pareceu ser o caso na música, que era altamente benéfico para a arte não ter consciência de sua importância e da beleza que era capaz de criar. Quando a arte se torna autoconsciente, isto é, consciente de sua própria grandeza, ela se arrisca a perder uma parte de sua eterna inocência infantil.

É claro que, de outro ângulo, poderíamos dizer que o elemento lúdico da arte foi fortalecido pelo próprio fato de o artista ser considerado superior ao comum dos mortais. Na qualidade de ser superior, ele naturalmente exige uma certa dose de veneração por sua obra e, a fim de saborear plenamente sua superioridade, precisa de um público reverente ou de um círculo de espíritos irmãos, capaz de exprimir a necessária veneração de maneira mais profunda do que as frases vazias do público em geral. A arte atual, do mesmo modo que a de outrora, precisa de um certo esoterismo, e todo esoterismo pressupõe uma convenção: nós, os iniciados, concordamos em julgar e compreender esta ou aquela coisa desta ou daquela maneira. Por outras palavras, o esoterismo implica a existência de uma comunidade lúdica entrincheirada atrás de seu próprio mistério. Sempre que há uma palavra chave terminada em *ismo* estamos na pista de uma comunidade lúdica. O moderno aparato publicitário, com sua crítica ditirâmbica, as exposições e as conferências, tem como consequência a acentuação do caráter lúdico da arte.

## O CONTEÚDO LÚDICO NA CIÊNCIA MODERNA

Coisa bem diferente é procurar determinar o conteúdo lúdico da ciência moderna, pois aí nos deparamos com uma dificuldade fundamental. No caso da arte, o jogo pode ser tomado como um dado imediato da experiência, uma quantidade geralmente aceite, ao passo que na ciência somos constantemente obrigados a pôr em causa a definição dessa quantidade, procurando formulá-la em termos novos. Se aplicarmos à ciência nossa definição do jogo como atividade desenvolvida dentro de certos limites de espaço, tempo e significado, segundo um sistema de regras fixas, poderemos chegar à conclusão surpreendente e assustadora de que todos os ramos da ciência são outras tantas formas de jogo, dado que cada uma se encontra isolada em seu próprio campo e é limitada pelo rigor das regras de sua própria metodologia. Mas se aplicarmos plenamente nossa definição, concluiremos imediatamente que, para que uma atividade possa ser considerada um jogo, é necessário algo mais do que limitações e regras. Dissemos que todo jogo é limitado no tempo, não tem contato com qualquer realidade exterior a si mesmo e contém seu fim em sua própria realização. Caracteriza-se, além disso, pela consciência de se tratar de uma atividade agradável, que proporciona um relaxamento das tensões da vida cotidiana. Nada disso pode ser aplicado à ciência, a qual não só está constantemente procurando ter contato com a realidade, devido à sua utilidade, isto é, ao fato de ser aplicada, mas além disso está constantemente procurando estabelecer um padrão universalmente válido da realidade, na medida em que é ciência pura. Ao contrário das regras do jogo, as regras da ciência não são definitivas, são constantemente desmentidas pela experiência, sofrendo modificações de toda a ordem, ao passo que a alteração das regras de um jogo tem como consequência estragar o próprio jogo.

Portanto, a afirmação de que a ciência não passa de um jogo é uma afirmação gratuita, demasiado fácil, que se impõe descartar provisoriamente. Mas é legítimo perguntar se não há na ciência um elemento lúdico, dentro do terreno circunscrito pelo seu método, como, por exemplo, na tendência para sistematizar que todo cientista possui, tendência de caráter parcialmente lúdico. A ciência antiga, devido à carência de um sólido fundamento empírico, perdeu-se numa estéril sistematização de todos os conceitos e propriedades possíveis de imaginar. Embora a observação e o cálculo constituam um freio para essa tendência, isso não implica que na atividade científica não se encontrem alguns elementos de capricho. Mesmo a mais minuciosa análise experimental pode ser ludicamente manejada no interesse da teoria subsequente, embora certamente não possa ser alterada quando em curso. É certo que no final sempre se detecta a margem de jogo, e essa detecção prova que tal margem existe. Desde tempos imemoriais os juristas costumam ser acusados de procedimentos semelhantes, e os filólogos também não estão acima de crítica a esse respeito, visto que desde o *Antigo Testamento* e os *Vedas* eles se deliciam com a busca de etimologias complicadas, o que ainda hoje é um dos jogos preferidos pelos que nada sabem de linguística. E não é igualmente verdade que as novas escolas de psicologia se deixam arrastar por um uso fácil e frívolo da terminologia freudiana, nas mãos tanto de competentes quanto de incompetentes?

Além dessa possibilidade de jogar o próprio método, tanto da parte do cientista quanto do amador, um e outro podem igualmente ser levados ao caminho do jogo pelo impulso competitivo propriamente dito. Embora na ciência a competição seja menos diretamente condicionada por fatores econômicos do que na arte, o desenvolvimento lógico da civilização a que damos o nome de ciência está mais inextricavelmente ligado à dialética do que acontece no caso da estética. Tratamos num capítulo anterior das origens da ciência e da filosofia, constatando que tanto uma como outra pertencem à esfera agonística. A ciência, como com certa razão alguém afirmou, é polêmica. Mas, constitui mau sinal quando a ânsia de se antecipar aos outros na descoberta ou de arrasá-los com argumentos transparece demasiado no resultado final do trabalho científico. Aquele que realmente procura a verdade dá pouca importância ao triunfo sobre seus adversários.

Como conclusão provisória, poderíamos dizer que a ciência moderna se arrisca menos a cair no domínio do jogo, tal como o definimos, quando se mantém fiel à mais radical exigência de rigor e de veracidade, ao contrário do que acontecia antigamente, até à época do Renascimento, quando o pensamento e o método científicos mostravam inequívocas características lúdicas.

Essas poucas observações sobre o fator lúdico na arte e na ciência moderna são aqui suficientes, embora muito ainda pudesse ser dito. Estamos nos apressando para finalizar, e falta apenas examinar o elemento lúdico na vida social contemporânea em geral, sobretudo na política. Mas convém desde já chamar a atenção para dois equívocos possíveis. Em primeiro lugar, pode acontecer que certas formas lúdicas sejam consciente ou inconscientemente utilizadas para ocultar determinados desígnios políticos ou sociais, caso em que não estaríamos mais perante o eterno elemento lúdico que constitui o tema deste livro, e sim com o falso jogo. Em segundo lugar, é sempre possível nos depararmos com fenômenos que uma visão superficial tomará como jogo, como tendências lúdicas permanentes, e que na realidade nada têm a ver com isso. A vida social moderna está sendo cada vez mais fortemente dominada por uma característica que tem alguma coisa em comum com o jogo e dá a ilusão de um fator lúdico fortemente desenvolvido. Julguei poder dar a essa característica o nome de puerilismo[5], que me pareceu ser o mais adequado para designar essa mistura de adolescência e barbárie que se tem vindo a estender pelo mundo no decorrer das últimas duas ou três décadas.

## O PUERILISMO

Tudo se passa como se a mentalidade e o comportamento do adolescente tivessem passado a dominar certas áreas da vida civilizada que outrora pertenciam aos adultos responsáveis. Considerados em si mesmos, os costumes a que me refiro são tão velhos como o mundo: a diferença reside no lugar que passaram a ocupar em nossa civilização e na brutalidade com que se manifestam. O gregarismo é talvez o mais forte e o mais alarmante desses costumes. Seu resultado é a mais baixa forma de puerilismo: gritos ou outros sinais de saudação, o uso de emblemas e distintivos, a marcha em ordem unida ou num passo especial etc. Outro aspecto estreitamente aparentado a esse, embora em nível

5 Cf. Johan Huizinga, *Im Schatten von Morgen: Eine Diagnose des kulturellen Leidens unserer Zeit*, 1930, p. 140-151. (trad. port., *Nas Sombras do Amanhã*, 1944, capítulo 16.)

psicológico ligeiramente mais profundo, é a sede insaciável de divertimentos vulgares e de sensacionalismo, o gosto pelas reuniões e manifestações de massa, pelas paradas etc. O clube é uma instituição das mais antigas, mas é desastroso que nações inteiras se transformem em clubes, pois estes não são apenas propícios ao cultivo de qualidades inestimáveis como a amizade e a lealdade, são também fonte de sectarismo, intolerância, desconfiança e da tendência para aceitar toda e qualquer ilusão que seja lisonjeira para o orgulho do grupo. Temos visto grandes nações perderem toda a noção de honra, todo sentido de humor, a própria ideia de decência e de jogo limpo. Não caberia aqui investigar as causas e a importância desse abastardamento universal da cultura, mas não há dúvida que a participação de grandes massas semieducadas no movimento espiritual internacional, o relaxamento dos costumes e a hipertrofia da técnica são em grande parte por ele responsáveis.

Basta referir aqui um exemplo de puerilismo oficial. Conforme a história nos ensina, é sinal de entusiasmo revolucionário que os governos alterem os nomes das cidades, pessoas, instituições, do calendário etc. O *Pravda*[6] noticiou que, devido aos atrasos em importantes fornecimentos, três colcozes do distrito de Kursk haviam tido seus nomes mudados de Budenny, Krupskaya e do equivalente Milharal Vermelho para, respectivamente, Preguiçoso, Sabotador e Moleza, por ordem do soviete local. Embora esse excesso de zelo tenha sido oficialmente censurado pelo Comitê Central do Partido, com a retirada dos nomes insultuosos, seria difícil encontrar exemplo mais eloquente de puerilismo. A paródia do nome é típico de períodos de exaltação política.

Um caso muito diferente foi o da grande inovação do falecido lorde Baden-Powell, cuja finalidade era dar uma utilização benfazeja ao poder social do espírito infantil organizado. Não se trata de puerilismo, pois era assentado numa profunda compreensão dos hábitos e inclinações das crianças, da qual deriva a organização em estilo lúdico do movimento escotista. Temos aqui um dos exemplos mais expressivos do jogo em nossa época, que se aproxima tanto quanto é possível da ludicidade criadora

6 Na edição de 9 de janeiro de 1935.

de cultura da época arcaica. Mas quando a política é invadida por formas deturpadas de escotismo, passa-se a perguntar se o puerilismo que domina a sociedade atual será ou não uma função lúdica. À primeira vista, parece que devemos optar pela afirmativa, e foi essa a minha interpretação do fenômeno em outros estudos[7]. Mas depois cheguei a uma conclusão diferente. Nossa definição do jogo impõe uma nítida distinção entre o puerilismo e o caráte lúsico. Os brinquedos das crianças não são pueris no sentido pejorativo em que esse termo é aqui tomado. Além disso, se o puerilismo atual fosse autenticamente lúdico o resultado seria o regresso da civilização às grandes formas arcaicas de diversão, nas quais se verificava uma união perfeita entre o ritual, o estilo e a dignidade. O espetáculo de uma sociedade caminhando rapidamente a passo de ganso para a escravidão prenuncia para muitos a alvorada de um novo milênio, mas penso estarem enganados.

## O CONTEÚDO LÚDICO DA POLÍTICA

Cada vez mais fortemente se nos impõe a triste conclusão de que o elemento lúdico da cultura se encontra em decadência desde o século XVIII, época em que florescia plenamente. O autêntico jogo desapareceu da civilização atual, e mesmo onde ele parece ainda estar presente trata-se de um falso jogo, de modo tal que se torna cada vez mais difícil dizer onde acaba o jogo e começa o não--jogo. Isso é especialmente verdadeiro no caso da política. Ainda não há muito tempo, a vida política em forma democrática parlamentar estava cheia de evidentes características lúdicas; um de meus discípulos transformou recentemente minhas observações relativas a esse assunto numa tese sobre a eloquência parlamentar na França e na Inglaterra, mostrando que, desde os finais do século XVIII, os debates da Câmara dos Comuns têm geralmente decorrido de acordo com as regras de um jogo e dentro do verdadeiro espírito lúdico[8]. Há uma influência constante das rivalidades pessoais, alimentando um jogo permanente entre os

7 *over de Grenzen van sp el en Ernst in de Cultuur* (Sobre as Fronteiras Entre o Jogo e a Seriedade na Cultura), p. 25, e *Nas Sombras do Amanhã*, capítulo 16.

8 Cf. Johanna Katherina Outendijk, *Een cultuurhistorische vergelijking tussen de Fransche en de Engelsche parlementaire redevoering*, Utrecht, 1937.

adversários, cuja finalidade é darem cheque-mate uns aos outros sem com isso prejudicarem os interesses do país, ao qual servem com toda a seriedade. Até bem pouco tempo, o ambiente e os costumes da democracia parlamentar eram dominados por um autêntico espírito esportivo, tanto na Inglaterra como nos países que haviam adotado com mais ou menos sucesso o modelo político inglês. O espírito de camaradagem fazia com que os mais ferozes adversários pudessem conversar amigavelmente mesmo depois do debate mais violento. Foi de acordo com esse espírito que surgiu o *gentleman's agreement*, embora infelizmente certos partidos nem sempre tivessem plena consciência dos deveres implícitos na própria noção de *gentleman*. É precisamente esse elemento lúdico, sem dúvida alguma, que mantém vivo o parlamentarismo, pelo menos na Inglaterra, apesar dos abusos de que recentemente tem sido vítima. A elasticidade das relações humanas subjacentes à máquina política permite a existência de um espírito lúdico, possibilitando a redução de tensões que, se assim não fosse, tornar-se-iam insuportáveis e perigosas, porque a perda do humor é uma coisa mortal. Quase seria desnecessário acrescentar que esse fato lúdico está presente em todo o sistema eleitoral.

Tal fato é ainda mais evidente na política norte-americana. Muito tempo antes de o sistema bipartido se ter reduzido à oposição de duas gigantescas equipes cujas diferenças políticas o observador estrangeiro tem dificuldade em distinguir, as eleições haviam-se transformado numa espécie de esporte nacional. A eleição presidencial de 1840 deu o tom de todas as eleições subsequentes. O partido Whig tinha um excelente candidato, célebre desde 1812, o General Harrison, mas faltava-lhe um programa político. A sorte mimoseou-o com algo melhor, um símbolo que o levou à vitória: a *log cabin*, a cabana de toras de madeira que fora a modesta morada do velho guerreiro após sua reforma. A eleição por maioria de votos, isto é, pela maior capacidade de fazer barulho, foi inaugurada em 1860, com a vitória de Lincoln. O caráter emocional da política norte-americana deriva da própria origem do país: os norte-americanos sempre se conservaram fiéis ao primitivismo da vida dos pioneiros. Há muitos elementos afetuosos na política norte-americana, uma certa ingenuidade e espontaneidade que em vão procuramos nos mais recentes movimentos de massa verificados na vida política europeia.

## O JOGO NA POLÍTICA INTERNACIONAL

A abundância de elementos lúdicos na política interna de muitos países parece não implicar, à primeira vista, que houvesse muita oportunidade para isso no campo das relações internacionais. Todavia, o fato de se ter chegado ao ponto mais abjeto, ao nadir da violência e da periculosidade, não basta por si só para excluir a possibilidade do jogo.

Conforme vimos através de numerosos exemplos, o jogo pode perfeitamente ser cruel e sangrento, e também pode muitas vezes ser um falso jogo. Toda comunidade de Estados respeitadora da lei possui características que de uma maneira ou de outra estabelecem uma ligação entre si e uma comunidade lúdica. O direito internacional é sustentado pelo reconhecimento, por parte da generalidade dos países, de certos princípios que, em última análise, desempenham a função de regras do jogo, mesmo que possuam um fundamento metafísico. Se assim não fosse não teria sido necessário estabelecer o princípio segundo o qual *pacta sunt servanda* (pactos assumidos devem ser cumpridos), que reconhece explicitamente a integridade do sistema como baseada numa vontade generalizada de respeitar as regras. A partir do momento em que qualquer das partes desrespeita esse acordo tácito, dá-se necessariamente o colapso de todo o sistema de direito internacional, pelo menos temporariamente, a não ser que o resto dos interessados possua força suficiente para colocar fora da lei o "desmancha-prazeres".

Em todas as épocas, a preservação do direito internacional tem dependido em grande parte de princípios exteriores ao domínio jurídico propriamente dito, tais como a honra, a honestidade e o bom-tom. Não é completamente destituído de significado o fato de as regras europeias da guerra terem evoluído a partir do código de honra da cavalaria. O direito internacional tem como pressuposto tácito que todo Estado vencido se comportará cavalheirescamente como bom perdedor, o que infelizmente poucas vezes tem acontecido. As boas maneiras internacionais exigem que se declare a guerra antes de iniciá-la efetivamente, embora frequentemente os agressores tenham esquecido o cumprimento dessa incômoda convenção, começando por apoderar-se de uma colônia distante ou coisa parecida. Mas nem por isso deixa de ser verdade que até há bem pouco tempo a guerra era considerada um nobre jogo (o esporte dos reis), e que o caráter absolutamente obrigatório de suas regras assentava em algum dos elementos lúdicos formais que tiveram, conforme vimos, seu pleno apogeu na guerra dos tempos arcaicos.

## O FATOR COMPETIÇÃO NA GUERRA MODERNA

Há na literatura política alemã uma frase feita que chama a passagem da paz à guerra: *das Eintreten des Ernstfalles*, que pode traduzir-se como "o surgimento de uma situação crítica ou de um caso sério". É claro que de um ponto de vista estritamente militar essa frase se justifica, pois os combates simulados das manobras e do treinamento militar em geral estão para a guerra, sem dúvida alguma, do mesmo modo que o jogo está para a seriedade. Mas com isso os teóricos políticos alemães querem dizer alguma coisa mais. O termo *Ernstfall* revela claramente que a política internacional ainda não chegou ao mais alto grau de seriedade, que ela ainda não atingiu seu objetivo ou deu mostras de sua eficiência antes de chegado o momento das verdadeiras hostilidades. A verdadeira relação entre os Estados é uma relação de guerra, e todo contato diplomático, na medida em que procede através de negociações e acordos, constitui apenas um prelúdio à guerra ou um interlúdio entre duas guerras. Essa lamentável convicção, aceita e mesmo professada por alguns[9], tem como consequência lógica que seus seguidores, dado que consideram a guerra e sua preparação a única forma séria da política, não podem deixar de negar a existência de qualquer relação entre a guerra e a competição e, portanto, também entre a guerra e o jogo. Dizem-nos eles ser possível que o fator agonístico tenha tido influência nas fases primitivas da civilização, que nessa época ele estaria perfeitamente no seu lugar, mas que atualmente a guerra está muito acima da simples competição entre selvagens. Ela se baseia no princípio do "amigo ou inimigo". Toda "verdadeira" relação entre nações e Estados, afirmam eles, é dominada por esse princípio inelutável[10]. Todo "outro" grupo é sempre amigo ou inimigo do

9 Ver o meu *Im Schatten von Morgen*, p. 101.

10 Carl Schmitt, *Der Begriff des Politischen*, 3. ed., Hamburgo, 1933.

nosso. Evidentemente que por inimigo não se deve entender o *inimicus* ou *ekthros*, ou seja, uma pessoa que se odeia, e muito menos uma pessoa perversa, mas pura e simplesmente o *hostis* ou *polemios*, ou seja, o estranho ou estrangeiro que está barrando o caminho de nosso grupo. Essa teoria recusa-se a considerar o inimigo sequer como um rival ou um adversário: acontece simplesmente que ele está em nosso caminho e, portanto, precisa ser destruído. Se alguma vez houve na história algo que pudesse corresponder a essa grosseira simplificação da inimizade, que a reduz quase que a uma relação mecânica, foi precisamente aquele antagonismo primitivo entre as fratrias, clãs ou tribos com que, conforme vimos, o elemento lúdico era hipertrofiado e distorcido. É de esperar que a civilização nos tenha levado para bem longe dessa fase. Não conheço exemplo mais triste e mais completo de insulto à razão humana que a bárbara e patética ilusão de Schmitt a respeito do princípio do "amigo ou inimigo", pois o que é sério não é a guerra, e sim a paz. A guerra, e tudo quanto com ela se relaciona, está presa à rede mágica e demoníaca do jogo. Só superando essa primária relação amigo-inimigo, a humanidade atingirá uma dignidade superior. A concepção da "seriedade" de Schmitt leva-nos muito simplesmente de volta ao nível do selvagem.

Mais uma vez se apresenta aqui a desconcertante antítese do jogo e da seriedade. Gradualmente temo-nos aproximado da conclusão de que a civilização tem suas raízes no jogo, e que para atingir toda a plenitude de sua dignidade e estilo não pode deixar de levar em conta o elemento lúdico. Em nenhuma outra instância o respeito às regras do jogo é mais absolutamente necessário do que nas relações internacionais; se essas regras são desrespeitadas, a sociedade cai na barbárie e no caos. Por outro lado, é precisamente na guerra moderna que o homem volta à atitude agonística que inspirava o jogo primitivo da guerra, tendo em vista o prestígio e a glória.

Ora, aqui surge uma dificuldade: aparentemente, a guerra moderna perdeu todo e qualquer contato com o jogo. Os países de mais elevadas pretensões culturais afastam-se da comunidade das nações e, desavergonhadamente, declaram que "*pacta non sunt servanda*". Com essa atitude, rompem com todas as regras do jogo do direito internacional. Nessa medida, o jogo de guerra dessas nações, conforme lhe chamamos, não é um verdadeiro jogo. Baseada na constante prontidão para a guerra, quando não em sua preparação efetiva, a política contemporânea parece apresentar escassos vestígios da velha atitude lúdica. Despreza-se o código de honra, põem-se de parte as regras do jogo, infringe-se o direito internacional, e perdem-se todas as antigas relações da guerra com o ritual e a religião. Todavia, os métodos que presidem à condução da política de guerra e os preparativos que têm sido feitos mostram ainda sinais abundantes de uma atitude agonística idêntica à que encontramos na sociedade primitiva. A política é, e sempre foi, de certo modo um jogo de azar; pense-se nos desafios e provocações, nas ameaças e denúncias, e compreender-se-á que a guerra e a política que a ela conduz constituem sempre e inevitavelmente um jogo, conforme disse Neville Chamberlain nos primeiros dias de setembro de 1939. Portanto, e apesar das aparências em sentido contrário, a guerra não se libertou completamente do círculo mágico do jogo.

Significa isso que a guerra continua sendo um jogo mesmo para o agredido, o perseguido, aquele que luta por seus direitos e sua liberdade? Aqui nossa dúvida quanto à natureza da guerra, se ela é um jogo ou uma coisa séria, recebe uma resposta inequívoca. O que torna séria uma ação é seu conteúdo moral. Quando o combate possui um valor ético ele deixa de ser um jogo. Só é impossível sair desse inquietante dilema para aqueles que negam o valor e validade objetivos dos padrões morais. A aceitação por Carl Schmitt da fórmula segundo a qual a guerra é "o surgimento de uma coisa séria" é, portanto, correta, mas num sentido muito diferente do que ele pretendia. Seu ponto de vista é o do agressor que não se sente limitado por quaisquer considerações de ordem moral. Mas não deixa de ser verdade que a política e a guerra têm profundas raízes no solo primitivo da cultura lúdica e competitiva. Só através de um *ethos* capaz de superar a relação amigo-inimigo, que reconheça uma finalidade mais alta do que a satisfação de si próprio, de seu grupo ou de sua nação, torna-se possível a uma sociedade política passar do "jogo" da guerra para uma verdadeira seriedade.

Chegamos, portanto, através de um caminho tortuoso, à seguinte conclusão: a verdadeira civilização não pode existir sem um certo elemento lúdico, porque a civilização implica a limitação e o domínio de si próprio, a capacidade de não tomar suas próprias tendências pelo fim último da humanidade, compreendendo que se está encerrado dentro de certos limites livremente aceites. De certo modo, a civilização sempre será um jogo governado por certas regras, e a verdadeira civilização sempre exigirá o espírito esportivo, a capacidade de *fair play*. O *fair play* é simplesmente a boa fé expressa em termos lúdicos. Para ser uma vigorosa força criadora de cultura, é necessário que o elemento lúdico seja puro, que ele não consista na confusão ou no esquecimento das normas prescritas pela razão, pela humanidade ou pela fé. É preciso que ele não seja uma máscara, servindo para esconder objetivos políticos por trás da ilusão de formas lúdicas autênticas. A propaganda é incompatível com o verdadeiro jogo, que tem seu fim em si mesmo, e só numa feliz inspiração encontra seu espírito próprio.

## INDISPENSABILIDADE DOS ELEMENTOS LÚDICOS

Procuramos até agora, no tratamento de nosso tema, mantermo-nos fiéis a um conceito do jogo que tem como ponto de partida suas características positivas e universalmente reconhecidas. O jogo foi tomado em seu sentido imediato e cotidiano, e procuramos evitar o curto-circuito filosófico que consistiria na afirmação de que toda ação humana é um jogo. Torna-se agora necessário, no final de nossa discussão, levar em conta esse ponto de vista.

"Ele considerava jogos infantis todas as opiniões humanas", diz a tradição grega mais tardia acerca de Heráclito.[11] Em oposição a essa frase lapidar, citemos agora de maneira mais extensa as profundas palavras de Platão que apresentamos em nosso primeiro capítulo:

> Embora as coisas humanas não se caracterizem por uma grande seriedade, mesmo assim é necessário ser sério, ainda que isso não contribua para nossa felicidade... É preciso tratar com seriedade aquilo que é sério e nada mais. Só Deus é digno da suprema seriedade, e o homem não passa de um joguete de Deus, e é esse o melhor aspecto de sua natureza. Portanto, todo homem e mulher devem viver a vida de acordo com essa natureza, jogando os jogos mais nobres, contrariando suas inclinações atuais... Pois

11 *Fragmentos*, n. 70.

eles consideram a guerra uma coisa séria, embora não haja na guerra jogo ou cultura dignos desse nome, justamente as coisas que nós consideramos as mais sérias. Portanto, todos devem esforçar-se ao máximo por viver em paz. Qual é, então, a maneira mais certa de viver? A vida deve ser vivida como jogo, jogando certos jogos, fazendo sacrifícios, cantando e dançando, e assim o homem poderá conquistar o favor dos deuses e defender-se de seus inimigos, triunfando no combate.

Assim, "os homens viverão de acordo com a natureza, pois sob muitos aspectos eles são como fantoches, e só possuem uma pequena parte da verdade". Ao que o companheiro de Platão responde: "Dizendo isso, meu amigo, pareces concluir que o gênero humano é inteiramente mau." E Platão responde: "Perdoa-me. Foi com os olhos em Deus e pensando apenas nele que assim falei. Admito, se quiseres, que o gênero humano não é inteiramente mau, e merece uma certa consideração."[12]

O espírito humano só é capaz de libertar-se do círculo mágico do jogo erguendo os olhos para o Supremo. A concepção lógica das coisas é incapaz de levá-lo muito longe. Quando o pensamento humano faz uma revisão de todos os tesouros do espírito e sente todo o esplendor de suas faculdades, mesmo assim sempre encontra, no fundo de todo julgamento sério, um resto problemático. No fundo de nossa consciência, sabemos que nenhum de nossos juízos é absolutamente decisivo. E no momento em que nosso julgamento começa a vacilar, juntamente com ele vacila também nossa convicção de que o mundo é uma coisa séria. Em vez do milenar tudo é vaidade, impõe-se-nos uma fórmula muito mais positiva, que tudo é jogo. É claro que isso é uma metáfora barata, devida apenas à impotência do espírito humano; mas era a essa sabedoria que Platão havia chegado, no momento em que chamava os homens de joguetes dos deuses. O mesmo pensamento aparece também, por estranha fantasia, no livro dos *Provérbios*, no qual a Sabedoria Eterna diz que antes de toda a criação ela brincava diante da face de Deus para diverti-lo, e que no mundo de seu reino terrestre ela encontrava seu divertimento na companhia das crianças humanas[13].

12 *Leis*, VII, 803-804, ver também 685. Essa frase de Platão, que muitos depois dele retomaram, adquire um tom mais pessimista em Lutero, quando este diz: "Todas as criaturas são larvas e máscaras de Deus". (Erlanger *Ausgabe*, XI, p. 115).

13 *Provérbios* 8, 22-23, 30-31.

Sempre que nos sentirmos presos de vertigem perante a secular interrogação sobre a diferença entre o que é sério e o que é jogo, mais uma vez encontraremos, no domínio da ética, o ponto de apoio que a lógica nos é incapaz de oferecer. Conforme dissemos desde o início, o jogo está fora desse domínio da moral, não é em si mesmo nem bom nem mau. Mas sempre que tivermos de decidir se qualquer ação a que somos levados por nossa vontade é um dever que nos é exigido, ou é lícito como jogo, nossa consciência moral prontamente nos dará a resposta. Sempre que nossa decisão de agir depender da verdade ou da justiça, da compaixão ou da clemência, o problema deixa de ter sentido. Basta uma gota de piedade para colocar nossos atos acima das distinções intelectuais. Brotando da crença na justiça e na graça divina, a consciência, que é uma consciência moral, sempre dominará, com duradouro silêncio, e até o fim, a pergunta que nos ilude e desconcerta.

# Índice

# Sobre o Autor

JOHAN HUIZINGA (1872-1945)

Historiador e linguista holandês, reconhecido como um dos mais influentes pensadores da história da cultura moderna. Autor de obras essenciais como *O Outono da Idade Média*, *Nas Sombras do Amanhã* e este *Homo Ludens*, lecionou na Universidade de Amsterdã, de Groningen e, por vinte anos, de Leiden. Com a ocupação nazista, em 1942, é expulso da cidade e preso pela Gestapo, ficando confinado no vilarejo de De Steeg em casa de um colega até morrer poucas semanas antes do final da guerra, por motivos de saúde.

Este livro foi impresso na cidade de São Bernardo do Campo,
nas oficinas da Paym Gráfica e Editora,
para a Editora Perspectiva.